权威·前沿·原创

皮书系列为
"十二五""十三五"国家重点图书出版规划项目

洛阳蓝皮书

BLUE BOOK OF LUOYANG

洛阳文化发展报告（2017）

ANNUAL REPORT ON DEVELOPMENT OF LUOYANG'S CULTURE (2017)

主　编／陈启明　刘福兴
副主编／秦　华　时丽茹

社会科学文献出版社
SOCIAL SCIENCES ACADEMIC PRESS (CHINA)

图书在版编目(CIP)数据

洛阳文化发展报告.2017/陈启明,刘福兴主编.——北京：社会科学文献出版社,2017.11
（洛阳蓝皮书）
ISBN 978-7-5201-1464-6

Ⅰ.①洛… Ⅱ.①陈… ②刘… Ⅲ.①地方文化-文化发展-研究报告-洛阳-2017 Ⅳ.①G127.613

中国版本图书馆CIP数据核字（2017）第240118号

洛阳蓝皮书
洛阳文化发展报告（2017）

主　　编 / 陈启明　刘福兴
副 主 编 / 秦　华　时丽茹

出 版 人 / 谢寿光
项目统筹 / 祝得彬
责任编辑 / 仇　扬　王蓓遥

出　　版 / 社会科学文献出版社·当代世界出版分社（010）59367004
　　　　　　地址：北京市北三环中路甲29号院华龙大厦　邮编：100029
　　　　　　网址：www.ssap.com.cn

发　　行 / 市场营销中心（010）59367081　59367018
印　　装 / 北京季蜂印刷有限公司

规　　格 / 开　本：787mm×1092mm　1/16
　　　　　　印　张：19　字　数：287千字
版　　次 / 2017年11月第1版　2017年11月第1次印刷
书　　号 / ISBN 978-7-5201-1464-6
定　　价 / 89.00元

皮书序列号 / PSN B-2015-476-1/1

本书如有印装质量问题，请与读者服务中心（010-59367028）联系

▲ 版权所有 翻印必究

《洛阳文化发展报告（2017）》编委会

主　任　侯超英

副主任　李　征　王亚伟　章　勇

委　员　（按姓氏笔画排列）

　　　　　王支援　王彩琴　毛阳光　史家珍
　　　　　刘占斌　刘保亮　刘继保　刘振江
　　　　　刘福兴　李国强　陈启明　宋红伟
　　　　　林春芳　杨延武　周其国　高　永
　　　　　扈耕田　薛瑞泽

主要编撰者简介

陈启明 洛阳市委党校市情研究部主任、副教授,洛阳经济社会研究中心研究员,洛阳市公共文化服务体系建设专家委员会委员,洛阳市非物质文化遗产保护工作专家委员会委员,洛阳市优秀专家、优秀教师。长期从事洛阳文化、区域经济发展的基础理论和应用对策研究。独著、主编和参编10余部学术著作,主要有《河洛文化系列丛书》《洛阳知识读本》《社会信用的结构与整合》《马克思主义中国化简明读本》《洛阳文化发展报告》等,发表学术论文30余篇,主持参与河南省社科规划课题、河南省政府决策课题、洛阳市社科规划课题50余项。参与完成洛阳市创建国家公共文化服务体系示范区制度设计研究课题,并通过文化部验收。获市级以上社科优秀成果奖10余项。

刘福兴 洛阳市委党校副校长、教授,中国写作学会会员,洛阳市优秀教师、优秀专家,洛阳市河洛文化研究会副会长,洛阳市文化产业研究院副院长,洛阳市公共文化服务体系建设专家委员会委员,洛阳市非物质文化遗产保护工作专家委员会委员。主要研究方向为文化建设、河洛文化。参与编著《河洛文化系列丛书(12卷)》《洛阳文化发展报告》《洛阳知识读本》《河洛文化论衡》等10余部著作,发表文章《洛阳牡丹为何甲天下》《弘扬河洛文化,重塑洛阳辉煌》等20余篇,主持参与"中原地方文化研究""洛阳市村级文化建设问题研究""洛阳市基层公共文化服务创新研究"等省市级课题10余项,获省市社会科学优秀成果一等奖3项。

秦 华 洛阳市委党校市情研究部讲师,洛阳市优秀教师,中国行政体制改革研究会会员,洛阳市哲学与企业文化学会会员。长期从事洛阳文化产业、产业经济研究。参与编撰 10 余部著作，主要有《马克思主义中国化简明读本》《洛阳文化发展报告》《探索与实践》等，发表学术论文 20 余篇，主持参与河南省市级社科规划课题 30 余项，主要有《洛阳文化旅游业发展报告》《洛阳观赏石产业发展报告》《洛阳传统村落保护问题研究》《洛阳民办博物馆参与公共文化服务研究》等，撰写资政报告《关于加快申报世界文化遗产的建议》《关于打造文博旅游产业集聚区的建议》等多篇，对洛阳文化发展起到了良好的促进作用。获市级以上社科优秀成果奖 10 余项。

时丽茹 中共洛阳市委党校科研处副处长、副教授，洛阳市哲学与企业文化学会常务理事，洛阳市优秀教师。长期从事文化、政治、哲学领域的教学与研究，在《武汉大学学报》《理论导刊》《湖湘论坛》及其他省级以上刊物发表学术论文 20 多篇。参编《马克思主义中国化简明读本》《洛阳文化发展报告（2015）》《洛阳文化发展报告（2016）》等多部著作。

摘 要

《洛阳文化发展报告（2017）》由洛阳市委党校和洛阳市社会科学界联合会组织编写。本书由主报告、专题篇、区域篇、案例篇和大事记五部分组成，汇集了洛阳市委党校、河南科技大学和政府部门专家学者的最新研究成果，较为全面地反映了2016年洛阳文化发展的基本情况，为政府进行科学决策和加快构建洛阳文化传承创新体系提供了理论依据，是洛阳文化领域重要的科研成果。

报告指出，2016年，洛阳市国家公共文化服务体系示范区创建成功，文化艺术活动精彩不断，文化事业建设稳步推进，文化产业发展势头良好，文化市场监管规范有力，广播影视和新闻出版行业有序推进，文化建设呈现良好态势。洛阳市大遗址保护展示工程稳步推进，博物馆建设和文化文物利用工作进一步加强，文物勘探和考古发掘工作成果丰硕，传统村落和历史街区保护力度加大，文物事业呈现蓬勃发展的良好态势。各类文学艺术百花争艳，文艺工作者创作出多种形式新颖、质量上乘的文艺作品，展示了洛阳市的文学艺术优势。

展望2017年，洛阳市坚持以新发展理念为指导，以构建文化传承创新体系为抓手，着力推动文化产业发展，巩固提升创建成果，积极开展群众文化活动和专业艺术创作，强化文化市场监管，进一步规范广播影视和新闻出版行业秩序，扎实推进文化体制机制改革创新，统筹推进、全面落实建设国际文化旅游名城和构建文化传承创新体系工作任务，推动洛阳文化大发展大繁荣。

目 录

Ⅰ 主报告

B.1 2016年洛阳文化发展形势分析与2017年展望
　　　　　　　　　　　　　　　　　陈启明　秦　华 / 001
　　一　2016年洛阳文化发展总体态势……………………… / 002
　　二　洛阳文化发展存在的问题 ………………………… / 009
　　三　2017年洛阳文化发展对策建议…………………… / 009

Ⅱ 专题篇

B.2 河洛文化历史遗存保护开发利用研究 ………… 刘振江 / 014
B.3 洛阳市文物保护研究报告 ………… 洛阳市文物保护课题组 / 026
B.4 洛阳宗教文化发展报告 ……………………… 陈　元 / 037
B.5 洛阳工业文化的传承创新研究 ……………… 刘荣利 / 057
B.6 "河洛欢歌"广场文化活动的做法与启示 ………… 曾庆华 / 075
B.7 洛阳会展业发展报告 ………………… 陈启明　孙鹏飞 / 086
B.8 洛阳文学艺术发展报告 ………………… 王鲁豫　王大伟 / 097
B.9 洛阳市餐饮类非物质文化遗产研究报告 ………… 余东衍 / 113
B.10　洛阳博物馆发展报告 ………………… 任程远　王建华 / 127

001

B.11 洛阳文化创意产业发展研究
　　……………………洛阳市文化创意产业发展课题组 / 141
B.12 洛阳市"一村一品"文化产业发展报告
　　…………………………洛阳市农村文化产业发展课题组 / 150

Ⅲ 区域篇

B.13 涧西区公共文化人才队伍建设研究 ………… 段起旭 武 傲 / 167
B.14 八里唐文化创意产业园调研报告 ………………… 秦 华 / 188
B.15 里外文化创意产业园发展报告
　　………………………洛阳文化产业园区建设课题组 / 201
B.16 上阳宫文化园发展报告 ………………………… 涂洪樱子 / 215
B.17 新安函谷关文化发展报告 ……… 新安函谷关文化研究课题组 / 227

Ⅳ 案例篇

B.18 洛阳牡丹瓷文化产业发展报告 …………………… 刘俊月 / 239
B.19 伊川仿古青铜器文化产业调研报告
　　…………………………伊川文化产业发展课题组 / 250

Ⅴ 大事记

B.20 洛阳文化发展大事记（2016年1~12月）…………… 陈 琪 / 262

Abstract …………………………………………………………… / 278
Contents …………………………………………………………… / 280

皮书数据库阅读使用指南

主 报 告

Main Report

B.1 2016年洛阳文化发展形势分析与2017年展望

陈启明 秦 华*

摘 要： 2016年，洛阳市国家公共文化服务体系示范区创建成功，文化艺术活动精彩不断，文化事业建设稳步推进，文化产业发展势头良好，文化市场监管规范有力，广播影视和新闻出版行业有序推进，文化建设呈现出良好态势。展望2017年，洛阳市坚持以新发展理念为指导，以构建文化传承创新体系为抓手，大力推动文化产业发展，着力加强基层文化建设，积极开展群众文化活动和专业艺术创作，强化文化市场监管，进一步规范广播影视和新闻出版行业秩序，扎实推进文化体

---

* 陈启明，洛阳市委党校市情研究部主任、副教授，研究方向为区域经济发展和文化建设；秦华，洛阳市委党校讲师，研究方向为文化产业。

制机制改革创新，统筹推进、全面落实建设国际文化旅游名城和构建文化传承创新体系工作任务，推动洛阳文化大发展大繁荣。

关键词： 洛阳市　文化事业　文化产业　文化发展

2016年，洛阳市以创新、协调、绿色、开放、共享的发展理念为指导，紧紧围绕全市"9+2"工作布局和实现"四高一强一率先"奋斗目标，坚持以构建文化传承创新体系为抓手，大力推动文化产业发展，加强基层文化建设，丰富群众文化生活，繁荣艺术创作，强化文化市场监管，规范广播影视和新闻出版行业秩序，开创了文化发展新局面。

一　2016年洛阳文化发展总体态势

（一）成功创建国家公共文化服务体系示范区

创建国家公共文化服务体系示范区是文化部、财政部贯彻落实党中央、国务院关于公共文化服务体系建设重要战略部署。洛阳市于2013年10月取得第二批创建城市资格，周期是2013~2015年。经过三年多的努力，圆满完成了各项创建任务。示范区创建72项验收指标，洛阳市优秀率为90%、达标率为100%。2016年示范区创建工作进入国家验收阶段。整个验收包括制度设计研究课题评审、过程管理考核、公共文化服务群众满意度测评、实地检查和集中评审五个环节。1月14日，洛阳市制度设计研究课题顺利通过文化部评审验收。4月1日至15日，文化部对创建城市进行了公共文化服务群众满意度测评。4月25日至28日，文化部对示范区创建工作进行实地检查验收，对洛阳市创建工作给予高度评价。5月16日，洛阳市顺利通过第二批国家公共文化服务体系示范区集中评审，在中部10个创建城市中排名第二。10月26日，文化部在安徽铜陵召开会议，正式授牌洛阳成为国家公共文化服务体系示范区，这标志着洛阳市公共文化建设跨进了新的历史阶段。

（二）惠民工程全面完成

全市10个基层综合文化服务中心提前完成建设任务。组织各级文艺院团圆满完成"河南省舞台艺术送农民"227场演出任务；组织市直文艺院团开展"百场公益性文化演出"400场；开展"周末剧场"演出50场；开展"欢乐进农村、欢乐进社区、欢乐进军营"公益性文化演出18场，超额完成市定目标任务。放映农村公益电影32940场、社区公益电影1944场、送农民工电影350场、进高校公益电影150场，完成全年目标任务。

（三）文化艺术活动精彩不断

一是"双节"文化活动丰富多彩。注重向基层倾斜，全市各级共开展各类群众文化活动280余项2000余场次。精心组织2016年新春团拜会文艺演出并深受好评。第七届春节河洛文化庙会首次在国家牡丹园举办，累计开展演出400余场次，接待游客5万余人次。二是牡丹文化节重大文化活动好戏连台。"优秀剧目洛阳展演月"活动演出8台16场精品，观众达2万余人次。"河洛欢歌·广场文化狂欢月"活动3万多人次参演，演出88场，受众45万余人次。三是原创剧目宣传推广力度加大。豫剧《北魏孝文帝》、舞剧《关公》相继在洛阳、北京演出，曲剧《洛阳令》参加"2016文化遗产日——河南曲剧九十年优秀剧目展演"，豫剧《穆桂英挂帅》完成改版复排，均受到社会各界的一致好评。四是群众文化活动推陈出新。组织开展"华夏之韵"合唱比赛、"舞动花城"广场舞蹈比赛季、"高雅艺术进基层"、"戏曲进校园"、"小小图书管理员"、"萤火虫"、"户外公益阅读课"、"红色经典阅读进校园"等活动，群众的文化获得感和幸福感日益提高。

（四）文化事业建设稳步推进

1. 公共文化基础设施建设取得新进展

洛阳师范学院安乐校区图书馆改造为文化馆、少儿图书馆、非遗展示中心项目进展顺利，已完成土地丈量及定位、土地、规划、环保、科研等前期工作。洛阳市豫剧院曲剧团多功能演艺厅综合楼项目（河洛剧院）于8月26日建成投入使用。为全市46个社区和1个办事处的文化活动中心配送设备到位，为宜阳县图书馆争取到流动图书车一台。"百县万村"贫困地区基层综合文化服务中心建设进展顺利，洛阳市先期建设的11个示范点通过省委宣传部的检查验收。以市政府名义印发了《洛阳市推进基层综合性文化服务中心建设实施方案》，建成了10个基层综合文化服务中心，成为集文化、体育、科教、少儿活动、党员教育、居家养老、便民服务等资源于一体的基层文化新阵地。

2. 公共文化专项资金申报取得新突破

完成2016年基层图书配送资金、2016年省级公共文化服务体系示范区专项资金下放工作。为市少儿馆争取中央补助地方公共文化服务体系建设专项资金500万元。成功申报2016~2017年度省公共文化专项扶持资金98万元。偃师市艺红豫剧演艺有限公司、孟津县鼎盛演艺有限公司、洛宁县宏源演艺传媒有限公司等3个基层院团分别获得2016年度中央财政50万元的"优秀基层戏曲院团"奖励，洛阳豫剧院演艺有限公司的豫剧《洛神赋》、洛阳市文化馆的河洛大鼓《武则天小唱》、洛阳曲剧院演艺有限公司的《洛阳令》等项目共获河南省扶持艺术发展专项资金50万元奖励。

3. 非物质文化遗产保护取得新成绩

《洛阳市非物质文化遗产保护条例》列入2016年市人大立法计划，已经省人大审议通过，于2017年3月颁布施行。完成"十二五"期间省级以上非遗专项经费督查工作，成功申报2016年度国家级、省级非遗专项经费170.5万元。完成全市23个非遗传统美术类项目"传统美术抢救工程"档案整理。配合市住建委等部门向上级申请洛阳市5个传统村落保护中央资金，完成全市省级42个传统村落非物质文化遗产资源调查、14个新增省级非遗项目保护单位认定推荐和3个省级非遗项目保护单位变更申请工作，完成第三批市级非物质文化遗产代表性项目代表性传承人评选认定，积极筹建"洛阳市非遗传承人联盟"。由于非遗保护成绩突出，在2016年历史文化名城博览会上，洛阳市做了《非物质文化遗产与市民生活》的发言。

（五）文化市场监管规范有力

1. 简政放权持续推进

严格落实上级"先照后证"等政策，降低行业设立门槛，制定互联网上网服务营业场所、娱乐场所、民营文艺表演团体行政审批规范。文化市场技术监管与服务平台应用进一步规范化，市行政服务中心窗口服务进一步提升。全年新增互联网上网服务营业场所66家、歌舞娱乐场所4家、民营文艺表演团体20家、艺术品经营单位备案25家，办理各类审批事项52件，提前办结率100%。

2. 文化市场更加繁荣

互联网上网服务行业转型升级全面深化。完成全市619家互联网上网服务行业信用等级评定。参与转型升级的企业达252家，占全市行业总数的36.1%，互联网上网服务行业社会形象整体改善。完成全市游戏游艺娱乐行业发展现状调研，组织4家游戏游艺场所参加"飞凡杯"中国电子游戏超级联赛，促进游戏游艺行业转型升级。营业性演出市场发展迅速。指导监管"刘若英演唱会""岳云鹏相声专场""隋唐大马戏"等大型营业性演出成功举办。全市民营文艺表演团体达75家，原创优秀剧目不断涌现，栾川靠山吼艺术团的《金池村》作为优秀廉政剧目在全省巡演。认真开展艺术品市场排查摸底和备案工作，初步排查全市艺术品经营单位87家、艺术品经营单位聚集区4个。

3. 文化市场秩序保持平稳

文化管理部门深入调研市、县两级"三局合并"和文化市场综合执法改革现状，对市文化市场综合执法支队改革遗留问题拿出初步解决方案。制订印发《洛阳市文化市场突发事件应急处置预案》，完成151名农村文化市场监管信息员培训工作，对农村文化市场经营活动实现全覆盖动态监管。加强违法违规行为打击力度，开展"全市县城乡镇互联网上网服务营业场所专项治理行动"、"春节文化市场专项检查"、"秋季全市互联网上网服务营业场所经营秩序专项整治行动"和"闪电"系列专项行动，共受理110联动平台和12318文化举报线索490起，查处文化市场违规案件240余起，罚款80余万元。开展公共娱乐场所消防安全专项治理，全市出动检查人员9981人次，排查各类隐患2800余处。平安文化市场建设成效显著，4家企业被推荐为省级平安文化市场先进单位。

4. "扫黄打非"成效显著

认真开展"清源2016""净网2016""秋风2016""护苗2016"等专项行动，全市共查处"扫黄打非"案件36起，检查经营单位6633家次，收缴各类违法出版物23476件。先后查处"北京太和华萃国际广告传媒有限公司涉嫌组织违法演出活动案""邢首都擅自设立出版单位，擅自制作发放、销售新闻记者证、采访证件案""洛阳诗幔印刷有限公司未取得许可擅自兼营从事出版物印刷经营活动案"等一批大案要案，其中北京太和华萃一案被文化部评为2015~2016年度全国十大优秀案件，该案的办理工作还得到上级主管部门的高度肯定，省委副书记、省长陈润儿在省"扫黄打非"办公室呈报的《要情简报》上对此案做出"这种自觉守住阵地的担当精神应当发扬"的批示。加大"扫黄打非"宣传力度，组织开展"2016全国集中销毁侵权盗版制品及各类非法出版物活动仪式"，集中销毁各类非法出版物4.3万余件，同时开展了"拒绝盗版，共筑未来"群众签名活动。六一儿童节前，组织部分城区开展"绿书签"进校园宣传活动，引导青少年远离不良出版物和网络信息，倡导健康阅读习惯。

（六）文化产业发展势头良好

1. 加强顶层设计谋划

出台了《关于构建文化传承创新体系的指导意见》，将文化产业发展作为一大支撑,明确了未来几年全市文化产业发展的奋斗目标和工作任务。争取洛阳市入选第一批国家文化消费试点城市(洛阳市于2016年6月入选国家文化消费试点城市,是河南省唯一入选城市),拟订试点工作实施方案,为经济发展新常态下扩大文化消费水平、推动文化产业转型提升赢得重要机遇。

2. 加大产业项目扶持

持续做好对隋唐大马戏、平乐牡丹画创意产业园区等文化产业项目的服务支持。推荐"双元围棋创新研发及数字化文化推广基地""锐泽工艺品传承工艺创新与产业化示范推广基地""里外文化产业园发展提升"等项目申报中央、省文化产业发展专项扶持资金。配合市科技局成功申报为国家小微企业创业创新基地城市示范,做好对列入国家小微企业创业创新基地城市示范的华夏文明传承创新核心区、牡丹瓷文化产业园等十大文化创意产业园项目的规划引导、资金扶持等工作,制定出台《全市文化创意产业园发展扶持意见》。

3. 广泛开展合作交流

组织洛阳牡丹瓷、唐三彩、三彩艺、牡丹书画、双元围棋、王铎书画等知名文化产品参加深圳文博会、西安西部文博会、义乌文博会、厦门海峡两岸文博会等国内知名文化产业展会,扩大洛阳文化产品的市场影响,实现更高水平的交流合作互利共赢。组织有关县(市、区)和文化企业到"一带一路"沿线重要省份甘肃省敦煌市、天水市学习考察,实地了解他们发展文化产业的经验做法,拓宽了视野和思路。

(七)广播影视工作有序推进

一是加强对电影市场的监管。完成各电影放映单位年检年审,加强对新开办数字影院的指导。截至目前,全市已建成投用数字影院32座,共拥有电影银幕166块、座位22199个。组织开展电影市场秩序专项治理活动,保证了电影市场秩序良好。二是积极做好对洛阳的宣传。全力争取中央电视台在洛阳制作《走遍中国》栏目,加强与市委宣传部、市外宣办和洛阳广播

电视台的汇报沟通，切实做好栏目在洛拍摄各项服务工作。三是实现重要保障期安全播出。认真落实值班制度和"零报告"制度，确保春节、"两会"、省市党代会、杭州 G20 国际峰会等重要保障期广播电视安全播出，未发生安全播出事故。四是净化音频荧屏环境。加强对各级播出机构的管理，严肃查处播出机构擅自增设频率频道等违规行为，协调市无线电管理局打掉 8 个非法广播频率。严格境内外卫星电视监管，收缴卫星接收设施 1960 余套。加强广播电视节目（广告）播出和互联网视听节目安全播出监管，严肃打击违规播出虚假违法广告行为，下发整改通知书 13 份，及时处理群众举报投诉的问题。

（八）新闻出版行业管理持续加强

完成全市 82 种连续性内部资料年检，新增 3 种连续性内部资料，审核批准一次性内部资料 23 种。完成印刷和发行行业年检，对全市 903 家印刷企业（单位）和 902 家出版物发行单位进行年检审核，准予登记印刷企业（单位）846 家，注销 67 家，准予登记出版物发行单位 818 家，注销 84 家。配合有关单位做好打击侵犯知识产权和制售假冒伪劣商品相关工作。完成市、县两级政府机关计算机软件摸底调查。推荐洛阳日报社"洛阳城市融媒体平台"项目入选 2016 年全国新闻出版改革发展项目库。洛阳日报报业集团的传统媒体"云阅读平台"、"洛报·融媒"和"掌上洛阳"APP 三大平台建设入选"全国报刊媒体融合创新案例 30 佳"。推荐洛阳大头兵文化传播有限公司的"中国古代廉吏故事图文版《清官册》"项目入选 2016 年"原动力"中国原创动漫出版扶持计划项目，并获得 10 万元扶持资金。通过举办培训、专项检查、外出参展等措施，促进印刷发行行业健康发展。3 家印刷企业通过环保部门绿色认证，新增数字印刷企业 1 家，26 家企业获得行业协会质量测评优秀企业。充分利用各类书屋、新华书店、邮政报刊亭及"两馆一站"等文化设施，扎实开展图书推介展销、图书捐赠、主题征文等全民阅读活动，洛阳市有 3 个家庭成功入选第二届"全国书香之家"，"书香洛阳"氛围日益浓厚。

二 洛阳文化发展存在的问题

（一）公共文化服务深度广度不够

按照目前公共文化单位预算，不能实现公共文化服务全覆盖。部分文化活动只能限于活动的基本开展，不能在深度广度方面对社会造成影响，社会效果较差。

（二）文化单位队伍建设滞后

部分文化单位存在人才特别是高层次人才不足或流失现象，市文化市场综合执法支队存在领导超职数配备、人员职务不能正常晋升及执法人员不能评定职称等问题。县（市、区）文化市场综合执法人员配备不到位，极少数单位只有机构没有人员。

（三）市级重点公共文化进展缓慢

全市缺乏统一的公共文化设施规划，列入市级重点文化设施的文化馆、少儿馆和非遗展示馆项目因各种情况进展缓慢，严重制约文化工作整体水平的提升。

（四）文化产业发展与洛阳的地位不相称

骨干企业和重点项目少，辐射带动作用弱。文化产业与文物、旅游、科技、城建等关联产业的融合发展水平较低，对历史文化资源的开发利用不足，文化资源优势没有转化成为产业优势。

三 2017年洛阳文化发展对策建议

2017年，洛阳市坚持以新发展理念为指导，以文化传承创新体系重大

专项为抓手,大力推动文化产业发展,着力加强基层文化建设,积极开展群众文化活动和专业艺术创作,强化文化市场监管,进一步规范广播影视和新闻出版行业秩序,扎实推进文化体制机制改革创新,统筹推进、全面落实建设国际文化旅游名城和构建文化传承创新体系工作任务,推动洛阳文化大发展大繁荣,为加快推进"9+2"工作布局和实现"四高一强一率先"奋斗目标提供有力的精神动力和文化支撑。

(一)继续加强公共文化建设

巩固提升国家公共文化服务体系示范区创建成果,以洛阳市被河南省文化厅列为全省现代公共文化服务体系建设考核试点为契机,推动全市公共文化建设再上新台阶。一是夯实公共文化服务基础。督促相关县区完成"两馆"建设,加快市文化馆、少儿图书馆、非遗展示馆建设。完成第七次全国公共图书馆评估定级。指导老城区通过第三批省级公共文化服务体系示范区验收。督促各县(市、区)完成基层综合性文化服务中心的建设任务。建立"两馆一站"免费开放长效机制。加强文化志愿者管理、培训和活动开展,鼓励社会力量参与文化志愿服务工作。二是开展文化惠民活动。组织开展春节、元宵节期间群众文化活动,办好"河洛文化新春庙会"。组织举办"牡丹文化节优秀剧目展演月""河洛欢歌·广场文化狂欢月""中国梦·华夏之韵合唱比赛"等活动。三是加强非遗传承保护。颁布实施《洛阳市非物质文化遗产保护条例》,研究制定配套实施细则。摸底调查全市市级项目,对濒危项目进行登记并开展首次评估。继续做好项目抢救性挖掘和研究整理,完成市、县级非遗项目资料的规范化采集整理,配合洛阳理工学院完成"洛阳非物质文化遗产丛书"的编撰出版。组织做好非物质文化遗产评选申报、保护展示、培训宣传工作。

(二)积极发展专业艺术事业

一是打造精品演艺剧目。组织市直文艺院团和全市文艺工作者以创作为中心任务,创作更多体现时代特点、具有洛阳特色的优秀艺术作品。重点创作排演豫剧《洛神赋》。加大舞剧《关公》的宣传推广力度。督促指导市艺术研究所创作推出一部反映洛阳方言或洛阳戏曲等地方特色的微视频。二是积极参加艺术活动。推荐洛阳市优秀剧目参加河南省第十四届戏剧大赛，推荐洛阳豫剧院豫剧《穆桂英挂帅》参加第六届中国戏剧奖·梅花表演奖评选，认真筹办市直专业艺术表演团体演员、演奏员大赛。持续做好跟进2017年国家艺术基金、河南省扶持艺术发展专项资金、河南省扶持地方戏曲传承发展专项资金等资金的申报工作。

（三）确保意识形态领域安全

一是推动文化市场综合执法改革。落实上级文化市场综合执法改革精神，加强调查研究，推动出台文化市场综合执法实施意见。二是保持"扫黄打非"高压态势。实行全市"扫黄打非"工作责任制，明确各成员单位监管职责，强化工作合力。完善对县（市、区）"扫黄打非"工作考评办法，突出属地管理责任。全面推进"扫黄打非"进基层工作，落实乡（镇）"扫黄打非"领导机构和工作机构，村（社区）建立"扫黄打非"工作站和联络员机制。三是加大文化市场监管力度。运用"互联网+"技术，搭建文化市场远程实时监控系统。继续推动互联网上网服务企业、歌舞娱乐场所转型升级。加大对违规行为的查处力度，适时开展"双节"、"两会"、暑期、国庆等重要时间节点的专项整治和"扫黄打非"系列专项行动。按照上级转变政府职能、简政放权的要求，进一步提升市行政服务中心窗口服务水平。

（四）加快推进文化产业发展

1. 做大做强地方文化产业

按照国家文化消费试点城市要求，启动国家文化消费试点城市工作。扶持培育牡丹瓷、牡丹花茶等牡丹文化创意骨干企业，开发牡丹系列工艺品。提升平乐牡丹文化创意产业园区、唐三彩研发生产基地、青铜器生产基地等建设水平。推动澄泥砚、制鼓、宫灯、麦秸画、剪纸、观赏石等特色工艺品稳步发展。发展壮大传媒业、演艺业、会展业等地方文化产业。

2. 服务骨干文化企业和文化品牌

鼓励金融资本、社会资本以及产业投资基金等投资文化产业。配合实施"一县（区、镇、村）一品"战略，打造牡丹小镇、唐三彩小镇、杜康小镇等特色文化旅游小镇。鼓励文化企业挖掘保护中华老字号等特色传统技艺，申报地理标志产品保护和著名、驰名商标。开展市级文化产业示范园区和文化产业示范基地、文化产业"双十"工程评选活动。支持文化企业利用"互联网+""文化+"，研发新产品、新技术，创新营销理念，培育文化品牌，拓展更大市场，培育打造更多新兴文化企业和文化业态。

3. 扎实推动项目建设

配合推动灵山文化旅游园区、河洛古城等重大项目建设。加大招商引资力度，引进更多文化产业项目落户洛阳。推荐更多成长性好、经济社会效益突出的文化产业项目申报国家、省文化产业扶持资金，支持项目发展壮大。

（五）推动广播影视和新闻出版行业健康发展

1. 推动电影行业发展

抓好城市区电影院日常管理，在各县（市、区）中心区域基本有1座数字影院的基础上，稳步推进建设多家数字影院。选择2~3个乡镇或行政村进行试点，探索农村电影由室外转向室内，由流动转向固定，由放映时间不确定转向按计划放映，由群众被动看电影转向"菜单式"点播看电影的新模式。深入实施公益电影放映工程，鼓励洛阳广播电视台、洛阳日报报业集团和各县（市、区）广播电视台制作微电影或网络剧、网络公益广告。支持市电影发行放映公司通过公益电影广告、筹拍戏曲电影等方式拓宽增收渠道。

2. 保证广播电视播出安全

组织开展广播电视虚假违规广告播出、网络视听节目传播秩序、境外卫星电视传播秩序、查处非法电台电视台等专项整治活动，进一步净化声频荧屏。配合上级部门做好中央广播电视节目无线地面数字电视网和县级应急广播平台及网络建设。加强市广播电视安全播出监测中心建设，提高技术检测手段和能力，加大对广播电视播出机构、制作经营机构、传输机构的监管力度，确保广播电视安全播出。

3. 加强新闻出版管理

做好市属报刊、内部资料性出版物的审读和连续性内资、印刷发行行业的年度核验、政策法规培训及日常监管工作。强化版权保护宣传，开展版权纠纷调解、版权咨询等服务。加大版权监管执法力度，深入开展打击侵犯知识产权和制售假冒专项行动。巩固软件正版化工作成果，建立健全长效机制，从源头上遏制软件侵权盗版行为。不定期开展出版物印刷发行企业巡查和安全生产检查，特别要加强中小学生教材教辅印刷发行专项检查。积极引导印刷发行企业进行数字化、绿色化、规模化转型升级，支持新华书店、洛阳日报报业集团打造新闻出版产业集聚区。深入开展全民阅读活动，营造"书香洛阳"浓厚氛围，提升全民阅读新高度。

专题篇

Report on Subjects

B.2 河洛文化历史遗存保护开发利用研究[*]

刘振江[**]

摘　要： 从历史价值、科学价值、艺术价值、社会文化价值、使用价值、环境价值六个方面对河洛文化历史遗存的保护开发利用情况展开分析，可以看出为数不少的遗存虽然具有极高的历史价值，但是其本身蕴含的且能够在当今发生作用的社会文化价值、使用价值等没有得到彰显。究其原因：缺乏健全的法规政策制度使遗存的保护开发利用在顶层设计上相互掣肘；缺乏充足的资金投入使遗存的有效保护开发利用捉襟见肘；缺乏合理的人才结构使遗存的保护开发利用陷入瓶颈；缺乏

---

[*] 本报告是河南省哲学社会科学河南省哲学社会科学规划项目"河洛文化的精神内涵与中原文化创新研究"（2014BZX008）、河南省科技厅软科学项目"河洛文化的精神内涵与华夏历史文明传承创新区建设研究"（142400410378）阶段性成果。

[**] 刘振江，博士，河南科技大学马克思主义学院院长、教授、硕士生导师，河南省高校人文社科重点研究基地"河洛思想文化传承创新研究中心"主任。

健全的评估机制使遗存的保护开发利用难以持续发力。因此，在河洛文化历史遗存的保护开发利用上，洛阳市政府的高度重视与大力支持是关键，完善相关法律法规及健全制度是保障，引进与培养人才，加大宣传，提升河洛历史文化遗存的社会关注度是路径。

关键词： 河洛文化　遗存保护　遗存开发　遗存利用

　　河洛文化内涵丰富，源远流长，既是中原文化的主干所在，又是中华优秀传统文化的重要组成部分。河洛文化星罗棋布，洛阳及其所辖区县可谓是河洛文化的集中分布区域。自上古以来，先民们在数万年的历史进程中，在洛阳这片古老、厚重而又神奇的大地上，留下了数以万计的历史遗存，这些从历史深处走来的遗迹，作为我们民族文化的瑰宝，既承载着我们华夏族群的珍贵记忆，又是滋养我们的现代文化走向可大可久的精神动力。对今人而言，保护开发利用好河洛文化历史遗存，既是对历史责任的担当，又是对当代使命的践行，具有继往开来的意义。然而，河洛文化遗存灿若繁星，既有世界级文化遗产，又不乏国家级、省级文物保护单位，其他市、县级文物保护单位更是为数众多。因此，经过调研组成员的认真研讨，我们决定以分布在洛阳市及其县区的曾在历史上产生重大影响，而在当今并没有引起足够重视的文化遗存为主要调研对象，意图整体把握这样一批历史文化遗存的保护开发利用现状，寻找原因，提出对策。根据此思路，本次调研按照主题对象的不同分为四个部分：（1）仓颉造字台、龙马负图寺、洛出书处等文化源头遗存的保护开发利用现状；（2）光武帝陵、北魏孝文帝陵墓等帝王陵墓遗存的保护开发利用现状；（3）伊尹祠、杜甫墓、范仲淹墓、两程故里、朱村、贾谊村等文化思想名人遗存的保护开发利用现状；（4）卫坡村等古村落遗存的保护开发利用现状。

洛阳蓝皮书

一 河洛文化历史遗存保护开发利用现状

（一）评估依据

既然要对上述河洛文化历史遗存的保护开发利用现状做出判断并能够有效地分析，那么就需要有恰当的判断标准。综合考量充分尊重历史和服务现实需求两方面的因素，大致可以从历史价值、科学价值、艺术价值、社会文化价值、使用价值、环境价值六个方面对历史遗存的保护开发利用情况进行调研并做出评估。其中，历史价值评估包括历史久远度（遗存的最早年代）、名气效应度（遗存的历史名气）、遗存影响度（遗存文物保护单位的级别）三个方面。科学价值评估包括科技水平（遗存是否代表所处时代科技水平）、历史补证功能（遗存对传世文献的补充、印证功能）、科普功能（从科技角度对出版的研究著作和文章）三个方面。艺术价值评估包括美学价值（遗存能够带给今人美的深层次体验）、艺术表现力（遗存的建筑风格等能够反映所处历史阶段的艺术特征，有进一步保护修缮的必要）、观赏性（遗存带有的图案、工艺等具有较强的观赏性）三个方面。社会文化价值包括宣传教育度（遗存所具有的道德教育、价值引导等功能）、文化传承功能（遗存反映历史时期思想文化、哲学观念发展的高度）、精神感召力（遗存对民族精神和时代精神的感召功能）三个方面。使用价值包括改造修复程度（遗存的遗留状况、真实性、完整性、修复难度等）、保护力度（遗存是否有编制、是否有专门保护机构及工作人员等）、旅游开发度（遗存的旅游吸引力及可持续开发性）三个方面。环境价值主要包括环境和谐度（遗存与周边环境的和谐程度）、对环境及景观的支撑度（遗存对周边的生活环境和自然环境的支撑功能）、与周围建筑物的协调度（遗存与周围建筑物的协调程度）三个方面。此六个方面的价值评估中，历史、科学、艺术、社会文化价值是历史遗存本身具有的价值，使用价值与环境价值是今人赋予的价值。

（二）现状分析

1. 文化源头遗存的保护开发利用现状

仓颉造字台、龙马负图寺、洛出书处三处遗存的保护开发利用情况可以从历史价值、使用价值、环境价值三个方面加以把握。在历史价值方面，就历史久远度而言，仓颉作为"造字圣人"，奠定了中华文明的基础，《周易·系辞》载"河出图，洛出书，圣人则之"，河图、洛书在一定意义上可谓是中华历史文化的源头，因此三者的价值毋庸置疑。就遗存影响度而言，仓颉造字台只是县级文物保护单位，影响力度较为薄弱。河图洛书入选国家级非物质文化遗产名录，龙马负图寺与洛出书处皆是省级重点文物保护单位，具有比较突出的影响力。在使用价值方面，就改造修复度而言，仓颉造字台的完整性与真实性都无从考证，只能依凭历史传说及相关记载。洛出书处的完整性遭到严重的破坏，至今修复不力。龙马负图寺的整体结构相对比较完整。就保护力度而言，仓颉造字台与洛出书处虽挂牌立标，但缺乏有力的管理人员。就旅游开发度而言，仅龙马负图寺有门票收入，但因管理不善，于2016年1月被河南省旅游景区质量等级评定委员会从3A级景区资质降为2A级景区资质。但此三处遗存皆具有旅游吸引力，值得进一步开发利用。在环境价值方面，仓颉造字台与洛出书周边皆有风景优美的自然景观，如果能够充分发挥二者的人文价值，就有可能收到相得益彰之效果。而龙马负图寺的人文景观与周边的建筑环境明显有失协调。

2. 帝王陵墓遗存的保护开发利用现状

光武帝陵、北魏孝文帝陵的保护开发利用情况可以从历史价值、使用价值、环境价值三个方面加以把握。历史价值方面，就历史久远度而言，光武帝刘秀距今已有2000年历史，北魏孝文帝距今也有1500年历史，不仅历史久远而且皆具有不可磨灭的历史印记。就名人名事效应度而言，光武帝不仅是东汉王朝的开国元勋，而且是光武中兴的缔造者。北魏孝文帝作为一位杰出的少数民族政治家和改革家为民族融合和汉文化的传承不辍做出了不可估摸的贡献。就遗存影响度而言，二者皆是国家级重点文物保护单位。在使用价值方面,就改造修复度而言,光武帝陵保持了一定程度上的完整性,部分历史信息得以呈现,但作为一个王朝的缔造者,光武帝很多彪炳史册的功绩并没有得到充分的展现。北魏孝文帝陵的真实性虽然是经过确证的,但这并未能掩盖其湮没在萋萋芳草中的尴尬境遇。就保护力度而言,二者都已被挂牌立标,其中北魏孝文帝陵缺乏有效的管理,光武帝陵虽有人专门管理,但有诸多迹象显示这种管理有待进一步改善。就旅游开发度而言,光武帝陵虽然是国家3A级景区,但是开发后劲不足,且呈下降趋势。北魏孝文帝陵目前尚未开发,不具有旅游参观价值。环境价值方面,光武帝陵与周边环境不甚和谐,对周边环境亦没有起到支撑作用。北魏孝文帝陵由于尚未充分展示应有的人文景观价值,所以与周边优美的自然景观没有形成相得益彰之效。

3. 文化思想名人遗存的保护开发利用现状

伊尹祠、贾谊村、杜甫墓、范仲淹墓、两程故里、朱熹祠等遗存分别具有历史价值、社会文化价值、使用价值和环境价值。历史价值方面,就历史久远度而言,距今最近的朱熹祠也有将近900年的历史,其他自不待言。就名人名事效应而言,伊尹是天下第一贤相,贾谊是西汉初期著名的思想家、文学家、策论家,杜甫更有诗圣之美誉,范仲淹不仅在诗文上名列唐宋八大家之一,而且是北宋初期卓越的政治家、军事家,程颢程颐两兄弟奠定了理学的发展方向,朱熹更是理学的集大成者。就遗存影响度而言,范仲淹墓、两程故里是国家级重点文物保护单位,伊尹祠、杜甫墓是省级重点文物保护单位,朱熹祠是市级重点文物保护单位。社会文化价值方面,就宣传教育度而言,这些历史遗存既是爱国主义教育的重要题材,又是精神文明建设的重要资源,对提高国人的文化自信、社会主义核心价值观的滋养都有重要的意义。就文化传承度而言,这些文化遗存蕴含了中华民族的价值观念,在一定程度上反映了中华民族的思维方式。就精神感召力而言,今人在参观这些历史文化遗存时,会油然而生一种敬畏之心,自愿在精神上接受先贤思想的洗礼。使用价值方面,就改造修复度而言,上述遗存基本保存了部分历史信息,但今人在此基础上的修复之功并不乐观。就保护力度而言,这些遗存虽被挂牌立标,但是基本上处于民间散管的状态,政府保护力度不足。就旅游开发度而言，这些遗存不仅具有旅游开发价值，而且具有现实教育价值，值得创新思路全方位地开发。环境价值方面，这些历史名人遗存多处于乡野，对建设文化乡村而言是一种独有的优势。

4. 古村落遗存的保护开发利用现状

卫坡村分别具有历史价值、艺术价值、社会文化价值、使用价值。历史价值方面，卫坡村始建于清代嘉庆、道光年间，是"中国美丽乡村"创建试点村、河南省文化历史名村、河南省重点文物保护单位，既具有历史价值，又具有遗存影响度。艺术价值方面，就艺术美学度而言，卫坡村民居的整体布局可以反映出中国民间建筑的审美趣味。就建筑艺术表现力而言，卫坡村的民居基本上保持了原来的样子，能够表现出清代民居的很多细节性的美感，值得进一步保护。就观赏度而言，卫坡民居上的花纹、图案以及楹联等在工艺、内容方便都有值得今人借鉴、学习的地方。社会文化价值方面，卫坡村的家训家风文化在今天无疑具有广泛的教育意义。使用价值方面，无论是就改造修复而言，还是就保护力度、旅游开发度而言，卫坡村都具有非常可观的价值。

综合而言，所选取的调研对象皆有极高的历史价值，如帝王遗址中，北魏孝文帝改革为汉族与少数民族的融合、为汉文化的保护与传承做出了卓越的贡献，光武帝刘秀开辟光武中兴的繁盛局面，为东汉文化的发展与繁荣奠定了政治基础。河图、洛书、仓颉造字等皆与中华文明的源远流长有莫大的关系。伊尹作为中国第一贤相，程朱理学作为中国古代儒学发展的高峰，范仲淹作为一名政、军、学的全能大家都具有很高的历史价值。然而，本次调研的历史文化遗存的社会文化价值并没有很好地得到展现，如河图洛书作为河洛文化乃至中华文明的源头，即使是身在学府的文化精英对其也知之甚少，更不用说其在普通老百姓中的影响了，程朱理学作为儒学发展的高峰更是没有在文化教育部门、普通民众的道德生活建设中起到应有的作用。本次调研对象的使用价值并不明显，虽然上述调查对象在保护力度上都有编制，并挂牌立标，但缺乏专业的管理人员是其中比较突出的一个问题，如范仲淹墓、两程故里、朱村等。在改造修复度上，投入力度明显不足，如在伊尹祠

的修复上，存在很多问题，也面临很多困难。在旅游开发度上，这些遗存基本上处于自发状态。对调查对象的参观大多集中在相关领域的研究学者，一般社会人士鲜有问津。本次调研对象与周边建筑物的协调程度不佳。值得一提的是，洛出书处遗存依托当地的山水在未来的开发利用中有很大的优势，将会对周边的景观起到很大的文化支撑作用。但其他遗存或是与周边环境不甚协调，如伊尹祠、程村、朱村等；或是周边没有建筑，如北魏孝文帝陵。

二 河洛文化历史遗存开发保护利用现状的原因分析

本次调研对象虽然不能囊括河洛文化历史遗存的全部，但它们皆具有很高的历史价值，且没有得到应有的开发保护与利用，因此具有典型性、代表性。对这些历史遗存的调研从一个侧面能够反映河洛文化历史遗存开发保护利用工作中的一些深层次的问题，并能够进一步分析产生这些问题的原因，如相关法规政策制度不健全、资金投入不足、缺乏合理的人才结构、评估机制不健全等。

（一）缺乏健全的法规政策制度

自20世纪90年代洛阳把河洛文化作为文化品牌开始打造以来，河洛文化历史遗存的保护开发利用可谓是稳健提升，这当然得益于市委市政府以及相关职能部门不断出台的法规、政策、制度。然而，随着历史文化遗存保护开发利用观念的不断更新以及人们对历史文化遗存的认知水平及情感需求的不断提升，相对稳定与滞后的法规、政策、制度却不能及时更新，造成历史文化遗存的保护开发利用进程的延缓甚至停滞。从调研的情况来看，法规政策制度的不完善甚至是缺位导致了以下问题。

1. 保护力度不够

尽管有《中华人民共和国文物保护法》等一系列国家层面的法律法规作为依据，但是在地方的历史文化遗存的保护开发利用过程中，由于一些城镇居民及乡民们对相关法律法规缺乏基本认知，因此国家层面的法律法规在地方的执行中往往出现"天高皇帝远"的尴尬局面。在调研过程中,诸如两程故里、范仲淹墓、伊尹祠等声名显赫的历史文化遗存,院内生活垃圾成堆,杂草丛生,给人一种苍凉之感,可以说是连基本的日常打理都不能得到保证,更遑论规范地管理了。

2. 权责相互牵制、政策无法通畅

就河洛文化历史遗存保护开发利用而言,虽然洛阳市委市政府给予了足够的重视,但是由于同一遗存的管理往往涉及好几个行政职能部门,且各个行政职能部门之间权力平等,没有隶属关系,所以一方面在政策的制定中,各个部门往往基于自身职能的立场而没有顾及其他部门的职能,这就极有可能出现各个部门制定的政策存在相互冲突的现象。另一方面,由于同一遗存同时需要好几个部门的管理,往往会出现重复管理,甚至会出现管理的真空地带,所以在政策的制定中可能会出现政策的重复或无相关政策,导致"踢皮球"现象的发生。无论是哪一种情况出现,都会对遗存的保护开发利用状况造成很大的难题。

3. 缺乏长远规划,没有发挥制度优势

首先,就河洛文化历史遗存的保护开发利用而言,各级政府往往都把目光聚焦在遗存的经济价值上,忽略了遗存本身所具有的其他价值。正是因为这种重利益轻保护的潜意识存在,所以在遗存的开发使用上,要么存在过度开发的现象,要么看到遗存不具备潜在的价值而置之不理。其次,由于缺乏长远规划,没有形成整体视域,分布在各个县区之间的遗存并没有形成联动效应,以"二程"为例,位于嵩县的两程故里与位于伊川县的程园由于缺乏政府层面的整体的、长远的规划,所以目前还处于分散的状态。最后,由于在遗存保护开发利用的制度上没有创新,所以不少民众不能成为遗存保护的参与主体,人民群众的力量与智慧没有被充分地调动起来。

(二)缺乏充足的资金投入

河洛文化历史遗存的保护开发利用,对历史价值、科学价值、艺术价值、社会文化价值、使用价值、环境价值的彰显,都需要投入大量的人力、

物力和财力,其中财力的作用尤其明显。从调研的情况来看,保护开发利用河洛文化历史遗存的财力可谓捉襟见肘。首先,政府对河洛文化历史遗存保护开发利用的资金投入明显不足,这与洛阳及其县区财政收入预算关系甚大。河洛文化历史遗存分布广泛、品类繁盛、层次较高,本身对资金的需求量比较大也是一个重要的原因。其次,吸纳社会资金不足。在河洛文化历史遗存的保护开发利用中,对政府资金的投入依赖性过高,甚至是完全依赖政府的投入,对社会资金的吸纳明显不足。即使是能够吸纳社会资金,也仅仅是用在旅游开发等能够取得经济效益的价值上,而遗存的历史价值、艺术价值、社会文化价值等对社会资金的吸纳能力明显不足。最后,是资金分配不合理。河洛文化历史遗存中,诸如龙门石窟、隋唐大运河、丝路起点等世界文化遗产,尤其是龙门石窟,由于遗产级别高,起步早,具有可观的旅游价值,所以无论是政府资金还是社会资金的投入都比较高,形成"滚雪球"效应。而在雪球滚大之后,政府资金并没有抽出,还在相继投入,没有分配到其他遗存的保护开发利用上。

(三)缺乏合理的人才结构

文化和人才总是相伴而生,文化的繁荣发展离不开人才的支撑,文化遗存的保护开发利用同样需要发挥人才的重要作用。除了资金短板外,人才的供不应求也是掣肘河洛文化历史遗存保护开发利用的重要因素。首先,高端文化人才短缺,缺乏遗存保护开发利用的领军人物。目前,河洛文化历史遗存的保护开发利用工作的论证,大多由洛阳的几所高校中从事文化工作的教师承担,他们既没有时间上的保证,有时也缺乏相应的专业知识。其次,人才分配不均衡。一方面,高校的人才都集中在洛阳,他们没有太多的精力关注县区乃至乡镇的遗存保护开发与利用;另一方面,在学缘结构上,以历史为主,其他相关专业的人才较少。

(四)缺乏健全的评估机制

就河洛文化历史遗存的保护开发利用而言,相关部门往往只关注数量的多少,而忽视了质量的高低;只关注形式的多样性,而忽视了内容的实质性。一方面,相关部门更多地关注本年投入了多少资金、申报了多少项目、上了多少项目,而较少关注目标的实现程度,这造成了有些项目善始而不能善终。另一方面,从资金的投入来看,尤其是社会资金参与的那些项目,评价的依据往往局限于经济效益,既过于凸显遗存的使用价值,又忽视了遗存的其他价值,这通常会导致对遗存的过度开发,甚至是毁灭性开发。缺乏健全合理的评价和监督机制,不仅对遗存价值的全面开发造成影响,而且导致相关部门不能及时地发现问题、改进问题,甚至影响社会各界对政府部门的评价。

三 河洛历史文化遗存开发保护利用的建议对策

(一)政府相关部门应高度重视河洛历史文化遗存的保护、开发与利用

政府相关部门应充分发挥主导作用,立足于全局的高度、开阔的视野,制订具有较强前瞻性、针对性和可操作性的保护规划,可借鉴西安、淄博等城市的做法,按照文化遗址、历史街区、古代建筑、名人故居等专题分门别类进行开发,彰显区域特色,增强文化吸引力。在进行城市建设规划时,也应全盘考察河洛历史文化遗存的历史、经济、文化旅游价值及其与当地城市、街区发展的关系,统筹管理,合理安排,科学指导历史文化遗存保护与城市建设各项工作,进而达到河洛历史文化遗存保护、开发、利用三个环节相辅相成。

(二)加大投入力度,建立健全各项保障机制

其一,健全河洛历史文化遗存管理机构,将对历史文化遗存的保护适当纳入各级行政目标责任制考核,建立市、县(市、区)、镇(街道)三级文化遗存保护责任制,市、县人民政府负责历史文化遗存的保护和监督管理,

镇（街道）以下负责保护的巡查和报告等工作。各政府职能部门如规划、文化、住建、城管、林业等，也应详细规定职责分工，将责任落实到个人，未按规定履行好保护职责的给予相应处罚。完善信息沟通渠道与平台，促进各职能部门之间的协调与配合。

其二，结合地方文化经济效益情况，完善相关财税政策，加大经费投入力度。在各级政府年度预算中，安排专项资金用于文化遗存的保护与开发，同时加强对经费的管理与监督，保证专款专用。在法律法规允许的框架内，积极探索文化遗存保护开发的投融资渠道，鼓励各类非公有制资本进入文化遗存保护、开发以及管理领域。

其三，加强人才队伍的培养。首先，全市尤其是乡镇层级相关职能部门，应积极与市属、省属高等院校、研究机构进行合作，建立专家咨询机制，不断提升在岗人员的职业精神、业务素养与技能。其次，积极邀请海内外知名专家学者，定期召开学术研讨会与专题报告，交流学界最新研究成果，为文化遗存的保护与开发工作提供充足的智力支持与学理依据。最后，充分认识志愿者工作对文化遗存事业发展的重要意义，通过各种途径培育洛阳本地志愿者队伍，充分动员社会力量，共同为河洛历史文化遗存的保护、开发、利用而奋斗。

（三）完善相关法律法规，加强对河洛历史文化遗存的保护力度

首先，严厉打击各种破坏、损毁、偷盗河洛文化遗存的犯罪活动；其次，借鉴其他地区如湖南省岳阳市制定的《岳阳历史文化名城保护条例》，组织相关部门主管领导、专家学者完善洛阳市河洛历史文化遗存保护条例，提供相应法律保障。广泛宣促文物保护法律法规，建立有奖举报机制，鼓励群众检举揭发文物犯罪活动，提高全民文化遗存保护意识。

（四）充分利用新媒体宣传途径，提升河洛历史文化遗存的社会关注度

当今，新媒体的迅速发展为各种信息的交互提供了无限可能，也为河洛

历史文化遗存的保护与开发带来了新机遇。政府相关部门应顺应新媒体时代要求，通过丰富与完善现有河洛历史文化宣传网站，建设河洛历史文化专题网络论坛，创建微博、微信公众号等途径，将与河洛历史文化有关的最新研究成果及时推送，真正做到"接地气"，缩短河洛历史文化与普通民众的距离，让普通民众认识并了解河洛文化的历史底蕴与时代价值，扩大河洛历史文化的影响力及社会关注度，进而形成自觉保护河洛历史文化遗存的社会意识与舆论氛围。

综上所述，河洛文化是以洛阳为中心的河洛地区最为突出的文化名片。保护、开发与利用河洛历史文化遗存，不仅有利于发掘民间文化资源，发扬中华民族优秀传统文化与美德，增强"四个自信"，而且有助于推动洛阳本地文化旅游产业的进一步发展，优化区域经济结构，提高文化软实力，实现经济发展和国民素养的并速腾飞。因此，政府部门、全体社会成员应增强使命感，紧密结合国家经济发展政策与导向，以人为本，以河洛文化为魂，积极推进河洛历史文化的建设。

B.3
洛阳市文物保护研究报告

洛阳市文物保护课题组*

摘　要： 洛阳市是文物资源大市和大遗址的集中地区，2016年，洛阳市大遗址保护展示工程稳步推进，博物馆建设和文化文物利用工作进一步加强，文物勘探和考古发掘工作成果丰硕，文物保护基础工作稳步推进，传统村落和历史街区保护力度加大，文物安全和行政执法工作保障有力，文物事业呈现蓬勃发展的良好态势。2017年，洛阳市将持续推进各项工作，为构建文化传承创新体系、建设华夏历史文明传承创新区做出贡献。

关键词： 文物保护　文物资源　资源利用

2016年，洛阳市文物部门围绕中心、站稳大局，抢抓机遇、务实进取，推动了文物事业持续健康发展。2016年5月国家文物局来洛阳调研时对洛阳市的文物工作给予了充分的肯定，7月洛阳市文物局被河南省人力资源和社会保障厅与河南省文化厅联合表彰为"全省文化系统先进集体"。

---

* 课题组组长：陈启明，洛阳市委党校市情研究部主任、副教授，主要研究方向为区域经济发展与文化建设。课题组成员：刘福兴、高永、魏晓彤、冯小六。

一 2016年文物保护工作现状

（一）大遗址保护展示工程稳步推进

1. 大遗址保护和考古遗址公园建设成果丰硕

洛阳是大遗址的集中地区。2016年以来，洛阳市大遗址保护和考古遗址公园建设成果丰硕，受到社会各界广泛关注。隋唐洛阳城、汉魏洛阳城等大遗址保护展示工作取得新进展。隋唐洛阳城国家遗址公园"天堂·明堂"景区2016年全年入园人数约80万人次，实现销售总收入约2850万元，实现利润约150万元。仅第34届牡丹花会期间，景区入园人数近15万人次，实现收入620万元，文物福民进一步显现。[①]

2. 九洲池和应天门保护展示工程顺利推进

隋唐洛阳城九洲池遗址保护展示工程4月份建筑主体施工结束，完成池体蓄水、场地绿化和道路广场铺装。池体蓄水工作不断推进，目前正在进行建筑的油饰彩绘设计，园区景观整体上有所提升。应天门遗址保护展示工程考古发掘、征迁工作全部完成，建设方案已获国家、省文物局批复，施工图编制和工程招投标结束，国家文物局已拨付前期经费，全面开工建设。定鼎门片区（明教坊、宁人坊和天街南段）整体方案于7月14日获得国家文物局正式批复，遗址内部考古发掘工作已基本结束，正在进行项目施工图编制，申报全国重点文物保护专项经费预算书已编制并上报国家文物局。南城墙遗址公园规划编制工作进展顺利，市文物局委托东南大学建筑学院进行此次方案的制作，10月22日项目方案在书记议事会上进行汇报，目前正根据会议精神进行完善，已基本修改结束。

3. 汉魏故城内城西城墙遗址（南段）保护展示工程不断推进

太极殿保护展示工程立项获得国家文物局批复，单位政府正在进行方案

---

① 资料来源：洛阳市文物管理局。

设计采购工作。八号建筑基址保护展示工程立项编制完成并上报国家文物局，委托同济大学制作了《汉魏故城南部礼制区保护展示详规》，委托河南古代建筑设计研究院制作了《灵台遗址保护展示方案》，已上报国家文物局。

2016年大遗址保护展示项目立项编制和上报13项，保护展示、环境整治等方案8个。按照省文物局要求，完成文物保护专项经费项目汇总工作，上报9项文物保护工程。

（二）博物馆建设和文化文物利用工作进一步加强

1. 博物馆基础建设步伐加快

二里头夏朝遗址博物馆建设顺利推进。二里头夏朝遗址博物馆是国家"十三五"期间的重大文化工程。目前，二里头夏朝遗址博物馆前期工作顺利推进，《二里头夏朝遗址博物馆建设总体建议方案（修订稿）》已经由洛阳市人民政府审议通过，并于2016年6月下旬报请省人民政府审议。《二里头夏朝遗址博物馆概念性设计方案》和建筑设计方案招标工作已完成，并已选定中标方案。博物馆展陈内容大纲框架体系已编制完成，深化工作正在进行中。《二里头夏朝遗址博物馆项目可行性研究报告》正在制作中。契约文书博物馆建设迈出坚实步伐，2016年初，洛阳契约文书博物馆建设工程列入洛阳市2016年重点项目工程，目前契约文书博物馆主体工程建设已经全部完成，预计2017年正式对外开放。丝绸之路博物馆建设不断推进，完成了洛阳地区丝绸之路相关文物、文献资料的收集和整理工作，① 并提交相关专家进行可行性研究，初步拟定了陈列大纲，召开了专家研讨会，具体的陈列大纲正在编写之中。

非国有博物馆建设取得新进展，2016年初，7家已通过审批的民营博物馆相继对社会免费开放，6家民办博物馆的材料初审工作已经完成，年内上报省文物局审核备案。

---

① 常书香：《文化传承创新　续写洛阳自信》，《洛阳日报》2016年12月24日。

2. 博物馆陈列水平不断提升

不断提升基本陈列水平，引进、举办内容丰富、形式多样的临时展览，加大免费开放力度，满足群众文化需求。洛阳市各国有博物馆在对公众免费和优惠开放的同时，不仅提升基本陈列展示水平，而且适时对基本陈列展览进行调整提升，同时积极举办和引进临时性展览。2016年全市各博物馆（纪念馆）共引进、举办临时性展览20余个。其中洛阳博物馆举办的《从洛阳到河西走廊——甘肃与洛阳丝绸之路文物精品展》《廓清典藏文化财富 滋养弘毅民族精神——河南省第一次全国可移动文物普查成果展》，周王城天子驾六博物馆举办的《寻觅陆浑戎——徐阳墓地考古成果图片展》，八路军驻洛办事处举办的《纪念红军长征胜利80周年专题展》等展览，吸引了大批中外游客参观，受到社会各界的好评。

3. 文物惠民活动丰富多彩

利用文物资源优势，开展内容丰富、形式多样的群众性文化活动，文化惠民服务不断加强。各博物馆、纪念馆利用文物资源优势，开展形式多样的文化活动。组织洛阳市文博宣讲团到社区、学校、乡村宣传古都历史文化。配合牡丹文化节，在定鼎门广场举行了第34届牡丹文化节开幕式，举办了关林朝圣大典、民俗文化庙会等大型文化活动，展示了洛阳悠久灿烂的古都文明和博大精深的民俗文化，在弘扬河洛文化、展示民俗风情、丰富城乡群众文化生活等方面都发挥了重要的作用，收到了良好的社会效益。

4. 博物馆讲解接待水平不断提高

2016年接待观众三百余万人次。为了提高讲解接待能力，应对免费开放后增加的观众人数，各博物馆还积极招募志愿者，对志愿者进行业务培训和日常管理，并将志愿者招募、面试及培训等工作常态化。志愿服务建设进一步提升，洛阳博物馆"文史讲解"志愿服务项目受到中宣部和中央文明办的表彰。

（三）文物勘探和考古发掘工作成果丰硕

进一步落实优化环境、服务企业的各项举措，圆满完成了配合洛阳市基本建设的各项文物审批、考古勘探和发掘工作。2016年共办结行政许可事项95项，出具项目选址意见62项，为万安山景区综合开发，古城路改造提升，新街南延线、郑登洛城际铁路、丹尼斯九洲广场建设等一大批省、市重点项目提供了优质、高效的服务。全力支持龙门三重阙门、龙门碑亭等项目建设，争取上级文物主管部门的政策和经费支持。通过积极主动的服务，帮助推动项目落地，为洛阳市经济建设和城乡发展做出贡献。2016年共完成文物勘探项目68项，钻探面积150万平方米。发掘清理古墓葬1143余座，其他文物遗迹20余处，出土历代文物近4320件（套）。取得了宜阳苏羊遗址、伊滨区西朱村曹魏大墓、伊川徐阳墓地、北魏平西将军华州刺史元㑽墓、朱仓东汉陵园等多处重要考古新发现，[1] 有力地支持了项目建设和城市发展。

进一步加大田野考古课题研究，出版了《偃师洛南东汉帝陵考古勘探报告》《定鼎北路唐代烧窑考古发掘报告》等学术专著和发掘报告，相关业务人员发表考古发掘简报、论文近60篇。汉魏洛阳城太极殿遗址入选2015年度全国十大考古新发现。

同时，文物勘探单位继续拓宽工作范围，主动承担了江苏扬州、盐城等地的文物勘探业务，为洛阳市考古事业的发展注入了新活力。

（四）文物保护基础工作稳步推进

完成了全市第一次全国可移动文物普查工作近42万件（套）文物信息的采集、审核和上报工作，洛阳市第一次全国可移动文物普查数据采集、登录工作圆满完成。按照国家和省文物局相关要求，完成了第三次文物普查后消失文物登记核查，有400余处不可移动文物消失。完成了2015年国家文物局重点工作专项督查，洛阳市56项文物保护工程和考古发掘项目顺利通过检查。

争取多方支持，做好各级文物保护单位四有工作和维修保护工作。本年度共上报47项文物保护工程、26项文物保护方案。完成了关林古建筑群维修和油饰彩绘工作、周公庙维修工程、偃师九龙庙维修工程，做好魏明帝高

---

[1] 资料来源：洛阳市文物管理局，http://www.lywwj.gov。

平陵、嵩县庆安禅寺等各级文物保护单位的维修加固，做好周边环境整治工作，配合相关单位编制立项文本，争取国家政策和经费支持，完成全国重点文物保护单位保护总体规划的编制、核准和上报工作，其中八路军驻洛办事处旧址总体保护规划已获省政府批准公布。完成了少数民族不可移动文物普查工作，以及少数民族不可移动文物省保单位申报工作。

2016年度共争取国家级重点文物专项补助资金9639万元，实施文物保护项目33个。完成了2017年度省级文物保护专项补助资金的申报工作，上报项目32个，计划申请补助资金7300万元。完成应天门遗址保护展示工程，隋唐城明教坊、宁人坊（含天街南段）保护展示工程预算上报工作，计划申请2017年国家级重点文物保护专项补助资金3.2亿元。完成了《市级文物保护专项补助资金管理办法（试行）》的制定和2016年度市级文物保护专项资金的申报审核及经费下达，目前已下拨专项资金1000万元，安排市级文物保护项目35个。

（五）传统村落和历史街区保护力度加大

大力推进传统村落保护相关工作，目前洛阳市有中国传统村落14处，河南省传统村落31处。完成了孟津卫坡民居传统村落总体保护方案上报，并获得省文物局批复。汝阳杜康村保护方案编制和保护经费申请工作正在抓紧进行。洛宁程氏旧宅保护方案获得省文物局批复，推动了洛宁东宋镇丈庄村传统村落保护工作顺利实施。

按照洛阳市政府工作部署，文物管理部门配合做好老城历史文化街区相关保护和整治工作。完成老城历史文化街区文峰塔周边总平图评审和三期历史建筑以外其他建筑拆除的报批工作，协助老城区政府做好府文庙、文峰塔和妥灵宫方案编制。配合涧西区做好涧西苏式建筑的保护和维修，完成保护展示方案的编制和上报工作。

（六）文物安全和行政执法工作保障有力

文物安全工作是文物工作的生命线。2016年，洛阳市政府和文物部门

高度重视文物安全工作,全面贯彻"预防为主,确保重点,打击犯罪,保障安全"的文物安全工作方针,严格落实各级文物安全责任制,努力做到警钟长鸣。

截止到2016年底,洛阳市文物管理部门完成了对偃师市、孟津县、伊川县、洛宁县及局本级所有省保以上文物保护单位及文物库房的安全检查工作,检查中共发现安全隐患70余处,下达整改通知15个。2016年初制订了全年文物安全工作目标提升计划,市文物局分别向省、市两级政府递交了2016年安全目标责任书,与各县(市)区、局属各单位签订了文物安全目标责任书,组织完成了三防工程项目的上报工作,有7个项目已获国家文物局同意并上报了相关的方案;有6个项目通过了省文物局方案评审,待国家文物局批复,同时,完成了市保资金23个项目的统一评审工作。验收技防项目工程3个。同时,加强对安全工作的认识,确保了洛阳市馆藏文物、考古工地、田野文物、重大遗址、文物景区(点)的安全,加强了对古玩市场的监督管理,使文物经营流通和购销进一步规范化。

建立了文物安全应急处理机制,配合公安部门,开展了打击盗掘古墓葬、破坏田野文物等犯罪活动,田野文物安全形势有所好转。偃师、孟津、嵩县、伊滨区等公安分局对盗掘古墓葬案件的侦破有力,成效显著。完善了110联动和网民诉求办理机制,配合公安机关组织鉴定涉案文物27批、回应百姓呼声80起、处理110联动60起、办理群众诉求事项2起。

2016年,洛阳市文物管理部门认真履行文物保护职责,严格执法,文明执法,共立案5起,依照文物保护法的要求,对文物违法行为实施了处罚,维护了国家文物法律法规的严肃性。

二 洛阳市文物工作存在的问题

2016年,洛阳市文物保护工作尽管取得了一定的成绩,但全市文物工作仍存在不少问题和薄弱环节。

一是随着城乡建设步伐加快，文物保护及其生存环境受到威胁，基本建设破坏文物遗迹、影响古都历史风貌事件以及田野文物被盗案件时有发生。

二是保护利用的理念和机制不灵活，文创产业发展还存在观念不新、步子不快、人才短缺的问题。

三是文物保护专业技术人才严重匮乏，青黄不接，不能满足当前洛阳市文物事业发展的需求。

四是文物工作"五纳入"仍落实不到位，发展不平衡，一些县区文物部门经费困难，人员编制缺失。这些问题需要相关部门认真思考，并在实际工作中努力加以改进。

三 2017年洛阳文物保护工作重点

2017年，洛阳市文物工作的总体思路，坚持"保护为主、抢救第一、合理利用、加强管理"的文物工作方针，解放思想、创新举措、抢抓机遇、奋发有为，切实把文物这一古都"金色名片"保护好、传承好、利用好，努力为洛阳市构建文化传承创新体系，巩固提升洛阳中原经济区副中心城市地位做出新贡献。

（一）持续推进大遗址保护展示工程建设

完成隋唐洛阳城九洲池内部油饰彩绘、室内设计和园区景观提升，确保2017年牡丹节全面竣工并对外开放。应天门遗址保护展示工程全面开工建设，争取2017年全国重点文物保护专项经费，2018年下半年完成项目建设。定鼎门片区（两坊一街）完成国家重点文物保护专项经费申请、施工招投标，并开工建设。完成南城墙遗址公园方案编制，进行项目方案报批。推动天津桥遗址保护展示立项申报和方案编制。做好遗址区重要遗址数字化标志碑的竖立工作。完成汉魏故城西城墙（南段）保护展示工程，启动太极殿保护展示方案编制，加快推进南部礼制区规划和灵台方案报批。继续实施偃师商城遗址保护展示三期工程，开展府库、东南城垣和小城保护展示方

案编制，推进遗址公园申报。二里头遗址博物馆全面开工建设。完成汉安帝恭陵、汉灵帝文陵、班超墓保护展示和环境整治立项编制并上报国家文物局，督促做好邙山陵墓群保护规划。加快制订东周王城和韩都故城保护规划。

（二）不断加强博物馆建设和文物资源利用工作

一是凝聚力量，打造博物馆之都。积极推进二里头夏朝遗址博物馆、丝绸之路博物馆、仓窖博物馆、洛阳古代艺术博物馆古代壁画保护研究中心建设工作。继续做好民办博物馆建设申报工作，争取 5~6 家民办博物馆得到省局批准。努力打造以国有博物馆为主要支撑，以行业博物馆、民办博物馆为重要补充的博物馆体系。

二是实施精品工程，不断为公众推出优秀的陈列展览。进一步提升基本陈列，2018 年争取举办或引进 20 个以上临时展览。指导民办博物馆做好藏品管理、陈列展览、讲解服务工作，全面提升洛阳市民办博物馆办馆水平。在河洛文化节期间举办中国洛阳关林国际朝圣大典，以吸引更多的中外游客来洛阳观光游览。

三是争取中央免费开放政策支持，推进博物馆免费开放。全面提升博物馆的软、硬件水平，进一步提高服务质量，让人民群众充分享受文化遗产保护成果。

四是进一步加强博物馆与旅游的深度融合，激活博物馆文化旅游功能。加大文物资源的开发利用力度，积极开拓文物营销市场，搭建购销平台，不断满足文物收藏需求。积极筹备文物复仿制品研究开发基地建设，充分利用现有文物资源，开发研制富有地方特色、体现洛阳厚重文化的文传产品，形成独特的品牌，为洛阳市文化产业的发展注入新活力。

（三）切实做好文物勘探和考古发掘工作

继续支持省市重点项目和民生工程。进一步落实优化环境、服务企业的各项举措，圆满完成配合洛阳市基本建设的各项文物审批、考古勘探和发掘工作。做好重大招商引资项目的文物考古工作,加强配合基本建设的文物勘探和考古发掘,重点支持棚户区改造、保障性住房等涉及民生及省市重点工程项目的建设,并提供优质服务。持续做好万安山景区综合开发、古城路改造提升、新街南延线、郑登洛城际铁路等项目的服务工作。

与县区及各高校、科研院所加强沟通,争取国家文物局的支持,加快推进栾川旧石器考古科研基地建设的规划细则,积极完善基地建设所需土地的相关手续和方案。做好伊洛河流域戎人遗存项目的调查与研究,继续推进徐阳墓地、南留古城考古发掘和伊川新城遗址考古调查3个子课题考古工作。完成《洛阳地区夏商遗存的调查与研究》工作计划文本编制、制作子课题考古工作计划。结合已发现的旧石器遗址,对栾川盆地旧石器遗址群进行全面系统的考古调查,全面客观地认识栾川盆地在人类起源与进化过程中的地位与作用。

(四)进一步夯实文物保护工作基础

一是继续探索与规划、住建、国土等部门联合机制,加强新型城镇化、工业化和新农村建设中的文物保护,坚决防止建设性损毁文物的情况发生。推进2017年全国重点文物保护专项经费项目储备,开展一批文物保护工程立项的申报,展开省级以上文物保护单位维修保护工程的方案报批、资金申请和工程项目实施及竣工验收等相关工作。实施亟待维修的洛阳市文物保护单位保护工程。重点做好万安山曹魏大墓考古基地立项申报以及五花寺塔、洛阳城隍庙等古建筑维修。做好第四批洛阳市文物保护单位筛选上报,开展第八批全国重点文物保护单位的申报,完成《洛阳市文物保护与利用总体规划》的制定。

二是推动传统村落和历史街区保护。大力推进传统村落保护,重点推进孟津、洛宁、汝阳传统村落保护方案编制和保护经费申请。按照洛阳市战略规划,做好老城历史文化街区相关保护和整治,涧西苏式建筑的保护和维修;推动涧西苏式建筑群保护展示方案上报审批,继续争取经费支持,深入

推进保护工程建设，完成《洛阳文物保护单位辑要》《涧西工业遗产宣传画册》等书籍的出版。

（五）扎实做好文物安全和行政执法工作

加大文物安全工作的投入，积极争取资金对洛八办、天子驾六博物馆、新安县博物馆的技防建设。进一步提高文物安全工作的技术含量，重视县、乡、村三级文物保护网络和业余文物保护员队伍建设，形成政府主导抓安全、全民参与保安全的工作格局。

坚持文物安全工作联席会议制度和市联合打击文物犯罪工作机制，重视110联动和网络舆情工作，鼓励群众举报和发现文物违法犯罪线索，依法打击文物违法犯罪行为。还要规范文物经营与民间文物收藏行为，加强对文物市场的监督管理，确保文物流通健康有序发展。

B.4 洛阳宗教文化发展报告

陈 元*

摘 要: 洛阳宗教文化源远流长,中国传统文化中三大学派——儒、释(佛)、道的产生和发展与洛阳密切相关。本报告从宗教文化在洛阳发展的历史渊源和现状特点出发,归纳总结目前洛阳宗教文化建设存在的不足,提出加强洛阳宗教文化建设的建议与措施,为其更好地发展,打造华夏文明传承创新区,发挥宗教界的积极作用提供思路。

关键词: 洛阳宗教 宗教文化 文化发展

宗教是社会特殊意识形态,是人类传统文化的重要组成部分。宗教文化作为我国传统文化的重要组成部分,对社会的精神文化生活也产生了重要且深远的影响。以洛阳为中心的河洛地区是中华文明的发源地,作为中华文明源头的河图洛书在此诞生,儒、释、道、玄、理肇始于此,宗教传统底蕴深厚,具有典型的中原文化特色。

一 洛阳市宗教活动场所概况

河洛地区的宗教作为河洛文化的重要组成部分,不仅在中国宗教史上具有非常重要的地位,而且对河洛文化的发展乃至中华民族文化的发展都发挥

---

* 陈元,洛阳市委党校马克思主义基础理论教研部讲师,主要研究方向为经济学。

了重大作用。著名学者李健人先生曾论及洛阳文化在中国文化史上的地位时，就指出"经学兴于洛阳，佛教传于洛阳，理学渊源于洛阳。文化史上的三大学术主流，无一不发源于洛阳，流传于四方，垂世于后世"。① 洛阳的宗教文化具有根源性、原创性、包容性、基础性和辐射性等显著特点。这些特点奠定了洛阳宗教在中国宗教史和中国传统文化中的特别重要的地位，因此，要了解中国宗教史和中国传统文化，就必须了解洛阳宗教和洛阳（河洛）文化。②

（一）佛教

世界佛教源于印度，中国佛教始传于洛阳。以东汉"永平求法"为标志，在洛阳修建了第一座寺院——白马寺，洛阳开始成为中国佛教文化的中心。继东汉之后，曹魏、西晋、北魏、隋、唐（含武周）等王朝均曾建都洛阳，中国佛教文化也在传播、弘扬、发展中达到繁荣鼎盛，尤其是北魏时期，佛寺有1367所之多。盛唐之时东都洛阳，寺院相望，石窟众多，高僧大德云集，共同谱写了中国佛教文化的华彩乐章。当代，洛阳市十分重视佛教的发展，截至2016年底，洛阳佛教的主要活动场所有57处，其中著名的佛教胜迹有白马寺、龙门石窟、灵山寺等。

1. 中国第一古刹——白马寺

佛教何时传入中国，诸家众说纷纭，尚无共识。但在中国众多的寺院中，创建于东汉明帝永平十一年（公元68年）的白马寺却被佛教各宗各派尊称为"祖庭"（祖师之庭院）和"释源"（佛教的发源地）。白马寺是佛教传入中国后，汉地建立的第一座佛教寺院，它的建立标志着佛教在中国的正式传播。白马寺位于河南洛阳城东12公里处，在汉魏洛阳故城雍门西1.5公里处，古称金刚崖寺。白马寺建成后，便成为东汉最主要的译经场所，佛法渐盛，信徒日多。白马寺对于佛教在中国的早期传播所起到的重大作用，已成为人们的共识。白马寺在1961年被国务院定为第一批全国重点

---

① 李健人：《洛阳古今谈》，中州古籍出版社，2014。
② 《中原文化在两岸文化交流中产生的深远影响》，中国台湾网，2010年3月4日。

文物保护单位之一，现为洛阳市4A级旅游景点。

佛教源于印度，自汉代传入中国后逐渐与中国的传统文化相融合，对中国社会产生了深远影响，也对周边国家产生了重要影响。自唐代后，佛教相继传到了朝鲜、日本和东南亚地区，佛教在亚洲得到普及，"祖庭"白马寺也成为佛教徒心中向往的圣地，同时接受来自世界各地参拜者的膜拜。进入当代，白马寺对外交往日益频繁，自2005年起，印度佛殿（2010年5月落成）、缅甸佛殿（2014年6月落成）、泰国佛殿（2014年9月落成）等相继建成并对中外游客开放，成为白马寺院里又一盛景。2011年12月制定了白马寺佛教文化园区规划设计，计划利用8年时间，通过重建万佛殿、戒坛、藏经殿等一系列工程及已建好的印度佛殿、泰国佛殿、缅甸佛殿，"重现释源祖庭地位，再塑佛教圣地形象"。① 2016年12月23日，洛阳白马寺隆重举行斯里兰卡佛殿奠基典礼，再次见证了千年古刹的又一盛事。②

2. 一座被忘却的曾经辉煌的寺院——福先寺（古唐寺）

在洛阳市东郊的唐寺门村外，有一座创建于唐代的古老佛寺——古唐寺，其面眺邙山，背依洛河，整个寺院坐南朝北，为一南北长方形的院落，占地总面积为8亩。中轴线上有4座大殿，由南向北依次为天王殿、圆觉殿、万佛殿、圆通宝殿。根据有关资料，"在唐代洛阳城延福坊，原有武则天母亲之官邸，后改称东都太原寺，武则天称帝后，改作大福先寺"。随着佛教事业的发展，1993年在当时洛阳市佛教协会会长、白马寺住持海法法师的倡导下，洛阳的信众筹集资金70万元重修古唐寺，复更名为福先寺，后先修复、重建了山门殿（弥勒殿）、万佛殿、观音殿以及廊房12间等。2010年起，古唐寺经过了多年的重修，成为洛阳市重点文物保护单位和重要的佛教活动场所。福先寺在中日文化交流上，尤其是佛教活动方面的友好往来，起到了重要的作用。③

---

① 《白马寺佛教文化园区规划设计"出炉" 再塑佛教圣地形象》，《洛阳日报》2011年12月15日。
② 《洛阳白马寺斯里兰卡风格佛殿奠基》，《洛阳日报》2016年12月27日。
③ 徐金星等：《佛道胜迹》，中州古籍出版社，2014，第23页。

3. 千年古刹——灵山寺

灵山寺位于洛阳市西南40公里处，今宜阳县城西灵山北麓，背依山崖，面临洛河，坐南朝北。始建于宋真宗年间（约998～1022年），距今有千年历史。山溪萦绕寺前，潺潺东流，风景幽美。灵山寺原名报忠寺、报恩寺，亦名凤凰寺，相传周灵王寝葬于此，故名其山为灵山，灵山寺因此得名。寺内原先建筑多为金代及其明、清时期所修建，现仅存山门、中佛殿（又名大悲殿）和大雄殿等。大悲殿、大雄殿皆作单檐歇山顶，斗拱梁枋，还保留着金代建筑的风格。灵山寺最独特的建筑为山门阁楼，此阁楼坐南朝北，下部为一砖筑平台，风格独特。灵山寺大雄殿内的三尊明朝佛像，即"三世佛"，栩栩如生，为河南省现存最早的泥塑作品，被列为河南省重点保护文物。灵山寺镇寺之宝为七级四面石砖塔，为明成化十七年所建造。寺门有千年银杏树，苍老挺拔。寺东角门外有塔林，东南有凤凰泉。灵山寺古柏葱郁，云烟缥缈，流水潺潺，殿宇玲珑，自古被誉为"乃一方之奇观，光千古之名刹"，是中州著名的古迹之一。①

宜阳灵山寺，每年初春所举办的民俗庙会最为出名。灵山庙会，从每年农历正月底开始，正会日为农历二月初八，持续10天左右，是宜阳县境内历史最久的庙会。从2000年开始，宜阳县委、县政府决定举办"宜阳灵山文化庙会"，从而将这一长期一直以烧香拜佛为主的传统庙会改造为"政府主导、民众参与，文化搭台、经贸唱戏，发展旅游、振兴经济"的文化、旅游盛会，赋予了古老庙会新的内涵，每年吸引游客二三十万人，综合经济效益上千万元，对地方经济文化发展起到了积极的促进作用。

4. 玄奘出家处——净土寺

净土寺位于洛阳伊阙南伊川县白元镇（鸾浴沟）水牛沟村，建于北魏天赐年间，盛于隋唐。整个寺院筑于高崖之上，坐北朝南，清幽苍凉。现存大殿五间，硬山式建筑，砖木结构。净土寺在隋唐时期是皇家寺院，被称为东都净土道场，著名的玄奘法师在此剃度出家。玄奘幼年丧父，随兄离家，

---

① 徐金星等：《佛道胜迹》，中州古籍出版社，2014，第46页。

进入净土寺学习佛经，废寝忘食，终有所成，武德初离开净土寺，于贞观元年（627年）八月踏上西天取经的征程。洛阳的净土寺也是唐太宗主张大唐宗教文化三教（儒、佛、道）合一、和谐共处的典型。佛寺大殿内建筑的砖笆上，虽历代重修仍保留着儒家"天人合一"字样图案，还有道家特有的阴阳太极图砖笆，这在其他佛寺中是极为罕见的。

除了洛阳白马寺、福先寺、宜阳灵山寺外，伊川净土寺、偃师玄奘寺、嵩县云岩寺等也是洛阳境内现存著名的佛教寺院。除了佛教寺院，洛阳境内为数众多的摩崖石窟群也是佛教文化的集中代表，最为著名的当属中国三大石窟之一的龙门石窟。

5. 中国佛教石窟艺术宝库——龙门石窟

龙门石窟位于洛阳城南13公里处，是中国开凿时间最长，窟龛数目、雕像数目、造像题记最多的佛教石窟。龙门石窟，开凿于公元493年前后，连续大规模营造400余年之久，将龙门石窟创建成窟龛密布、造像精美、蕴含丰富的石刻艺术博物馆，其与敦煌莫高窟、大同云冈石窟并称为中国三大佛教石窟艺术宝库。石窟密布于伊河东西对峙的峭壁上，南北长达1公里，共有97000余尊佛像，其中高17米的龙门西山奉先寺的卢舍那大佛尽显东方之美，高仅2厘米的佛像则彰显当时造像工匠技艺的精湛。龙门石窟为中国佛教艺术的民族化和民族化佛教艺术的传播做出了重要贡献，这一中华民族优秀的文化遗产，完美地展现了石刻这一古老艺术形式的魅力，是人类艺术创造力的杰出代表。作为中国佛教三大艺术宝库之一，龙门石窟在2000年12月入选联合国教科文组织《世界文化遗产名录》。①

洛阳现存相对完整且规模宏大的佛教石窟除龙门石窟外，其他石窟则分散孤立于各县（市、区）山乡僻壤之地。洛阳现有佛教石窟造像，始于北魏迁都之时建造的为龙门石窟，至北魏晚期，相继又有偃师水泉、嵩县铺沟、伊川吕寨、新安西沃、宜阳虎头寺等石窟的开凿。这些遗存于现世的石

---

① 徐金星等：《佛道胜迹》，中州古籍出版社，2014，第77页。

窟均为今日研究洛阳古代的历史、佛教、艺术等提供了极其丰富的实物资料。

(二)道教

道教是中国五大宗教中唯一源于本土的一支宗教流派。河洛文化的厚重与包容,为道教文化的孕育与生成提供了丰厚的营养,使得道教这一土生土长的中华民族宗教,逐步成为民族传统文化的重要一支,并以其独特的方式诠释着民族文化的博大精深。① 河洛地区是华夏文明的摇篮,是河图洛书的发源地,是中国文字的源头,是伏羲画八卦之地,是卜筮等方术的鼻祖,可以说古文化对河洛地区的道教起着催生的作用。保留至今日的洛阳道教胜迹,多分别散落在城郊乡野之中。位于洛阳南部山区、栾川县境内的老君山,相传为道教始祖老子的归隐之地,被誉为"天下名山,道教圣地",所以,道教这一中华民族的传统宗教在洛阳有着非常悠久的历史和渊源。截至2015年底,洛阳境内共有道教寺观39座,其中著名的如洛阳市郊的关林、上清宫、下清宫、吕祖庙,宜阳县的福昌阁,新安县的金斗观、洞真观、通仙观,孟津县的伏羲庙等。②

1. 儒、释、道三教圣地——关林

位于洛阳城南7公里的关林,是中国历史上集"忠、义、仁、勇"于一身,唯一被儒、释、道三家并尊的历史人物——武圣关羽的葬首吟元之地,也是海内外始建年代最早的关帝庙。关林北依隋唐故城,南临龙门石窟,西接洛龙大道,东依伊水清流,为海内外三大关庙之一,在千百座关庙中独称"林",是中国唯一的冢、庙、林三祀合一的古代经典建筑。关林始建于明万历年间(1573~1620年),清乾隆时加以扩建,现存建筑主要为明代所建,是一处保存完整的明清古建筑群。现为全国重点文物保护单位,国家4A级旅游景区。

1994年秋季开始举办的国际关林朝圣大典,目前已成为洛阳市年度文

---

① 《宗教文化 以独特方式诠释中原文化的厚重》,大河网,2012年。
② 徐金星等:《佛道胜迹》,中州古籍出版社,2014,第131页。

化活动的重头大戏之一,包含"忠义仁勇"精神的关公文化,成为海内外炎黄子孙亲情沟通的交汇点。① 从 2000 年开始,"中国洛阳关林国际朝圣大典"全面恢复传统祭祀方式,规模更加盛大,影响更为广泛。② 关林作为国家级非物质文化遗产"关公信俗"(2008 年由洛阳市政府申报,编号 992 X-85)的所在地,现在已成为全人类共享的文化瑰宝。③

2. 道教名观——上清宫

上清宫位于河南洛阳城北邙山翠云峰,相传为太上老君炼丹之处,始建于唐高宗乾封元年(公元 666 年),是我国第一个以"上清宫"为名字出现的道教名观。上清宫规模宏伟,殿堂巍峨,门外有石狮石马,内有吴道子所作壁画《吴圣图》和《老子化胡经》,十分辉煌壮观。上清宫原址在抗战时期被日寇飞机炸毁,后修复,现存有山门、窑洞(翠云洞)和配房数间,翠云洞上有玉皇阁三间。上清宫为中国的道教文化传播积累了丰厚的文化资源,上清宫为道教文化发展做出了积极贡献,上清宫的桃木剑被很多人选择作为辟邪镇宅的神器。④

3. 下清宫

下清宫又名青牛观,位于上清宫东南的邙山半坡处,是一座规模不大、紧凑幽雅的庙院。相传下清宫创建于唐,但从所留存碑记看,始自明代,其建筑、面积皆次于上清宫。明末清初时,有山门 1 座,四帅殿 3 间,东西配殿各 1 间,中为真武大殿 5 间,最后为混元道德洞,洞始建于明万历二十九年(1601 年),距今已 400 余年。原在山门内东边有道房 5 间,年久废弃不存。进入 2000 年,下清宫进行了多次修复、重建,包括山门、殿堂、厢房、寿塔等,使庙貌焕然一新,成为一座布局规整、清净优雅的院落,是广大游人寻幽访古、避暑消夏之地,也是信众从事宗教活动的场所。⑤

---

① 邓超等:《关公首登国家名片 古都借力关公文化》,《洛阳日报》2011 年 9 月 1 日。
② 李三旺:《关林:全球华人朝圣地》,《洛阳日报》2017 年 5 月 5 日。
③ 温玉成等:《河洛文化与宗教》,河南人民出版社,2010,第 297 页。
④ 徐金星等:《佛道胜迹》,中州古籍出版社,2014,第 132 页。
⑤ 徐金星等:《佛道胜迹》,中州古籍出版社,2014,第 135 页。

4. 吕祖庙

吕祖庙，又名吕祖庵，位于洛阳老城以北2公里的邙山之上、洛孟公路东侧，是为了纪念道教全真派"北五祖"之一的吕洞宾而兴建的，也是洛阳道教具有代表性的一座宗教观堂。吕祖庙初创于清乾隆年间（1735~1796年），因初建时规模较小，后经多次重修、扩建，规模渐大，香客日增，影响越来越大。吕祖庙坐西朝东，背依邙山，面临瀍水，庵院玲珑，古树参天，清静幽雅。其与邙山上的上清宫相互遥望，成为一隅道教圣区，自建庙以来一直是洛阳北邙著名的避暑和游览胜地之一。① 洛阳吕祖庙于2008年6月被河南省政府批准为第五批文物保护单位。

5. 福昌阁

洛阳境内的著名道教场所还有位于宜阳县城西30公里处韩城镇的福昌阁。福昌阁现存建筑始于明代，原有殿堂三间，为清代卷棚式建筑，并有厢房4间，构成一小型院落。墙上有十几块碑刻，除《燕堂记》为北宋人富弼撰写外，其余皆为明清两代重修碑记。2016年初，福昌阁入选河南省第七批文物保护单位。现在，每逢农历三月初三，福昌阁都会举行福昌阁大会，商贾云集，百货如山，赶会人数常有数万人，盛况空前。②

6. 道教圣地——老君山

老君山位于河南省洛阳市栾川县城东南3公里处，本名景室山，因太上老君（即老子）曾在此修炼，故改名为老君山，具有2000多年的悠久道教文化历史。老子文化和道家文化深深地影响着老君山地区，老君山现有景观区6处、景点179个，包括太清宫、十方院、灵官殿、淋醋殿、牧羊圈、救苦殿、传经楼、观音殿、三清殿、老君庙等庙宇16处。老君山道教文化区沿途庙宇历史悠久，现存的庙宇中顶峰老君庙规模最大，有"南有武当金顶，北有老君铁顶"之说。园区内的老子铜像于2014年被大世界吉尼斯收录为"大世界基尼斯之最——最高的老子铜像"。③

---

① 徐金星等：《佛道胜迹》，中州古籍出版社，2014，第135页。
② 洛阳网县区频道，宜阳新闻，2016年2月23日。
③ 《老君山老子铜像获大世界吉尼斯之最》，《洛阳晚报》2014年2月24日。

(三)伊斯兰教

洛阳的伊斯兰教从西域传入中原,延续一千多年,与其他宗教文化一起,成为洛阳文化的内在组成部分。截至2015年底,洛阳市回族共有6.3万人,清真寺49座(包括独立成寺的女寺)。[①]

清真寺是伊斯兰教信徒做礼拜的地方,洛阳的清真寺建筑多为殿宇形式,既有伊斯兰建筑文化特色,又保持中国传统建筑风格。最能代表中国传统建筑风格的洛阳清真寺是位于瀍河回族区东关大街以东的东关清真寺。东关清真寺始建于明代,清代重修,后增建女寺,扩建大殿,升高望月楼等。现存清代建筑大门、大殿、望月楼。大门坐南朝北,三重檐歇山式建筑,面阔7间。大殿坐西朝东,面阔5间,歇山式建筑,殿前设卷棚顶建筑。望月楼为歇山式方形建筑。东关清真寺建筑风格独特,布局严谨,建筑木构件雕刻形式精美,彩绘书画生动逼真,色泽古朴而华丽,凸显了中国伊斯兰教的建筑风格,为研究古建筑地域特色及伊斯兰文化提供了极其珍贵的实物资料,具有较高的历史、艺术价值。[②]

(四)基督教、天主教

洛阳基督教发展的历史已有百年以上。清光绪九年(1883年)基督教传入河南,光绪十六年(1890年)基督教内地会进入洛阳豫西一带。光绪二十六年(1900年)后,进入洛阳的基督教派主要有内地会、信义会、圣公会、真耶稣会。基督教在传教活动中开办医院、学校,做慈善事业,以扩大影响。基督教徒最初的宗教活动场所是教会创办的礼拜堂,即教堂。洛阳第一个基督教堂创办于清光绪三十年(1904年),地点设在现老城区北大街,该教堂可容纳上千人做礼拜。此后,随着基督教在洛阳的发展,教徒人数的不断增加,基督教会又先后在老城丁家街、大中街、明新街等地建立教堂。但仍不能满足

---

① 刘福兴:《河洛宗教史迹》,九州出版社,2003,第312页。
② 刘福兴:《河洛宗教史迹》,九州出版社,2003,第313页。

教徒宗教活动的需要，为了活动方便，教徒自发形成了一些家庭聚会点。为加强管理，1982年洛阳市人民政府逐步在全市范围内对基督教活动场所实行定点、定片、定人的"三定"工作管理。"三定"的实施，解决了教徒多且活动点不足的问题，得到了广大教徒的拥护。① 截至2015年底，洛阳市共有基督教活动场所555处，其中"三定"点近500处，多分布于广大的农村地区。

天主教为现在洛阳五大宗教之一。清光绪三十四年（1908年）七月，由意大利人史多善子利在洛创办，并在南关马市街建教堂。民国十七年（1928年），洛阳天主教教区建立。当时洛阳天主教教区范围达12个县，教友万余人。神父多为意大利人。为增强传教力度，天主教会创办医院、孤儿院、学校等附属事业机构作为传教手段，至1948年，天主教徒遍及洛阳城乡，已发展至3000人左右。新中国成立前，洛阳天主教会为外籍神职人员掌握，新中国成立后，天主教走上了独立自治之路。洛阳现存唯一一座较大规模的天主教堂建于1910年，现坐落于洛阳东站南面，占地41亩左右。内设有教堂、修女院、男修院、医院、德来学校等。②

综上，洛阳市现有宗教活动场所701处，其中佛教寺院57座，道教观堂39座，伊斯兰教寺庙（清真寺）49座，基督教堂（会）555个，天主教堂1个，分布在9县（市）8区（见表1）。现有宗教教职人员1200多人，信教群众约30余万人。宗教文化资源丰富，知名宗教场所众多，宗教名人辈出。这一切都是洛阳城市文化示范发展可供开发和利用的宝贵财富。

表1 洛阳市现有宗教活动场所（截至2016年12月底）

单位：处

宗教	瀍河区	涧西区	高新区	洛龙区	老城区	吉利区	西工区	伊滨区	偃师市	孟津县	伊川县	宜阳县	洛宁县	汝阳县	嵩县	栾川县	新安县	合计
佛教	1			3		1		1	10		10	7	2	2	8	12		57
道教				3	3	1		1	6	3	6	2		2	2	8	3	39
伊斯兰教	13	1		1	1		1		6		3	11	2		1		2	44

---

① 刘福兴：《河洛宗教史迹》，九州出版社，2003，第318页。
② 刘福兴：《河洛宗教史迹》，九州出版社，2003，第319页。

续表

宗教	瀍河区	涧西区	高新区	洛龙区	老城区	吉利区	西工区	伊滨区	偃师市	孟津县	伊川县	宜阳县	洛宁县	汝阳县	嵩县	栾川县	新安县	合计
基督教	2	15	6	38	11	2	16	10	21	30	62	99	63	44	60	21	57	557
天主教	1																	1
总计	17	16	6	43	15	4	17	12	43	33	81	109	77	49	72	42	62	701

资料来源：洛阳市人民政府宗教事务局网站。

二　洛阳宗教文化发展现状

（一）宗教文化活动精彩纷呈

2014年8月，洛阳市启动了建设中原经济区文化示范区和"世界圣城"的行动规划。根据建设中原经济区文化示范区、"世界圣城"的需要，洛阳市各宗教团体加大宗教文化建设投入，创新宗教文化建设形式，凸显自身宗教文化特色，提升洛阳宗教文化的成效和影响。

2015年以来，洛阳市宗教场所举办的大型宗教仪式活动，主要有以下几项。2015年1月16日，洛阳市宗教活动场所挂牌工作在涧西区基督教天光堂启动。[①] 6月5日，河南省道教协会与洛阳市道教协会特举办"祈福中华　共圆中国梦"——洛阳吕祖庙玉皇殿落成典礼暨系列文化活动，以玉皇殿落成典礼为契机，旨在弘扬我国优秀传统文化，挖掘和推介洛阳丰富的道教文化资源，和谐中促发展。[②] 7月18日，洛阳白马寺万佛殿举行了基址洒净法会，万佛殿是白马寺佛教文化园区的核心殿堂，未来将承担礼佛、修行、弘法等功能，以体现白马寺"释源祖庭、佛教圣地"的定位。[③] 8月

---

① 《洛阳市宗教活动场所挂牌工作启动》，洛阳网，2015年1月17日。
② 《洛阳最大的道教盛典举行　为中华祈福》，中新网河南新闻，2015年6月5日。
③ 《白马寺迎来史上第三次扩建　万佛殿举行基址洒净法会》，《洛阳晚报》2015年7月20日。

16日，由中国道教协会主办、洛阳老子学会承办的"重走丘祖西行路"大型文化考察活动在道教发源地——洛阳上清宫启动。① 9月25日，中国洛阳关林国际朝圣大典暨河洛文化庙会开幕。中国关公文化学术专业委员会主任委员胡泊、台湾中华道教关圣帝君弘道协会总会长陈展松等300余名朝拜团代表及洛阳市部分群众共同祭拜武圣关公。② 此外，2015年8月份上马的洛阳嵩县云岩寺保护与开发工程已被列为年度省市重点工作正在有序推进，该工程不仅是洛阳打造国际旅游文化名城战略下的布局，而且是洛阳对国家丝绸之路开发战略的积极响应。③ 2016年6月6日下午，伊川县玄奘文化主题公园项目签约，项目包含恢复重建洛阳净土寺、玄奘取经之路110国文化实景体验区暨世界佛教之都丝绸之路文化园、玄奘纪念堂108米佛像区、云山舍利之塔佛舍利朝圣区、玄奘国际佛学院等。④ 9月6日国家邮政局在洛阳净土寺首发《玄奘西行求法》特种邮票。⑤ 2017年5月7日，灵山寺首届旅游文化节拉开帷幕。活动由抄经、洛阳灵山寺摄影大赛、水陆法会祈福活动、佛教文化交流、景区文化建设研讨、专家指导论坛六大板块及一系列的群众活动组成。⑥ 2017年6月12日，洛阳净土寺举行玄奘《西行求法》雕像揭像开光典礼。⑦

（二）洛阳宗教文化在洛阳经济社会发展中发挥重要作用

1. 响应"一带一路"倡议，积极推动宗教文化对外交流

洛阳市结合实际，不断扩大和深化对外宗教文化交流，传播"亲、诚、惠、容"等对外交流理念，收到了良好的效果。2014年以来，多次举办

---

① 《"重走丘祖西行路"活动在洛阳上清宫启动》，洛阳市民族宗教委员会网，2015年8月19日。
② 《2015中国洛阳关林国际朝圣大典隆重举行》，《洛阳日报》2015年9月26日。
③ 《嵩县研究讨论云岩寺保护开发工作》，洛阳市民族宗教委员会网，2015年8月18日。
④ 《玄奘文化主题公园落户伊川》，洛阳旅游网，2016年6月14日。
⑤ 《中国邮政〈玄奘〉特种邮票首发式在洛阳举行》，新华网，2016年9月6日。
⑥ 《洛阳灵山寺首届旅游文化节盛大开幕》，腾讯大豫网，2017年5月8日。
⑦ 《洛阳净土寺举行玄奘西行求法雕像揭像盛典》，新华网，2017年6月13日。

"中印文化交流年""中韩佛教学术论坛"等活动。充分发挥白马寺在对外交流中的独特优势。成立建设指挥部,指导白马寺以寺院古建筑区为依托,以僧团管理为根本,建设1200余亩的白马寺佛教文化园区,倾力打造国际佛教名寺和"佛教文化研究中心、旅游中心和佛事中心"。同时,申报设立白马寺国际佛学院和白马寺佛教文化研究中心,搭建国际友好交往平台,促进国际的文化交流和友好交往。近年来,白马寺与印度、缅甸、泰国等国成功合作,修建了各具特色的风格佛殿,受到了东南亚信仰佛教的国家的积极呼应,成为佛教发展对外交流的重要桥梁。①

2. 部分宗教活动场所恢复修缮,保护重点宗教文物

近几年,洛阳市委市政府斥资完成了白马寺改造、宜阳灵山寺扩建、嵩县云岩寺恢复修缮、偃师玄奘寺绿地广场改造、吕祖庙玉皇殿新建等工程,整治美化周边环境,进一步提升了宗教活动场所的档次,增强了文化内涵。如近些年洛阳市结合旅游产业发展,打造白马寺佛教文化园区建设工程,为洛阳市旅游增添了新的亮点。洛阳市瀍河区政府通过招商引资打造的"丝绸之路伊斯兰风情街"项目已于2014年2月正式开工建设,2015年底已建成使用。② 该项目主打"丝绸之路、民族风情"特色牌,将浓郁的伊斯兰风情呈现在世人面前。2014年10月,"洛阳南无拳传习所"在下清宫举行了揭牌仪式,曾面临失传的河南省非物质文化遗产——南无拳,重新扎根洛阳下清宫。③ 2015年初开始动工的洛阳市伊滨区万安山区域综合开发项目建设,万安山祖师庙复建工程也列入其中。据统计,洛阳现有的701处宗教场所中,有1处被列为国家级文物保护单位(白马寺院),8处被列为省级文物保护单位(佛教2处,道教6处),大量宗教文物遗存得到了妥善有效的保护。

---

① 《河南省洛阳市响应"一带一路"战略 积极推动宗教文化对外交流》,河南省宗教局网站,2016年2月19日。
② 《瀍河回族区积极推动丝绸之路伊斯兰风情街项目建设》,洛阳网,2014年1月24日。
③ 《河南省非物质文化遗产南无拳扎根洛阳下清宫》,洛阳网,2014年10月22日。

3. 建设和谐宗教，促进社会稳定

近年来，洛阳市各宗教团体通过深化"平安宗教活动场所""和谐寺观教堂""模范宗教活动场所"系列创建活动，在依法规范宗教活动场所管理的基础上，引导各宗教场所加强宗教文化研究和交流，发扬优良传统，积极参与和谐社会建设。各宗教活动场所为挖掘、保护、传承、弘扬宗教优秀传统文化也做了不少工作，如有些场所对现有文物进行了保护性修复，或收集了新的文物，有些筹建了展览馆、编排了演出来弘扬优秀宗教文化。2016年12月5日至12月6日，洛阳市宗教干部暨道教宫观负责人培训班隆重举办，对规范道教活动场所的管理起到了积极的促进作用，更为洛阳市做好宗教工作和促进宗教领域的和谐稳定奠定了坚实的基础。①

4. 积极参与，正确引导维护社会稳定

民族团结、社会稳定是构建社会主义和谐社会的重要基础，各宗教团体在密切联系信教群众，维护信教群众合法权益，反映信教群众愿望和呼声等方面，协助各级政府做了大量理顺情绪、化解矛盾的工作。2017年3月16日，为进一步贯彻国家及河南省宗教工作会议精神，使洛阳市宗教工作不断适应新形势、新任务的要求，促进基督教领域和谐稳定，洛阳市基督教两会在新安县举办基督教政策法规培训班，各县（市）区基督教两会的负责人参加了培训。通过学习、讨论交流，进一步提高了洛阳市各基督教团体的宗教政策法规水平，为做好洛阳市基督教各项工作奠定了良好的基础。②

5. 积极开展公益慈善事业

宗教自古以来就有服务社会、服务人群的优良传统，近年来，洛阳市宗教界举善心、献爱心、讲奉献、做功德，每年都要捐出上百万元，施粥布恩、赈灾救济、修桥铺路、兴办公益已成为大宗教团体的常态行为。

---

① 《洛阳市举办宗教干部暨道教宫观负责人培训班》，洛阳市民族宗教委员会网，2016年12月13日。
② 《洛阳市举办基督教政策法规培训班》，洛阳市民族宗教委员会网，2017年3月20日。

三 洛阳市宗教文化发展存在的不足及原因

近些年来,洛阳市在利用宗教文化资源方面做了一些工作,取得了一定成效,许多宗教活动场所如白马寺佛教文化园区、上清宫老子道教文化产业园、万安山祖师庙宗教文化景区等的建设逐步被纳入城市建设编制规划,一批有价值的宗教建筑在城市建设中得到保留和恢复,但由于部分人群对宗教文化的认识不够,部分宗教场所的管理不够规范,洛阳市宗教文化的建设工作仍有不少需要改进的地方。

(一)宗教文化积极意义的认识有待进一步提高

改革开放后,党的宗教信仰自由政策已经深入人心,但仍有相当一部分人对宗教和宗教文化缺乏了解,不了解宗教文化的历史渊源与现实意义,把对宗教文物的保护和修缮混同于维护封建迷信,把研究宗教文化混同于传播宗教思想,甚至不自觉地将宗教与迷信、邪教混为一谈,对挖掘利用宗教文化心存余悸,严重制约了洛阳市对宗教文化的挖掘利用。

(二)宗教文化资源挖掘不够

由于历史及资金等方面的原因,洛阳市一些宗教场所没有得到有效保护和修缮,宗教文化资源挖掘不够。如位于宜阳县三乡村北的五花寺,原存一座建于宋代的砖塔,虽然近年来当地政府对寺院进行了大范围的修缮已初具规模,但由于寺院缺少僧侣和主持,固定的宗教活动难以开展,宗教文化的深层挖掘更是无从谈起。一些重要宗教活动场所由于缺乏重视,没有得到很好利用,甚至有些庙宇观堂深藏于山中无人知晓。有些宗教名胜甚至出现了打着宗教的旗号进行迷信、诈骗游客财物的情况。

(三)宗教文化和其他相关部门管辖责任不清

由于管理体制的原因,一些在风景名胜区内的宗教活动场所,出现了宗

教、文物、文化、旅游、风景管理处等多个部门多头管理,但都没有真正管理到位的现象,甚至个别部门为争利益不断发生矛盾,有些部门对一些宗教名胜建筑的用途认识尚不一致,有些甚至出现了张冠李戴的现象。

(四)宗教文化品牌亟待精心打造

近年来,洛阳市各大宗教团体和重要组织积极结合自身特色,充分发挥自身优势,开展了一系列文化建设活动,取得了良好效果,得到了社会的广泛赞赏。但由于目前一些宗教活动场所如玄奘文化主题园区、上清宫老子道教文化产业园等仍处于建设维护的起步阶段,宣传推广力度不够,相关宗教场所开展的一些活动层次还不高,影响还不大,没有打造出在全国有重要影响的宗教文化建设品牌,少数宗教文化活动处于自演自唱的状态,没有很好地发挥作用。

(五)宗教文化的传播形式应与时俱进

在当前时代,科技、社会、宗教形势都发生了极大的变化,互联网新媒体的应用也对洛阳市的各宗教界团体提出了新的挑战,在地方相关文化旅游部门的配合下,各大宗教场所相继创办自己的自媒体平台,如洛阳白马寺、龙门石窟、关林、老君山等均已开通自己的网站及微信公众账号,在弘扬宗教文化的同时传播来自宗教界的声音,取得了良好的社会效果。但是,洛阳宗教界在新媒体应用方面的普及程度和专业水准还远不能适应时代和社会发展的需要。① 很多宗教活动团体和场所仍然采用传统的纸质印刷品来传播其教义、教旨,由于其传播的范围很有限,有些宗教场所的网站和微信公众号内容长期得不到更新和维护,没有起到宣传宗教文化的效果。

(六)部分农村地区个别宗教的蔓延趋势增强

近些年,经济发展的迅速导致农村文化阵地的流失,群众文化活动没有

---

① 觉醒法师:《关于鼓励宗教界运用新媒体平台 积极传播社会正能量的建议》,《人民政协报》2016年3月24日。

展示平台，大部分农民群众的文化生活处于贫乏状态。基层文化活动形式的贫瘠，难以满足农村对群众文化的庞大需求。个别宗教如基督教则以各种形态在洛阳部分农村遍地开花结果，迅速蔓延，其信众已经占农村地区总人口的10%~15%，且呈急速增长趋势，其中占多数的主要是地下基督教中的家庭教会。①

四 推进洛阳宗教文化发展的建议

宗教文化是洛阳作为历史文化名城的基本元素，是提升城市软实力的重要资源。要进一步提高认识、转变观念、落实措施、整合资源，做好洛阳宗教文化的保护与传承工作，为洛阳华夏历史文明传承创新区建设发挥宗教文化独特的优势作用。

（一）辩证地看待宗教，合理开发宗教文化资源

正确理解和认识宗教，既体现党和政府对宗教界人士和信教群众的关心，也有利于民族团结、社会和谐以及提升城市的对外形象。要辩证地认识宗教对社会稳定与发展的双重作用，加以正确引导，使其有益于社会主义道德和精神文明建设，有益于和谐社会的构建。各级政府要遵守国家的宗教政策，依法开展与民族、宗教问题相关的各项工作，要在充分考察、调研的基础上出台相关的政策、法规，给予制度支持和保障，还要在具体的工作运转中找准定位，既要进行组织管理，加强规范监督，又要提供帮助服务，协调关系，积极引导。

（二）配合宗教风景区建设，创新运行机制，加强对外交流

很多宗教文化场所本身就在风景旅游区当中，因此在城市建设和管理

---

① 王丽萍、徐如明、尹伟先：《基督教在农村社区传播现状的调查与分析》，《西北民族大学学报》（哲学社会科学版）2010年8月20日。

中，要注重开发散落的宗教场所，优化周围环境，整合宗教名胜资源，形成城市新的文化亮点。在当前资本市场条件下，对宗教文化资源的开发要打破旧有观念的壁垒，改变过去仅仅依靠政府的投资体制，借鉴现代化的资本运作方式，合理吸收、借鉴发达省份宗教文化资源开发的成功模式，创新投融资模式。诸如，陕西咸阳开发宗教性文化旅游产品的法门寺模式、江苏无锡建造灵山梵宫的灵山模式、海南三亚宗教文化主题公园的南山模式等。通过对这些洛籍和在洛长期生活的著名宗教人物的宣传塑造，可以引发学界及信众的特别关注和情感共鸣，进而吸引国内外社会经济资源的投资融资。另外，借助国家"一带一路"倡议规划的实施，加强与印度缅甸、日本等佛教氛围浓厚国家的合作，如"释源"白马寺在现已建成的印度佛殿、泰国佛殿、缅甸佛殿的基础上，逐步建起更多不同国家风格的佛殿（堂），打造一座"万国博览寺"，带动洛阳市佛教文化旅游业大发展。

（三）培育多样化的文化消费模式，避免宗教文化的功利化开发

宗教文化具有多面性，并且彼此关联，所以宗教文化资源不能单一化为旅游文化资源开发，应从多个方面进行整体呈现，洛阳的宗教文化开发同样也应如此。① 例如，可以整合龙门石窟、白马寺、关林、东关清真寺、洛阳东站天主教堂等宗教建筑资源，形成集学术交流、寻古探幽、旅游观光于一体的宗教建筑文化品牌；还可以精品包装佛教三彩艺、龙门二十品拓片书法艺术、伊川县仿古青铜器、新安县澄泥砚等宗教艺术品，提高产品附加值。同时，可借鉴河南嵩山少林寺景区《禅宗少林·音乐大典》演出的成功经验，以现已成功上市的大型国学演出《功夫诗·九卷》为参照，打造具有洛阳特色的宗教文化演出市场。另外，还可根据不同地域的自然条件，打造不同的旅游体验模式。

---

① 刘晓玉：《文明河南建设中宗教文化资源合理性开发探析》，《黄河科技大学学报》2015年第1期。

（四）培养高素质宗教人才，发挥宗教传承文化的主体作用

一是加强对宗教界人士的培养。统战、宗教等部门应制订计划，落实措施，重点加强对各大宗教场所负责人，特别是各大宗教代表人士开展多种形式的培训、教育，努力提高教职人员的宗教学识和文化艺术素养，引导他们爱国爱教，遵纪守法，提高学识素养，正信正行，在弘扬优良传统、传承优秀文化，服务现代社会方面发挥带头作用。

二是充分调动宗教界人士的积极性。各级政府和相关部门要进一步落实好党的宗教政策，服务信教群众。特别对于那些处于弱势群体的信教群众，要拓宽和畅通民意渠道，让信教群众的意见和建议能够及时有效地反映，合理的诉求能够得到妥善解决，使信教群众也能享受到改革发展成果。

三是弘扬宗教进步文化，服务经济社会发展。宗教文化是一种有特色的旅游资源。其宗教建筑、艺术作品、神话传说、宗教仪式与宗教音乐、宗教食品等，都是对旅游者很有吸引力的文化资源。除宗教场所要加强对这些资源的开发外，旅游部门要加强规划，使之逐步形成具有一定影响力的宗教旅游文化产业，在洛阳市经济社会的发展过程中发挥应有的作用。

参考文献

才让南加：《浅谈宗教文化旅游资源的开发和利用》，《柴达木开发研究》2011年6月25日。

陈颐：《发挥宗教在促进文化繁荣发展中的积极作用》，《厦门特区党校学报》2012年第6期。

《宗教文化》，大河网，2007年4月13日。

伏自文：《发掘宗教资源　促进文化旅游》，《云南政协报》2014年3月20日。

《发挥宗教积极作用　建设和谐社会　促进经济发展》，江苏民族宗教网，2013年11月11日。

刘晓玉：《文明河南建设中宗教文化资源合理性开发探析》，《黄河科技大学学报》2015年第1期。

刘晓庄：《挖掘宗教资源"富矿"　助推江西旅游"发展升级"》，《光华时报》2015

年9月18日。

沈德昌：《宗教文化旅游的开发利用研究》，《人民论坛》2011年4月15日。

王丽英：《新型城市化战略下广州宗教活动场所建设的路径与策略》，《广州大学学报》2013年第10期。

杨玉辉：《论我国的宗教文化资源及其开发》，《中国宗教》2012年6月26日。

尹玉平：《开发宗教文化资源　助推恩施旅游发展》，《民族大家庭》2013年10月15日。

《正确看待信教群众，充分发挥积极作用》，宜昌市民族宗教事务局网，2014年5月19日。

《习近平在全国宗教工作会议上的重要讲话》，国家宗教事务局网，2016年4月23日。

B.5
洛阳工业文化的传承创新研究

刘荣利*

摘　要： 传承创新工业文化，对洛阳有着极为重要的意义。本报告从工业物质文化、工业制度文化和工业精神文化三个方面，对洛阳工业文化资源进行了梳理，在此基础上，阐述了洛阳工业文化传承创新的现状，并对洛阳传承创新工业文化的四种路径——制造业转型升级主体路径、工业旅游新兴路径、创意园区特色路径、主题公园重要路径进行了分析，最后强调要充分发挥职业院校、党校、中小学等教育培训机构在洛阳工业文化传承创新中的作用。

关键词： 工业文化　物质文化　制度文化　创新精神

习近平指出："我们要坚持道路自信、理论自信、制度自信，最根本的还有一个文化自信。"[①] "文化自信，是更基础、更广泛、更深厚的自信。"工业文化作为文化软实力的重要内容，当然也是文化自信的组成部分。洛阳，作为老工业基地，郑洛新国家自主创新示范区的重要组成部分，传承创新工业文化，对洛阳巩固提升中原城市群副中心城市地位，形成带动全省经济发展新的增长极，实现"四高一强一率先"奋斗目标，有着极为重要的作用。

---

* 刘荣利，洛阳市委党校管理教研部副教授，研究方向为区域经济。
① 《习近平总书记在庆祝中国共产党成立95周年大会上的讲话》，中国网，http://news.china.com.cn/2016-07/01/content_38789860.htm。

洛阳蓝皮书

一 洛阳传承创新工业文化的重要意义

工业文化对洛阳产生了深刻的变革。传承创新洛阳工业文化，对洛阳有着极为重要的意义。

（一）新中国成立之初，工业文化对洛阳的深刻影响

新中国成立之初，洛阳并不具备催生现代工业的条件。正是"156项目"的落户，才使洛阳开始真正成为一个现代意义的城市。

1. 工业文化对洛阳城市性质的重塑

地处内陆盆地的洛阳，1949年以前，受中国近代沿海沿江的开埠与工商业发展的影响微乎其微，经济很落后，没有多少现代工业的气息，手工作坊仍在工业中占主导地位，前店后厂式的传统经营模式仍是城市经济的主体，完全是一个传统的、典型的农耕城市。直到"一五"时期，洛阳被确定为新中国工业建设重点城市。工业移民的迁入与现代机器工业的结合，才使洛阳开始真正成为一个现代意义的"城市"。洛阳由一个经济上依附于农村的消费城市逐渐工业化，成为生产型城市。洛阳由"城"变"市"，从农耕城市向现代城市转型，一跃成为新兴机械制造业和重工业基地。

2. 工业文化对洛阳居民生活方式与观念的影响

洛阳成为新中国工业基地，其效果恰似在洛阳爆发了一场翻天覆地的"工业革命"。其效果不仅表现在以工业生产为出发点的城区规划和空间结构，更深层次的影响则是对洛阳居民生活方式和观念的冲击。"工业革命"最初就是制造业中的"革命"。工业社会生产方式塑造了工业移民的价值观念、公共意识、家庭生活、现代性等多个方面，工业移民几乎成为社会思想观念的先锋派，在消费领域、文化休闲领域和社会交往领域都成为现代社会生活方式的影响者和新的行为的创造者。洛阳涧西区是河南最早普及普通话的地方，洛阳教育水平西高东低（涧西在城区中位于西部）的局面至今也没完全改变就证明了这一点。工业移民与洛阳原有城市文化的融合与互动，

使以工业生产为基础的城市意识和城市观念、城市生活方式，对洛阳的城市化发展产生了重大且深刻的影响。

（二）洛阳工业文化传承创新的重要意义

传承创新洛阳工业文化，既是对工业遗产的保护活化，又是对洛阳特色文化的丰富发展，更是洛阳经济发展不可或缺的精神动力。

1. 传承创新工业文化，就是对工业遗产的保护活化

洛阳成为新中国重点建设的八个城市之一。自"一五"时期7个"156项目"落户开始，加上后来的布局，洛阳成为国家的新兴工业基地，创造了共和国工业史上多个第一，也给洛阳带来了近现代工业史上的辉煌：洛阳达到了新中国成立后的高峰期。每年向国家交的利税超过了广东一个省，洛阳一举成为仅次于北京、上海、武汉、天津的全国第五大现代化城市，同时也积淀了底蕴厚重的工业文明。在长期的历史发展过程中，留下了大量能够代表新中国工业化初期进程的优秀的、典型的具有社会主义计划经济时期风格特点的苏式工业建筑群，以及各种老机器设备和传统产业工人旧居等宝贵的工业遗存，具有很高的历史价值和文化价值。传承工业文化，对于洛阳加强工业遗产的保护和活化，推动洛阳老工业基地全面振兴具有重要的现实意义和深远的历史意义。

2. 传承创新工业文化，就是对洛阳特色文化的丰富发展

洛阳是八大古都之一，丝绸之路的东端起点之一，隋唐大运河的中枢，国家首批历史文化名城、优秀旅游城市、世界圣城。历史文化厚重是洛阳的典型特点，更是洛阳的魅力所在。同时，在洛阳工业发展进程中，洛阳工业以其在全国的重要地位、重大贡献和辉煌成就，以及新时代的活力，成为新中国工业史的缩影，孕育了内涵丰富、独具特色的工业文化，使之成为洛阳工业的鲜明标志。同时随着工业的发展，涌现出庞大的全国、省、市级劳模群体和各级技术能手，形成了洛阳包括艰苦奋斗、开拓创新、勇于进取等在内的工业创业创新精神，成为洛阳工业文化的重要组成部分。所以洛阳的历史文化和工业文化，如"鸟之两翼"，都是洛阳特色文化的有机组成部分。

它们都是洛阳与外界文化交流的重要载体和平台，都是洛阳的独特品牌和靓丽名片。

3. 传承创新工业文化，是洛阳经济发展不可或缺的精神动力

洛阳，作为"一五"时期国家重要的工业基地之一和河南省第二大城市，其经济社会发展水平速度与质量，对全省的发展大局有着举足轻重的影响。洛阳市第十一次党代会提出了"四高一强一率先"的奋斗目标，以及带动全省经济发展新的增长极的要求。工业文化作为洛阳文化软实力的构成要素，是洛阳工业发展的灵魂，也是整个洛阳经济发展不可或缺的精神动力。

二 洛阳工业文化的主要内容

传承创新洛阳工业文化，首先必须理清洛阳工业文化的主要内容。

（一）工业文化的内容架构

本报告采用王新哲、孙星的观点，把工业文化分为工业物质文化、工业制度文化和工业精神文化三个方面。如图1所示。

工业物质文化包括蕴含文化的工业产品和由工业产品组成的工业系统。蕴含文化的工业产品包括工艺美术产品、工业设计产品、文化创意产品、工业装备产品；工业系统包括工业生产线、工业建筑、文化园区、工业遗产、工业博物馆等[①]。

工业制度文化包括宏观层面和微观层面的制度与组织。宏观层面的制度组织包括工业体制、管理制度、法律法规、产业组织、产业政策；微观层面的制度组织包括企业管理、规章制度、产品质量、标准规范、组织形式、生产方式等[②]。

---

① 王新哲、孙星：《工业文化概念、范畴和体系架构初探》，《西北工业大学学报》（社会科学版）2015年3月。
② 王新哲、孙星：《工业文化概念、范畴和体系架构初探》，《西北工业大学学报》（社会科学版）2015年3月。

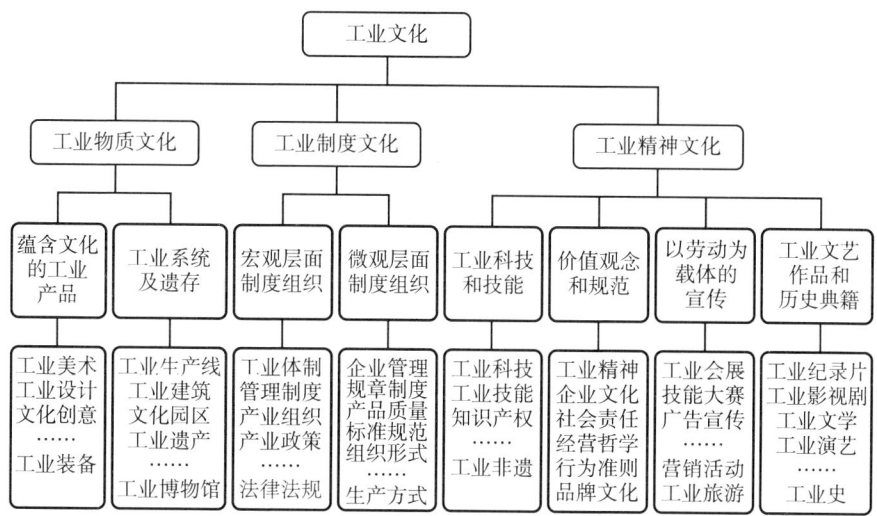

图 1　工业文化的内容

工业精神文化包括体现工业生产力水平的科技与技能、工业文化活动与宣传、工业价值观念和规范、以劳动为载体的宣传，以及工业文艺作品和历史典籍等①。

（二）洛阳工业文化的内容梳理

工业文化是伴随工业化进程而形成的。严格意义上的洛阳工业化进程开始于"一五"时期。可以说，洛阳工业的发展历程，与新中国的工业发展历程同步，是新中国工业发展历程的缩影。"一五"时期 7 个国家重点项目的建设，奠定了涧西"工业特区"的地位，也创造了我国城市建设的"洛阳模式"。"二五"后，国家的继续布局和省市属企业的建设，形成了以重工业为主的较全的工业体系，洛阳成为新中国新的工业基地。这其中也伴随与这些企业相配套的科研院所和大学的设立或迁入。改革开放后，洛阳创业创新的步伐不断加快，众多的企业在市场的浪潮中经受考验。一些大中型企

---

① 王新哲、孙星：《工业文化概念、范畴和体系架构初探》，《西北工业大学学报》（社会科学版）2015 年 3 月。

业加快"二次创业",涌现出一个个创业创新的"洛阳样本"。

对洛阳工业化进程中蕴含的工业文化,按照工业文化内容架构的三个方面——工业物质文化、工业制度文化、工业精神文化进行梳理分类,结果如表1所示。

表1 工业文化分类及内容

工业文化	分类	内容
工业物质文化	工业产品	东方红拖拉机、2.5米直筒卷扬机、18500吨油压机、洛阳浮法玻璃、洛阳轴承、大阳摩托、杜康酒、洛阳宫啤酒、明花洗衣粉
	工业系统及遗存	一拖大轮拖生产线、机车厂蒸汽机、包括涧西苏式建筑群在内的涧西工业遗产历史街区、新安有生工矿区、东方红农耕博物馆、焦裕禄事迹展览馆、赵春娥纪念室、杨奎烈先进事迹展览馆、杜康仙庄、杜康华夏第一窖、唐三彩陶艺博物馆、三彩艺术博物馆、牡丹瓷博物馆、青铜器博物馆、八里堂文化艺术公园、里外文化创意产业园
工业制度文化	宏观层面	
	微观层面	725所的"一所两制"
工业精神文化	工业科技和技能	
	价值观念和规范	以中信重工为例,工业非遗包括焦裕禄精神、万斤钉精神、刘玉华姑娘组、杨奎烈精神、大工匠
	以劳动为载体的宣传	焦裕禄、大工匠、赵春娥、杨奎烈等人物宣传报道;企业宣传片;工业展览;直通硅谷创新创业大赛、机器人展览
	工业文学作品和历史典籍	焦裕禄系列书籍、影视资料 杨奎烈书籍

三 洛阳工业文化传承创新现状

洛阳有着丰富的工业文化资源,这些工业文化资源由于历史地位、宣传报道,或者是传承创新的力度不同,形成了影响力大小不一的格局。

(一)全国乃至世界影响力的工业文化

以"一拖"(中国一拖)和"洛矿"(中信重工的前身)为代表的共和

国"长子"企业,从筹备到诞生到发展,都得到了历届党和国家领导人的亲切关怀,它们发展的每一步,无不吸引着世界的眼光。

"一拖"由毛泽东亲自敲定厂址、周恩来亲自任命厂长。按照毛泽东"拖拉机型号、名称不可用洋字"的指示,第一辆中国产拖拉机最终命名为"东方红"。周恩来视察"一拖"时谆谆教导,"你们是中国的第一啊,要出中国第一的产品,出中国第一的人才,创造中国第一的业绩",被一拖尊为企业精神。谭震林参加"一拖"落成典礼,向世人宣布:中国人民耕地不用牛的时代开始了!历代党和国家领导人都高度重视"一拖"的建设发展并题词留念。近年来,承载着我国农机光荣与梦想的"一拖"不断加快转型升级步伐,进入国家首批60家"制造业单项冠军"示范企业名单。中国唯一的现代农耕主题博物馆——东方红农耕博物馆记录了中国农业机械化的发展过程,还收藏了温家宝在许昌视察时登上的小麦收割机和他亲自驾驶过的拖拉机。

中信重工是世界最大的矿山装备和水泥装备制造企业,国家级创新型企业和高新技术企业。著名物理学家钱伟长曾担任该公司技术顾问,公司第一任厂长纪登奎曾任国务院副总理,前国务院副总理习仲勋曾挂职副厂长,焦裕禄同志曾在该公司担任车间主任。2009年时任国家副主席的习近平到中信重工(原洛阳矿山机器厂)视察时说道,焦裕禄精神孕育形成在洛矿,弘扬光大在兰考。作为"二代洛矿人",杨奎烈在被诊断为肝癌晚期后,仍带病坚持工作近10个月,为"新重机"等重大项目建成做出了突出贡献,被誉为新时期"焦裕禄式的好干部"。2015年,国务院总理李克强河南首站考察了中信重工的"双创"工作,指出:"'双创'不仅是中小微企业的生存发展之路,也是大企业的繁荣兴盛之道。"① 中信重工是国家首批"双创"示范基地,首批制造业单项冠军示范企业。

被誉为"洛阳模式"的洛阳市第一期城市规划,最可圈可点的就是作为工业区的涧西区规划:"顺山沿河傍铁路"的设置、"四路五带"式的

---

① 《中信重工:大企业"双创"的鲜活样本》,《洛阳日报》2015年10月8日。

功能区划分、"区外联系走纬,区内联系走经"的路网体系。经过60年的发展,涧西区仍保持着最初统一规划、产城融合的社会主义工业化时期历史风貌格局,这种格局至今使涧西区受益匪浅。洛阳工业区是新中国工业区的典范,从20世纪60年代开始,外交部陆续安排了许多外国友人和驻华使节,来洛阳工业区参观访问。即使在"十年动乱"中,洛阳工业区也是中国少数几个对外开放的窗口城市之一。涧西工业和居民建筑群作为中苏文化交流的见证,是中国唯一的工业遗产历史文化街区,并成为第7批国家重点文物保护单位。洛阳城市规划馆即将建成,丰富了洛阳工业文化的物质载体。

在洛阳,除了"一五"到"三五"时期建立的"巨无霸"企业闻名遐迩外,还有一种产品(企业)因为一个故事、一句诗声播天下,那就是"杜康酿酒"和曹操笔下的"何以解忧,唯有杜康"中的杜康酒。汝阳杜康古镇开发建设项目包括大田景观、白酒博览中心、酒文化民俗街、祭祀广场、广成园等。

(二)影响力逐步扩大的工业文化平台

为了扩大洛阳工业文化的影响力与吸引力,洛阳倾力搭建工业文化交流平台。

中国(洛阳)直通硅谷创新创业大赛作为洛阳市一年一度的国际性双创赛事,通过搭建洛阳与硅谷的常态化双创资源对接平台,实现高端人才、国际资本、先进技术、优质项目等在洛阳与硅谷的双向流通。2016中国(洛阳)直通硅谷创新创业大赛中,12个优秀项目从970个报名团队中胜出,共享270万元创业奖金,9支获胜团队在美国硅谷参加创业训练营培训。此次大赛吸引了12家优质项目落户洛阳。

洛阳市国际机器人展览会,有来自10多个国家和地区的近200家机器人制造商参加,国际机器人"四大家族"发那科、库卡、安川、ABB都齐聚洛阳。此外,洛阳还相继举办了国际智能机器人巡回展、中国服务机器人大赛和中国(洛阳)机器人与智能装备创新高端峰会等。

（三）以旧厂房或传统工业技艺为载体的创意产业已焕发出活力

以旧厂房或传统工业技艺为载体，融入现代文明元素的创意产业，已经脱颖而出。比如以洛阳明花洗衣粉厂为依托建造的八里·唐文创小镇，老仓库变身为特色小店，老砖块的边角料被砌成艺术墙，老机器成为承载时代记忆的符号……再比如，里外文化创意产业园，原为铜加工厂的小管车间，老厂房，在与创意碰撞后，带着昔日的荣光焕发出另一种光彩。三彩艺公司利用原职业学校校区开展三彩产品的设计与制造，影响越来越人。

四 洛阳工业文化传承创新的路径探索

随着洛阳的工业化进程，借助政府、社会、企业、个人，以及各种活动等载体，洛阳的工业文化不断得以继承、丰富、创新。具体表现为四种路径。

（一）制造业转型升级，洛阳工业文化传承创新的主体路径

装备制造业是洛阳市传统优势产业和支柱产业之一，具有良好的产业基础和发展潜力。《中国制造2025》明确指出，要"培育有中国特色的制造文化，实现制造业由大变强的历史跨越"。推动制造业转型升级，是洛阳工业文化传承创新的主体路径。

1."制造强市、智造名城"，洛阳确立工业发展的目标

为贯彻落实《中国制造2025》，深入实施《中国制造2025河南行动纲要》，加快洛阳市制造业创新转型、提质增效，打造具有重要影响力的"制造强市、智造名城"，洛阳市印发了《中国制造2025洛阳行动纲要》[①]，构建涵盖11个洛阳制造业重点发展领域的"1442"新型制造业体系，包括做

---

① 洛阳市印发《中国制造2025洛阳行动纲要》，河南省人民政府门户网站，http://www.henan.gov.cn/zwgk/system/2016/12/08/010690165.shtml。

强一个主体产业（先进装备制造业），培育四个新兴产业（新材料、电子信息、新能源、生物医药），这是重点。提升四个传统产业（有色金属、高端石油化工、建材、轻工食品），这是基础。谋划两个未来产业（新能源汽车、通用航空），这是突破。

2. "1+3+N"，洛阳现代创新体系已经形成

2016年，郑洛新国家自主创新示范区获批，洛阳成为国家小微企业创业创新基地示范城市，中国（河南）自贸试验区获批，多张高含金量"城市名片"的获得，彰显了洛阳的创新实力。洛阳提出争当全省创新发展排头兵，争做郑洛新国家自主创新示范区领头羊①，积极出台各项政策和举措，初步构建了以现代创新体系为统领，以国家自主创新示范区建设、国家小微企业创业创新基地示范城市和国家军民融合示范区建设为支撑，以若干具体操作性文件为引导的"1+3+N"的政策体系。创新正成为引领洛阳发展的第一动力。

截至目前，洛阳各级产业技术创新战略联盟总数已达到28家，涵盖"565"现代产业体系中的大部分产业。卓阳耀滨等升格为国家级科技企业孵化器，中信重工入围国家首批专业化众创空间，"乐活星创天地"等2家单位成功入选首批国家级"星创天地"②。吸引9个新型研发机构落地，引进各类人才293名，转移转化项目90项，孵化企业19家。"河洛英才"计划吸引2名院士、8名"千人计划"专家、2名"长江学者"、2名"中原学者"，共计45个创新创业团队申报③。

3. 工匠精神，洛阳工业文化的守正创新

一流的企业、一流的技术都离不开爱岗敬业、精益求精、持之以恒、守正创新的工匠精神。作为全国首个先进装备制造业标准化试点市，洛阳崇尚

---

① 《洛阳召开全市科技创新暨国家自主创新示范区建设动员大会》，河南省人民政府门户网站，http://www.henan.gov.cn/zwgk/system/2016/08/29/010667507.shtml。
② 《喜看洛阳"新"气象》，《洛阳日报》2016年12月19日。
③ 《洛阳：人才正成为创新发展"第一资源"》，洛阳网，http://news.lyd.com.cn/system/2016/08/29/010816125.shtml。

追求创业创新精神，努力培养大工匠，不断焕发供给侧结构性改革的活力。在洛阳，一大批的企业都活跃着大国工匠的身影。

中国一拖、中信重工、空空导弹研究院、中车洛阳机车公司等企业，依托2个国家级技能大师工作室、8个省级技能大师工作室，以及其他大师工作室，进行科技攻关，不断创新突破，形成了创新辐射效应。

中信重工实施"金蓝领"工程，企业在生产一线培养遴选技能型人才，公司成立了大工匠工作室、16个首席员工创新工作站等创客群，被誉为大型国有企业"双创"工作的鲜活样本。大工匠杨能够用肉眼判断钢水的温度和含碳量，和实际温度1548℃相差无几，谭志强"大块头上秀细活儿"，误差不超过一根头发丝的粗细，还有获总理点赞的大工匠张东亮，世界最大18500吨油压机的守护神张朝阳，"要做一根焊条"的党朝阳。

空空导弹研究院为使技能人员施展才华、持续创新、成果转化，营造了良好的制度环境。为导弹装"眼睛"的工艺大师鲁宏勋，"鲁宏勋班"班长，被誉为"航空鲁班、技能英才"。截至目前，"鲁宏勋班"已有1名中华技能大奖获得者、1名世界技能大赛金牌获得者、5名全国技术能手、9名河南省技术能手。

中国石油天然气第一建设公司董留赛，被誉为中石油的"焊接总教头"[①]，先后培养出全国职业技能竞赛个人赛第一名2人、第二名3人、第三名2人，全国技术能手20人，"全国五一劳动奖章"获得者3人，"中国十大杰出青年技师"1人，中国石油天然气集团公司技能专家16人，河南省焊接状元3人，河南省劳动模范2人等。他的徒弟"焊接先锋"裴先峰，在第41届世界技能大赛上夺得焊工项目银牌，实现了中国首次参赛奖牌零的突破。他的徒弟"河南省石化大工匠"曹遂军培训的焊工在"鸟巢"创下320公里钢结构焊接合格率100%的骄人成绩。还有中车洛阳机车有限公司的张素丽和她的全国首批技能大师工作室，中国一拖的高中汉和他的劳模

---

① 《中国石油的"焊接总教头"》，中国石油网，http://www.cnpc.com.cn/cnpc2015/sybg2016/201601/e6aa20bb60614388b75895c494bdfd48.shtml。

创新工作室，手工研磨精度3微米的洛阳LYC的杨文革，19小时力克风电断螺栓的信成公司的刘向前等。

（二）工业旅游，洛阳工业文化传承创新的新兴路径

工业旅游，是游客新看点、企业新卖点、旅游新热点、城市新亮点。工业旅游，以其无可比拟的优势，成为洛阳工业文化传承创新的新兴路径。

1. 工业旅游，"一举多效"，意义非凡

工业旅游对洛阳的工业、文化、旅游、就业、产业发展、城市形象等具有"一举多效"的作用。

（1）有利于丰富旅游产品，做强旅游主导产业。大力发展工业旅游，可以健全旅游产品体系，壮大旅游产业规模，增强城市旅游业的吸引力，增加旅游业收入。2016年，洛阳市旅游业全年总收入达到905亿元，在经济下行压力较大的情况下，旅游业对洛阳发展起到了较好的支撑作用。洛阳旅游主要围绕历史文化及自然资源开展，工业作为洛阳的支柱产业，对旅游的贡献明显不足。

（2）有利于增加就业岗位，实现产业转型升级。工业旅游作为旅游业的"后起之秀"，是一项拉动能力强的综合性产业。一是增加就业岗位。作为老工业基地，洛阳的下岗职工对企业的生产工艺和流程比较了解，在工业旅游岗位就业有一定的优势，更能发挥专业性和针对性。未来5年，我国工业旅游将进入一个黄金发展期，接待游客总量将超过10亿人次，旅游直接收入将超过2000亿元，新增旅游直接就业人数超过120万人，带动间接就业新增人数超过600万人[①]。二是促进产业转型升级。工业旅游使旅游活动渗入第二产业，以旅游为突破和带动，强化服务意识、创新意识、开放意识，激发企业活力，有利于促进产业结构优化和产业转型升级，形成新的经济增长点。

---

① 《未来5年 我国工业旅游将进入黄金发展期》，网易新闻，http：//news.163.com/16/1129/17/C72A2ME2000187V8.html。

(3) 有利于扩大开放平台，增加城市多重魅力。洛阳作为以重工业为主的工业城市，工业文明本身就是洛阳文化不可或缺的组成部分，是洛阳建设国际文化旅游名城的新亮点。开展工业旅游，让广大游客与企业有了互动和深入了解的机会，使游客感受到现代工业蓬勃发展的魅力。这样，工业旅游就拉近了游客与企业、城市的距离。工业旅游，成为城市扩大开放的新平台，彰显城市形象的新窗口。工业旅游和文化旅游、生态旅游等一起，展现洛阳优秀旅游城市的多重魅力，助力洛阳建设国际文化旅游名城，做大做强洛阳区域性中心城市。

2. 工业旅游，万事俱备，东风也吹

洛阳作为历史文化名城，中国优秀旅游城市，旅游产业发展迅速，已经在工业旅游方面进行了初步的探索。新形势下，市场需求、国家政策，都成为工业旅游的强劲东风。

(1) 洛阳旅游发展迅速。洛阳作为首批历史文化名城，中国优秀旅游城市，旅游资源丰富，目前3A级以上旅游景区数量达40家，其中5A级景区数量、3A级以上景区总数均位居全国各城市榜首。旅游形式多样，历史游、宗教游、牡丹游、山水游、农业游等都获得了长足发展。旅游业成为洛阳五大主导产业之一。2016年，全市共接待游客1.142亿人次，同比增长9.5%；旅游总收入905亿元，同比增长16%[①]。洛阳通过旅游与文化、工业、体育、农业、会展等的跨界融合，不断延伸产业链条。

(2) 洛阳工业旅游的初步探索。洛阳的工业旅游起步并不算晚，总体尚处于发展的初级阶段。2004年，"一拖"、机车厂上榜国家旅游局首批"全国工业旅游示范点"名单。2005年，洛阳市推出了11条工业旅游线路，当年工业游游客达5万人次。2012年，"一拖"建成现代农耕主题博物馆，推出"东方红工业游"。目前，一拖的"东方红工业游"已累计接

---

① 《2016年度全省旅游工作共设7个表彰项目洛阳悉数收入囊中》，《洛阳日报》2017年2月16日，第2版。

待超过50万名游客,工业旅游直接创造效益近千万元,为企业带来的综合效益超过5亿元①。2015年,《奔跑吧兄弟》节目组到东方红工业旅游景区拍摄节目。2016年11月28日,在全国工业旅游创新大会上,中国一拖跻身22家全国首批"国家工业旅游创新单位",实现河南省在该领域零的突破。

(3) 工业旅游市场需求扩大。中国旅游,已经进入旅游消费升级的新阶段。居民旅游个性化、多样化明显,感知匠心、感受工业文明的工业旅游已逐步进入黄金发展期。据统计,2015年,全国工业旅游接待游客超过1.3亿人次,工业旅游收入达到100亿元②。来自驴妈妈旅游网的数据显示,2016年前11个月,平台售出的工业旅游产品,和上年同期相比,增长了32.4%。国内游客对工业旅游的兴趣渐趋浓厚,年轻人更是工业旅游的主力军,显示出工业旅游发展的广阔市场空间。

(4) 国家旅游局提出创建工业旅游城市。《全国工业旅游发展纲要(2016~2025年)》(征求意见稿)③ 提出,在全国创建10个工业旅游城市、100个工业旅游基地、1000个国家工业旅游示范点。将工业旅游纳入国家旅游"十三五"规划,作为重点工作任务整体谋划,旅游发展专项资金相应倾斜。10个工业旅游城市,要以传统老工业基地为依托,无疑给洛阳这个老工业基地发展工业旅游送来了强劲的东风。

3. 工业旅游、顶层设计、特色定位

洛阳工业旅游的发展,应借鉴先进经验,结合自身实际,发挥特色优势,推动工业旅游健康持续发展。

(1) 建立组织机构,做好发展规划。搞好工业旅游的顶层设计,成立洛阳市工业旅游相应的组织机构。同时聘请国家、省、洛阳市有关方面的专

---

① 《洛阳工业游,是时候乘势而上了》,洛阳网,http://news.lyd.com.cn/system/2016/12/06/030067973.shtml。
② 《工业旅游迎来黄金发展期》,新华网,http://news.xinhuanet.com/2017-01/31/c_1120396858.htm。
③ 《〈全国工业旅游发展纲要〉正式出台 工业旅游将迎黄金发展期》,中研网,http://www.chinairn.com/hyzx/20161128/151732283.shtml。

家，组成专家咨询机构，为建设工业旅游城市寻找智力支持。制订《洛阳市工业旅游发展规划》，明确洛阳工业旅游的方向定位，设定建设全国十大工业旅游名城的战略目标。

（2）找准特色定位，规划经典线路。洛阳的工业旅游资源既包括工业企业、行业博物馆、工业遗存，又包括创意产业园区、重大建设成就等方面。面对不同的客源群体，形成以"党员干部—红色教育""老年人—追寻记忆""学生—研学体验""商务考察—洛阳名片""大众群体—艺术健康"5大主题市场，设计旅游轴线：以习仲勋、焦裕禄等为代表的"红色工业游"，以陶瓷、唐三彩等为代表的"工艺美术游"，以巨尔、杜康等为代表的"健康生活游"，以涧西、老城等为代表的"洛阳模式游"，以中信、洛阳国家大学科技园等为代表的"现代创新游"。

（3）加大资源整合，形成建设合力。鼓励工业旅游企业与酒店、旅行社、咨询公司、培训机构进行多种合作方式的尝试，政府可以设立专项补贴，调动酒店、旅行社的积极性。将工业旅游与大学生实习实践、会展商务活动对接。在城市建设上，突显工业旅游；在街头游园的建设中，注意突出工业元素。

（4）全方位打造"互联网+"工业旅游。充分发挥"互联网+"对工业旅游的重要助力作用。借助洛阳旅游公共服务平台，实现工业旅游多方市场参与的交流互动，优化资源配置。工业旅游企业可借此平台宣传推广，扩大影响，增加亲和力。游客可以通过便捷、趣味、互动性参与，实现从头到尾的全流程智慧体验。

（三）创意产业园，洛阳工业文化传承创新的重要路径

近年来，许多城市实施"退二进三"的城市发展战略，一些工业企业开始从城市的核心区域向城外转移，原有的厂区逐渐闲置，还有一些在市场中被淘汰的传统工业企业，不得不破产关门。在城市建设的浪潮中，这些占据城市中心位置的工业遗产，最容易成为被拆除的目标。如何实现保护工业建筑和旧址，与经济效益的双赢？建设创意产业园，成为洛阳工业文化传承

创新的重要路径。

1. 工业遗产建筑的开发价值

工业遗产建筑历史底蕴丰厚，容易激发创作灵感；建筑空间结构相对宽敞，可随意进行分割与组合，加上大量的工业元素可以变废为宝，以及租金便宜，颇受文化创意者的青睐。通过对老工业厂房的保护性改造，将沧桑的建筑、优美的环境、极富创意的设计进行有机融合，实现功能重塑。将凋零萧瑟的老厂房，转变为文化创意产业园、产品研发设计园、设计师工作室、艺术中心，既保护并传承了工业遗产的特色与价值，又可导入高附加值的产业，实现产业的转型升级。

2. 工业遗产建筑的文创开发

在洛阳，八里·唐文创小镇是对洛阳明花洗衣粉厂的改造利用，里外文化创意产业园则依托的是涧西工业遗产历史街区最东端的铜加工厂的车间。除此之外，洛阳的工业遗存分布在全市的多个区域，都成为创意产业园的开发对象。

（四）主题公园，洛阳工业文化传承创新的特色路径

工业区可建设成主题文化公园，也可改造为公共游憩公园，或突出企业的作业流程，或保留老工业区的建筑遗迹或片断，形成集科普性与艺术性，趣味性与参与性于一体的公共开放空间。

1. 洛阳市涧西区"国家一五六主题公园"规划

涧西区谋划以涧西工业遗产历史街区为基础，以"东方红历史文化中心"和"704 工业文化主题园区"为"双核"，将洛铜、洛轴、一拖、洛矿等六大企业的资源有机串联成一条珍珠项链，以国家级工业游为定位，以"洛阳圣城，工业文明"为形象定位，深度挖掘工业、教育、科研、驻军等优势资源，建设"国家一五六主题公园"，打造国家 5A 级工业游龙头景区。同济大学规划设计院制作的"一轴、双核、三带、四节点、五街、六态"《涧西区工业旅游总体规划》，通过了专家评审。这是洛阳市基层政府依托工业遗存建设主题公园的顶层设计尝试。

2. 新安煤矿的"洛阳有生工矿游景区"

新安煤矿洛阳有生工矿区，是河南省第一家通过国家 3A 级景区验收的煤矿。洛阳有生工矿景区是集煤矿作业现场、生物标本、地质化石、科普知识教育为一体的主题公园型景区，其中的现代化的煤矿作业现场是按照井下作业现场 1∶1 的效果设计安装的[①]，这也是河南省唯一一家地面模拟井下现场工作场面。新安煤矿洛阳有生工矿本着建设"文化型矿井、生态型矿区、旅游型矿山"的思路，大力开展矿区环境建设。根据矿区内不同区域的特点，依次打造了 13 个园区，呈现出"不似煤矿是煤矿，不是江南赛江南"的独特美景，吸引了众多游客前来参观。

五 发挥教育培训机构在洛阳工业文化传承创新中的作用

在工业文化的传承创新中，教育培训机构发挥着至关重要的作用。

（一）职业院校在校企合作中的工业文化对接

一直以来，洛阳市的职业教育工作成绩在全省名列前茅，现在洛阳市职业学校共有 88 所，形成了机械制造、电子电器、汽车维修、有色金属加工、针灸推拿等数十种特色专业，建成了一批在国内有较大影响的龙头院校，开设了与洛阳市新的经济增长点相吻合、新的产业布局相匹配、潜在的经济发展优势相适应的新型专业。每年在全国职业技能大赛中都能拿到不少荣誉，仅"十二五"期间，洛阳的参赛选手就获得了 99 块奖牌[②]。校企合作是职业教育发展的关键。"共和国长子"型企业的技校，采用校企联合的模式发展，新安职高在河南省办学规模和办学实力综合排名中位居前列，得益于与

---

① 《洛阳有生工矿游景区正式开放》，新浪新闻，http：//news.sina.com.cn/o/2013-04-10/055926779949.shtml。
② 《洛阳职业教育面临第三次发展机遇 提升质量整合资源是未来发展方向》，今报网，http：//www.jinbw.com.cn/dzb/html/2016-04/08/content_300050.htm? div=-1。

苏州工业园的合作，还有栾川和嵩县。

职业院校在校企合作中实现自身的发展壮大，所以，职业院校承担着工业文化教育培训的重任，是工业文化培训传承的最重要的主体之一。一方面要把工业文化培训作为一门课程纳入培养计划，搞好课程设置，另一方面在校园文化建设中注意突出工业文化元素，使学生受到工业文化潜移默化的熏陶和浸染，同时注意依托各实训基地，以及企业、博物馆等实践环节，内化工业文化。

（二）党校在干部教育培训中的工业文化扩散

党校作为干部教育培训的主渠道、主阵地，不论是从文化自信的角度，还是从领导干部必须学国史、党史的角度，党校必然要在干部教育培训中开展工业文化的研究和宣传。2015年底开始，洛阳市委党校立足洛阳的历史和实际，挖掘工业创业创新资源，倾力打造"以焦裕禄精神为代表的洛阳工业创业创新"教学基地，相继开发了系列特色培训课程，在洛阳市各级领导干部教育培训中，和广东、新疆、江西等十多个省外领导干部异地培训班中实施，产生热烈社会反响，引起学员广泛共鸣，显示出洛阳工业文化带来的强烈震撼和冲击，也进一步激发了领导干部干事创业的热情。

（三）中小学校在日常教育中的工业文化熏陶

教育，要从娃娃抓起。"世界诸多工业化强国都有工业文化从小抓起的惯例。"国内也不乏"学生工业游"成为中小学素质教育新课堂的例子，合肥市教育局更是发出了《关于开展2016年中小学研学旅行和"合肥工业游"活动的通知》。很多工业文化的展示场馆本身就是青少年教育基地、中小学爱国主义教育基地，这里是他们阅读历史、领略工业文化、发奋励志的立体教科书。要动员、支持、鼓励中小学做好工业文化的启蒙教育工作，把工业文化教育纳入中小学素质教育范畴，给予中小学在项目、资金等方面的大力支持。

B.6
"河洛欢歌"广场文化活动的做法与启示

曾庆华*

摘　要： "河洛欢歌"是洛阳广场文化的重要品牌，自2007年以来，已连续举办10年。通过一整套组织、激励、保障、宣传、服务、考评等机制，洛阳广场文化活动形成了"八音联欢""九地争鸣"的生动格局。"河洛欢歌"被评为"全国特色广场文化活动"和文化部"群星奖"，成为全国群众文化活动知名品牌。建议通过加强广场建设、丰富内容形式、创新体制机制，推动"河洛欢歌"广场文化活动持续健康有序开展。

关键词： 广场文化　"河洛欢歌"　文化品牌

洛阳市"河洛欢歌"广场文化活动是为活跃广大市民和游客的文化生活，营造浓郁热烈的文化旅游和消费氛围，以节会活动为载体，顶层设计和群众自发参与相结合的由洛阳市历届政府持续打造的文化惠民工程，自2007年以来，已连续10年成功举办。活动开展以来，洛阳市各级政府部门、社会各界积极参与，融入河洛文化特色和元素，打造了辐射全市、延续全年的群众文化活动，形成了"八音联欢""九地争鸣"唱响"河洛欢歌"

---

* 曾庆华，硕士，洛阳市文化广电新闻出版局社会文化科。

的生动格局。活动被评为"全国特色广场文化活动",成为全国群众文化活动知名品牌。推出了多个极具特色的文化表演项目,曾获文化部"群星奖"等多个奖项。

一 "河洛欢歌"广场文化活动的运行模式

10年来,"河洛欢歌"广场文化活动的持续开展,很大程度上满足了不同层级、不同人群的文化生活需求,优化了群众特色文化活动布局,既彰显了地方文化特色,又助力和谐社会建设。崇德向善的思想和健康向上的文化激发了广大干部群众与时俱进、开拓创新、干事创业的极大热情。

(一)"河洛欢歌·广场文化月"活动

"河洛欢歌·广场文化月"活动,是每年牡丹文化节期间集中开展的文艺演出活动,由洛阳市人民政府主办,市委宣传部、市园林局、市文化广电新闻出版局承办,市文化馆具体组织实施,各县(市、区)委宣传部、各县(区)文化广电新闻出版局、市公安局、市卫计委、市安监局、市供电公司、洛阳日报报业集团、洛阳广播电视台等单位协办。活动历时1个月左右,在周王城广场设主会场,牡丹广场、青年宫广场和市文化馆小剧场设分会场,2016年第34届中国洛阳牡丹文化节"河洛欢歌·广场文化月"共演出88场次,经过10余年的创新与提升,形成了"八音联欢"的演出模式,深受洛阳市民及外地游客的喜爱。

1. 专场文艺展风采,谱好"主题曲"

专场文艺演出是"河洛欢歌·广场文化月"的"开场白"、"主题曲"和"重头戏"。演出的团队都是来自在洛的大中专院校、各城市区和各县专业团队骨干、群众业余文艺爱好者团队、专业艺术院校的专业团队、文化馆和老干部教育活动中心的核心文艺团队以及文化志愿者团队。演出的节目都是经过时间考验、名家创制、精彩编排的优质节目,充满正能量,展示了洛阳人新时代的精神面貌和迷人风采。

2. 百姓舞台同竞技，谱好"间奏曲"

洛阳人有文化、爱文化、懂文化，更是喜欢传承文化。为了让更多的群众参与，变被动的文化观赏为主动的文化体验和追求，找到自己文化主题的主人翁意识和感觉，每天上午的专场文艺演出之后，承办方都会安排一些群众登上舞台，秀歌喉、展风采，激发群众创造文化的热情。同时活动组委会还会组织和友情邀请相关领域的专家和观众成立评委会，现场评出"每日一星"。

3. 牡丹服饰秀创意，谱好"交响曲"

牡丹是洛阳的象征，牡丹文化在洛阳源远流长。牡丹文化节是洛阳赏牡丹的国际节日。牡丹元素是"河洛欢歌"的重要底色，"河洛欢歌·广场文化月"期间，每年的洛阳牡丹服饰创意模特大赛是必有的节目，所有参赛选手的服饰都以牡丹元素作为自己设计的核心载体和文化底蕴。舞台之上，身着牡丹服饰的选手翩翩起舞，象征着洛阳人民在中国共产党领导下过上了如牡丹一样美好的生活。

4. 戏曲票友齐登台，谱好"变奏曲"

洛阳市的戏曲有很深的群众基础，剧种之丰富和受众之广泛在全国首屈一指。地方剧种如豫剧、洛阳曲剧、越调、河北梆子、京剧、二夹弦、怀梆、罗戏、蒲剧在这里交流融汇，广泛传唱，各自的票友遍布洛阳的每一个角落。主办方每年安排的戏曲票友大赛，也因此格外热闹和精彩纷呈。

5. 国际文化促开放，谱好"狂想曲"

洛阳的牡丹文化节是国际性的牡丹文化节，"河洛欢歌·广场文化月"也是开放的广场文化狂欢节。每年洛阳广场文化月期间都要邀请不同国家艺术表演团队来现场交流和演出，如荷兰民间艺术表演团队2015年受邀来洛演出，韩国演出团体2016年受邀参与演出。这些国际元素，成为洛阳国际化、开放性的历史见证和重要窗口，增加了其他国家了解洛阳和牡丹文化的机会，也让观众朋友们不出国门就能领略异国文化的魅力。

6. 牡丹歌曲大家唱，谱好"圆舞曲"

从专场演出到电视大奖赛，从电视大奖赛再到以牡丹为主题的歌颂洛阳、歌颂河洛文化的古今诗歌比赛，洛阳市的"牡丹歌曲大家唱"从2014年开始，一步一个脚印，从现场演出到联合市电视台法制频道现代媒体的综合运用，从单纯的娱乐节目转变为传播文化、歌颂主旋律的立体艺术教育体系化项目，影响力迅速提升，再现了洛阳"河洛欢歌·广场文化月"的发展历程，场场都精彩，满满的正能量。

7. 非物质文化遗产显身手，唱响"叙事曲"

洛阳市的各级非物质文化遗产项目种类繁多，规模巨大，包括大量的曲艺类表演性质的项目，为了在展现非物质文化遗产的过程中弘扬优秀传统文化，每年"河洛欢歌·广场文化月"期间，都特别组织非遗项目展演。节目举办方以开阔的视野，不仅把河洛大鼓、南庄木偶戏、嵩县背装等本地节目搬上舞台，而且还不时邀请陕西、山西等外地非物质文化遗产项目来洛阳交流演出。形式新颖、非遗价值高、演出效果好，仅2016年就连续举办4场，涉及国家级项目7个、省级项目15个之多，使观众大饱眼福，游客应接不暇。

（二）各县区系列广场文化活动

在"河洛欢歌·广场文化月"活动的引领和带动下，牡丹文化节期间和活动过后，"河洛欢歌"广场文化活动继续在洛阳市各县（市、区）开展，既有专业机构选派的歌舞、曲艺、杂技等传统文艺项目，又有群众自发创造的绝活等民间艺术（见表1）。丰富多彩的广场文化活动，让各县（市、区）的群众品尝到了一道道文化大餐。

表1　各县区广场文化活动

宜阳县	"滨河之声"群众广场文化活动	栾川县	"舞动花城·我们舞起来"广场舞大型赛事
新安县	"唱响新安"广场文化活动	嵩　县	"嵩州新韵"夏季广场文化活动
洛宁县	"竹乡神韵"广场文化活动	伊川县	"伊水欢歌"广场文化活动
孟津县	"欢乐孟津"广场文化活动	偃师市	"周月文化集会活动"
汝阳县	"梦想汝阳"消夏广场文化活动		

1. 宜阳县"滨河之声"群众广场文化活动

"滨河之声"群众广场文化活动已经举办了15届，是在宜阳的县委县政府、宣传部等各县直单位，各乡镇、各社区等基层组织，各协会、各企业等社会力量，共同参与、通力配合之下完成的洛阳市名牌广场文化活动。2016年的"滨河之声"举办于6月20日至9月20日，开展的文艺活动由歌舞戏曲表演月、曲艺说唱月及电影展映月三部分组成，其中"我是戏迷""最美歌声""舞动船城"等特色戏曲、歌舞大赛能够吸引群众广泛参与，目的是将爱唱、爱跳，热爱文艺的群众培养成能唱、能跳的文艺人才。

2. 新安县"唱响新安"广场文化活动

"河洛欢歌·唱响新安"广场文化活动创办于2004年，每年自6月20日开始，9月底结束，演出的团体及单位达90余个，除常规的文艺、戏剧、器乐等专场外，还创设了"广场舞""戏曲票友""我是歌手""折子戏""新安名家演唱会"等赛事和活动项目，演出100余场次。每一场演出，都聘请专业评委和现场群众评议打分，低于80分或群众满意度不高的单位将责令加演一场，活动结果纳入宣传思想工作和精神文明建设工作年终目标考核。近年来，此活动已发展延伸至新安县各乡镇政府所在地，不断满足广大农村群众的文化需求。2016年，新安县采取了"菜单式"服务，通过媒体征求群众意见，群众想看什么就组织什么节目。活动从最初的每周安排4天，到现在每周不间断演出；从租借设备到政府支持购置专业音响装备、改进舞台灯光舞美；从单位被动参加到积极主动参与并创新表演形式；从繁华县城到偏远乡村，广场文化活动已深入人心。

3. 洛宁县"竹乡神韵"广场文化活动

"竹乡神韵"广场文化活动已成功举办了12届，活动历时1个月，以四种形式分四个阶段进行。第一阶段是专业剧团演出，让中老年戏迷欣赏到专业水平的戏剧节目，满足群众戏剧文化需求；第二阶段是优秀业余剧团展演，为广大戏剧爱好者提供展示平台，使戏剧爱好者过把看戏、唱戏的瘾，并满足爱好者登台表演的需求；第三阶段是歌舞专场演出，组织县内歌舞培训机构进行成果展示，满足青少年、歌舞爱好者的文化需求；第四阶段是非物质文化保护项目展示，组织河洛大鼓、花鼓戏、高跷等非遗项目进行展示演出，使洛宁非物质文化遗产得到更好的保护和传承。广场文化活动与乡镇"文化周"活动同步进行，各乡镇根据辖区内群众文化需求组织各具特色的文化活动。

4. 孟津县"欢乐孟津"广场文化活动

2016年"欢乐孟津"广场文化活动创办。主办单位中共孟津县委宣传部、县文化广电新闻出版局和承办单位县文化馆立足消夏娱乐、文化乐民的宗旨，在县城桂花广场，从8月2日晚至9月1日历时一个月，为孟津人民呈上了一台集戏曲、歌曲、舞蹈、曲艺等精彩节目于一体的健康、向上，知识性、趣味性兼具的广场文化活动晚会。成为洛阳市"河洛欢歌"广场文化活动的又一个新成员。

5. 汝阳县"梦想汝阳"消夏广场文化活动

"梦想汝阳"消夏广场文化演出活动从2007年开始，已演出500余场次。安排有音乐、舞蹈、戏曲、小品、情景剧、合唱等丰富多彩、形式多样、群众喜闻乐见的文艺演出活动。演出力求在节目上创新，各个节目结合当前形势，以身边人、身边事作为演出素材；在内容上创新，一改过去老戏、老调、老演员的"三老"模式，新老演员相组合，老戏新戏相搭配，歌舞小品齐上阵，专职业余演员同登台；在花样上创新，师徒同台、父子同台、夫妻同台、班子成员同台竞艺演出。

6. 栾川县"舞动花城·我们舞起来"广场舞大型赛事

针对近年来群众文化活动的趋势和特点，从2014年开始，栾川县开始举办"舞动花城·我们舞起来"大型广场舞赛事活动。为此，栾川县文化部门对全县所有广场舞队伍在领队、活动地点、规模人数、发展现状等方面进行登记备案，并定期进行培训交流。目前登记在册的广场舞表演队伍150多支，参与群众20000人左右。每年参与的代表队有20多个，直接参赛的广场舞队员2500人，每次活动评选出一、二、三等奖和优秀组织奖，为获奖队伍颁发荣誉证书和音响设备。

7. 嵩县"嵩州新韵"夏季广场文化活动

"嵩州新韵"夏季广场文化活动自2000年推出以来,已连续举办了16届。2016年的夏季广场文化活动从7月1日开始,分为社会团体表演、国家级非遗项目河洛大鼓展演、第二届嵩州好声音大赛、乡镇调演和县直单位会演,共演出65场。活动期间,参演单位涉及民营文艺团体,各乡镇,县直单位,县剧团、戏校等,参与演员千余名,参演节目800余个。节目内容涵盖戏曲、歌舞、杂技、小品等,各具特色,受益群众5万多名。

8. 伊川县"伊水欢歌"广场文化活动

"伊水欢歌"广场文化活动也已经举办多年。该活动注重群众参与,每年活动筹备伊始,就开始对选报的节目进行筛选,对于那些水平达不到表演要求的,伊川县专门组织专业人员进行培训和指导,真正让更多想参加活动的群众加入进来。

9. 偃师市"周月文化集会活动"

2015年以来,偃师市按照"依靠文艺团队、巩固文化阵地、壮大文化力量"的原则,扎实开展"周月文化集会活动"。成立"周月文化集会活动"工作领导小组,指定专人对各镇(区)文化活动进行对口帮扶,每周五由各镇(区)利用综合文化站定期开展文化惠民特色表演,丰富居民文化生活。每月在偃师市火车站文化广场举办文艺会演,展示民间文化特色节目。

当然,除了各县(市)的活动之外,洛阳市各区也都开展了相应的广场文化活动,如"河阳之声""交响高新""和谐瀍河大舞台"等。广场文化活动在洛阳已发展成为遍布城乡、上下联动、参与广泛、各具特色、持续时间长、深受百姓喜爱的文化项目。

二 "河洛欢歌"广场文化活动的有益启示

"河洛欢歌"广场文化活动之所以能够10余年来持续健康发展,得益于建立起了一整套组织、激励、保障、宣传、服务、考评等机制。

（一）建立政府各部门联动机制

开展"河洛欢歌"广场文化活动是一项复杂的系统工程，需要解决的问题很多，政府和各级职能部门积极做好顶层设计和大力构筑制度、政策平台的同时，在实施过程中群众和社会组织的配合和支持也是前提和基础，如何使相关部门齐心协力、主动参与、默契配合是首先需要解决的问题。因此，作为活动的主办单位，洛阳市政府每年都把此项活动作为牡丹文化节重要的一项文化惠民活动，在市政府定期举办的牡丹文化节筹备会议上听取汇报，了解进度，及时解决工作推进中出现的问题。各县也建立起相应的联动机制，实现了活动的同步谋划、同步部署、同步推进、同步考核。

（二）建立活动资金保障机制

洛阳市按照"财政划拨、县（市、区）补贴、团体自筹、企业赞助"的模式，由市财政每年拨付一定资金作为活动专项经费，纳入经常性支出预算。各县（市、区）也投入相应经费，保障活动的顺利开展。同时，充分协调各种社会组织，吸收社会闲散资金和有志于公益事业的社会资源，建立网络化、开放式、互利共赢的活动融资渠道，形成了多措并举、多平台整合、多渠道支撑的活动开展格局。

（三）建立立体化的宣传机制

在"河洛欢歌"广场文化活动中，通过流动宣传车、悬挂标语和道旗、发放宣传单等方式，营造喜庆热烈的浓厚氛围，热情欢迎来自各地的朋友，为八方宾朋留下美好印象。充分发挥新闻媒体和宣传阵地的作用，通过报纸、电台、电视台等传统媒体，以及互联网、微博、微信等新媒体积极推介，大力宣传，以多角度、多渠道、全方位的态势宣传活动亮点，追踪活动进程，展示活动魅力，形成电视里有影像、广播里有声音、报纸上有文章、网络上有信息的强大声势，实现了宣传全方位、全覆盖。

（四）建立活动考评奖惩机制

为调动各县（市、区）开展"河洛欢歌"广场文化活动的积极性和主动性，洛阳市文化广电新闻出版局牵头组织了专门的考核团队，从活动组织支撑、资金投入、技术保障、节目数量、节目质量、节目效果、观众数量、观众满意度等方面着手，对各县（市、区）的"河洛欢歌"广场文化活动进行考察。通过多年的经验积累，建立起了一套完整的评估考核机制，细化、量化指标体系，保障群众基本文化权益。每年活动结束后，洛阳市还对活动组织得力的县（市、区）给予表彰，对组织不力的通报批评。

（五）建立民间文艺团队参与机制

洛阳市有大量的民间文艺团队活跃在工厂、街道、农村。为使这些民间文艺团队参与进来，洛阳市采取"精神激励、物质奖励、帮扶协助、指导提高"的办法，吸引民间文艺团队到"河洛欢歌"的舞台上一展风采。一是在活动中采取以奖代补的方式，为其奖励资金、购置道具设备服装。二是对表现积极的团队进行必要的精神奖励，颁发证书或奖状、锦旗。三是在平时没有开展广场文化活动的时候，文化部门积极帮助他们协调演出和排练场地，使他们感受到政府的关爱。四是派出专业的老师和文化辅导员，对这些民间文艺团队进行业务上的指导，帮助他们提升文化素养和业务水平。

（六）建立文化志愿者服务长效机制

洛阳市文化部门通过年度"河洛欢歌"广场文化活动的开展，吸引了大批的戏迷、歌迷。一有活动开展，他们就会主动参与到活动的筹备之中，为活动的开展献计献策、出力流汗。为此，文化部门把这些热心公益事业的"铁杆粉丝"组织起来，同时再加上面向社会招募的具有专业素养的人员，建立起了一支支文化志愿服务队伍。为了对这些志愿者进行回馈，洛阳市文化馆和各县（市、区）的文化馆在为他们的学习和活动提供便利的同时，还定期为志愿者们免费提供一些文化培训和文化服务，使他们的付出也能获

得回报。另外,在每年的"河洛欢歌"广场文化活动表彰总结的时候,也要表彰一批先进的文化志愿团队和优秀的文化志愿者。

自"河洛欢歌"广场文化活动开展以来,不仅活跃了群众文化生活,还锻炼了队伍、培养了人才,形成了文艺创作的一个个高潮,有力地推动了公共文化服务活动的开展。近年来,带动建设村级以上文化广场2829个,发展群众文艺团体6100支,创作文艺作品1200余件。

三 "河洛欢歌"广场文化活动创新提质建议

广场文化活动因其开放性、群众性、娱乐性、多样性的特点,越来越受到广大人民群众的欢迎和社会各界的关注,也发挥了不可忽视的重要作用。建议从三个方面入手,进一步提高洛阳市"河洛欢歌"广场文化活动的便利性,增强审美性,扩大覆盖面,推动该文化活动持续健康有序地开展。

(一)加强广场建设,增强便利性

便利性,就是要网点化,做到一定范围内都有公共广场,方便群众就近活动。应加强统筹规划,把广场建设纳入城市发展总体规划,依据服务人口的数量和分布进行布局,建设既不扰民又能广泛开展文化活动的载体工程,进一步完善和推广"10分钟广场文化活动圈"工程,使洛阳市城乡居民能够更多地在家门口和社区内开展广场文体活动。进一步配备和完善各类广场文化活动开展必备的基础设施,按照市、县中心广场有舞台演出设施和灯光、音响设备,乡镇、行政村有文体广场和具备设立临时舞台的空间、基础设备的要求,使各级群众娱乐健身和文体活动开展都能因时因地、因人因事顺利进行。

(二)丰富内容形式,增强审美性

洛阳市针对不同人群,对广场文化活动进行分类设计。随着社会的发展,人们的艺术欣赏能力越来越高,文化需求日趋多样化,只有与时俱进、不断创新广场文化的内容形式，增强审美性，才能吸引不同群体广泛参与，雅俗共赏。参演人员不仅有普通市民，而且有专业艺术人才，甚至是外地游客。特别需要动员组织更多的专业文艺团体投身广场文化活动，主动自觉地为人民大众服务，不断打造广场文化品牌向高品位、高质量、高档次方向发展。正确处理好时尚与传统的关系，融合新时代的审美意识，以创新造就广场文化品牌的时代性，让参与广场文化活动的人们感受新的文化气息。形式上更加灵活，把广场文化活动策划为综合性文化知识传播活动，在表演活动中适当增加文化展览、文化培训等内容，寓教于乐，发挥文化育人功能。

（三）创新体制机制，扩大覆盖面

洛阳市加强顶层设计，上下联动，以市、县中心广场为龙头，逐渐覆盖其他市区、社区和乡镇的各种文化广场、重点舞台、公共场所，充分发挥政府组织和社会组织的积极性，提高群众参与率，让专业文化与业余文化同台竞技、各自争鸣，在定期和不定期的活动开展中，发挥交流、参演、合作的互动平台作用，提升群众的文化素养、城市的文化底蕴、洛阳旅游品牌的影响力。

洛阳市为进一步使广场文化活动持续健康地开展下去，使"河洛欢歌"成为洛阳的又一张闪亮的名片，更是制定了一套有效的制度。为使广场活动做到经常化、制度化，制定和实施了一系列有效的政策和制度，有力地整合了社会各界力量，让企业和协会成为广场文化活动的中坚力量，把广场文化活动与经贸活动相结合，与树立企业形象、宣传企业产品相结合，通过"文企联姻"实现互利双赢，达到服务社会、造福百姓的目的，增强广场文化自身的发展活力。

B.7 洛阳会展业发展报告

陈启明 孙鹏飞*

摘　要： 会展业作为现代服务业的重要组成部分，对区域经济发展具有重要的辐射效应和产业带动效应。2016年洛阳成功举办了第34届中国洛阳牡丹文化节和河洛文化旅游节及一系列各类展览活动，全市会展业稳步快速发展。2017年，按照"政府引导、市场运作、企业协作、产业优先"的发展思路和"管理制度化、服务经常化、品牌国际化、活动产业化、运作市场化"的发展模式，大力发展会展经济，使会展业成为洛阳现代产业体系的主导产业和服务业的重要内容，打造全国知名会展城市。

关键词： 产业融合　发展对策　发展建议　洛阳会展业

作为神州腹地、十三朝古都的洛阳，会展经济正以农博会、工博会、旅博会和创博会等一批品牌项目的形式奋起直追，迅猛发展。近几年，洛阳市先后获得"2014年度全国优秀会展城市奖""2014年度最具国际发展潜力会展城市""2015年度中国十佳会展城市""2016年度金五星优秀会展城市"等荣誉。作为中部地区新兴的会展之城，洛阳正经历一场前所未有的发展。

---

* 陈启明，洛阳市委党校市情研究部主任，副教授；孙鹏飞，洛阳市会展办公室会展科科长。

一 2016年洛阳会展业发展现状

会展业作为现代服务业的重要组成部分,以其综合效应、辐射效应以及产业带动效应成为城市发展的助推器。2016年,洛阳市高度重视会展业的发展,全市会展业呈现出稳步推进、迅速发展的态势。

(一)成功举办了第34届中国洛阳牡丹文化节

本届牡丹文化节以"国色天香、世界绽放"为主题,突出品牌国际化、活动产业化和运作市场化,安排举办了11项主题活动和27项专项活动,在主题表达、文化内涵、活动档次、规模效益等方面有了新的提升。

1. 突出文化引领,牡丹文化节成为建设现代公共文化服务体系的重要内容

洛阳是第二批国家公共文化服务体系示范区创建城市,按照"牡丹为媒,文化为魂"的基本思路,坚持突出文化引领,着力打造文化特色,主动将牡丹文化节融入现代公共文化服务体系示范区建设之中。在策划活动项目时,结合公共文化服务体系创建工作,通过政府购买等多种途径广泛组织各类群众文化艺术团体、非物质文化遗产传承人参与到文化节中,尽量多地举办特色鲜明的文化活动,最大限度地挖掘、展示河洛文化、牡丹文化、民俗文化。在全部38项活动中,优秀剧目洛阳展演月、"河洛欢歌"广场文化狂欢月、牡丹歌曲大家唱、隋唐百戏城传奇、河洛文化民俗庙会、洛阳平乐全国农民牡丹画展等各类文化活动就有22项,占比达到58%。优秀剧目洛阳展演月演出《红灯记》《天仙配》等精品剧目共8台16场,观众达到1.9万人次。"河洛欢歌·广场文化狂欢月"活动历时一个月演出93场,各类参演单位240余家,参演人员9000余人,观众55万余人次。[1]牡丹歌曲大家唱吸引1500多位市民报名参赛。特别是牡丹文化节开幕式《花开中国 跨越丝路》大型歌舞情景剧演出,首次采取大型户外实景演出模式,在丝绸之路东起点的标志性

---

[1] 资料来源:洛阳市文广新局。

建筑——隋唐洛阳城定鼎门遗址广场举办，大量采用VR（虚拟现实）、大型3D建筑投影等现代技术，充分展示了牡丹盛开、汉通西域、丝路起点、异域风情、武皇盛世、现代洛阳等特色元素，充分彰显了洛阳悠久厚重的历史文化和丝路东方起点的深厚渊源，极大提升了牡丹文化节的文化水准。这些文化活动走进社区、走进学校、走进厂矿、走进乡村、走进景区，覆盖面广、参与性强，在提升牡丹文化节文化水准的同时，也为推动基层群众文化建设、创建国家公共文化服务体系示范区起到了良好的促进作用。

2. 突出产业融合，牡丹文化节成为促进经济发展的重要平台

通过节会平台大力吸引客流、商流、信息流、资金流集聚洛阳，直接拉动旅游、交通、住宿、餐饮、商贸等产业发展，积极引导文化、旅游、体育、会展、农业、制造业等产业实现融合发展，实现了依托产业、服务产业、助推产业的目标。一是旅游效益再创新高。第34届牡丹文化节，全市共接待游客2350.32万人次，实现旅游总收入197.67亿元，同比分别增长8.07%和10.77%，各项旅游指标增势良好。二是招商引资成果丰硕。文化节期间，来洛参加经贸活动的客商团组467个，共1918人，其中境内外500强企业、行业100强企业63家。全市共签约招商项目217个、投资总额1124亿元。三是会展产业成效显著。全市共举办重要展会16个，其中2016年中国农业产业化龙头企业协会名优产品博览会吸引13万人次参观，零售额556万元，签约额100.05亿元，2016年中原旅游商品博览会参观人数4.3万人次，协议采购金额1.5亿元，特别是2016洛阳机器人暨智能装备产业展览会是洛阳市首次引进的机器人专题展会，三天接待观众5万人次，为加快洛阳机器人暨智能装备产业发展起到了引领和推动作用。四是文化消费不断升温。优秀剧目洛阳展演月、刘若英世界巡回演唱会、隋唐百戏传奇等文化演艺活动有特色、接地气，票房销售火爆。特别是由洛阳旅发集团举办的首届"糖·Town（唐）"音乐节，是洛阳市首次举办的全国一流户外音乐节，3天吸引了10万人次现场观看，《中国青年报》、腾讯、网易等40余家媒体累计发稿近千篇，近千万人通过微博、微信对该音乐节进行了关注，该音乐节对外散发出了洛阳的时尚气息，提高了洛阳的知名度、美誉度。五是体育健身成为热点。第四届中国女子围棋甲级联赛、全国门球邀请赛、全国旅游城市国标舞大赛等高水平体育赛事，不仅推动了洛阳优势体育项目的发展，也带动了全民健身和体育消费快速升温。六是夜间消费异军突起。围绕扩大夜间消费，开展了牡丹灯会、"魔灯时代"灯光秀、夜游天堂明堂、开元湖音乐喷泉秀、士林美食节、老城十字街夜市等夜间项目，既满足了市民夜间消费，又丰富了游客的选择，使游客延长了在洛的停留时间。

3. 突出全面提升，牡丹文化节成为推动城建、利民惠民的重要载体

通过节会重点项目建设、综合服务管理的提升，利民惠民，不断增强了群众的获得感。本届文化节，洛阳市提出"以会促建、以会促管、利民惠民、全面提升"的举办原则。按照这个原则，全市上下齐心协力，在城市建设管理及利民惠民方面做了大量工作。

4. 突出扩大开放，牡丹文化节成为展示洛阳形象的重要窗口

本届牡丹文化节在宣传报道方面注重实效，重点媒体与地方媒体深度融和，平面媒体与网络媒体相互交叉，及时将牡丹文化节的盛况进行报道，使洛阳的城市形象得以进一步提升。

（二）成功举办了2016年洛阳河洛文化旅游节

2016年洛阳河洛文化旅游节于9月17日至10月7日成功举办，取得了丰硕的成果。2016年河洛文化旅游节期间，洛阳市共接待国内外游客1141.92万人次，旅游总收入71.31亿元，分别较上年同期增长9.65%、15.61%。其中国内游客1138.55万人次，国内旅游收入70.69亿元，分别较上年同期增长9.63%、15.58%；外国游客3.37万人次，旅游创汇942.63万美元；旅游景区接待游客855.39万人次，门票收入13852.05万元。①

本届河洛文化旅游节以"畅游河洛灵动山水，领略千年帝都风情"为主题，坚持"清新简约、务本责实"的举办原则，共安排了17项活动。其中，花车巡游活动为观众奉上了一场中外文化交流融合的精美文化旅游盛宴。

---

① 戚帅华、李培桓、李倩：《河洛文化旅游节圆满落幕》，《洛阳日报》2016年10月8日。

2016年洛阳旅游商品博览会暨"洛阳礼物"评选活动4天，累计参观人数近20万人次，充分展示了洛阳特色旅游商品，叫响了"洛阳礼物"品牌。

河洛文化旅游节期间，各类高品位的文化、演艺、体育、展览活动轮番登场，各具亮点，有力地凝聚了人气，拉动了消费，促进了全市旅游市场的繁荣。其中，经典话剧《老汤》为洛阳市民、外地游客奉献了一场精彩的文化盛宴，浓郁的中原风情、地域文化让人回味无穷。关林河洛文化庙会、王城金秋菊展、河洛金秋上戈苹果文化节、小浪底石榴文化节、明堂纸艺嘉年华、老君山、白云山、薰衣草庄园、黛眉山、天堂明堂等景区纷纷通过各类异彩纷呈、别具特色的活动，大大增强了聚客效应。

历史文化游持续火爆。河洛文化旅游节期间，关林、龙门、白马寺等历史文化游仍是洛阳市的核心产品。河洛文化旅游节期间，龙门、白马寺分别接待游客46.56万人、18.14万人。"十一"黄金周期间，龙门石窟游客累计突破29.87万人次，单日最高游客突破6.5万人次。洛阳南线、西线和北线的山水生态休闲景区形势大好，河洛文化旅游节期间，洛阳市的田园采摘、休闲农庄、生态垂钓、户外运动基地等乡村休闲度假游成为新的旅游消费热点。

河洛文化旅游节期间，来洛游客接待量持续高位运行，庞大的客流量催生了巨大的旅游消费需求，有力地拉动了住宿、餐饮、交通、购物、娱乐等消费需求大幅增长，推动节会经济的全面繁荣。其中餐饮、购物、娱乐消费较往年增长明显，高峰期星级酒店和快捷酒店客房出租率超过80%，三彩艺、牡丹瓷、唐三彩、仿古青铜器、牡丹画等特色旅游商品持续热销。

河洛文化旅游节期间旅游客源结构得到进一步优化。河洛文化旅游节期间，入境游客显著增加，同比增长15.52%，关注洛阳的入境游客主要以美国、新加坡、日本、俄罗斯、加拿大、法国等欧美地区居多。来洛的四川、甘肃、辽宁、黑龙江等中远程省份游客较往年有较大幅度上升，洛阳的旅游知名度进一步提升。

（三）会展业成效显著

2016年，洛阳市会展工作按照"政府引导、市场运作、企业协作、产业优先"的发展思路和"管理制度化、服务经常化、品牌国际化、活动产业化、运作市场化"的发展模式，加强管理，提升服务，统筹协调，各项展会活动的如期举行，确保了全市会展业的健康协调发展。

1. 加强管理，积极营造良好的会展发展环境

一是进一步加强了会展项目的监管工作。为更好地做好全市会展活动项目的统筹协调和监管工作，2015年底及时对2016年度会展活动项目进行征集，对2016年度活动进行整体安排，特别是对政府支持的重点展会，指定专人负责，实施全程跟踪，确保了各项会展活动的如期进行，全市共举办各类展览活动36场。二是进一步规范了展会补贴工作。细化了《洛阳市会展专项资金申报程序》，从活动项目申报、活动方案审核、活动项目跟踪评估、资金申请资料审查、会议集体讨论研究到补贴资金拨付，都有严格的程序和要求，既为申报单位提供了便利，也确保了会展补贴工作更加公开、公正和公平，严防虚报和人情乱补现象的发生，营造了公平竞争、优胜劣汰的会展业发展的良好环境。

2. 提升服务，积极为企业办展提供便利

一是不断完善服务保障体系。为方便政府与企业、企业与企业之间的交流沟通，实现信息互通，资源共享，洛阳市会展办分别建立了洛阳会展QQ群和微信群。2016年初又对网站进行了升级改版，增加了"洛阳会展"版面，增设了会展资讯、政策法规、会展服务、展会介绍、展馆介绍和进言献策等内容，并将会展扶持政策、联系咨询电话、QQ群号码、邮箱等进行了公开，极大地方便了组展单位的业务咨询和办理，受到了企业的高度称赞。二是主动做好展会协调保障工作。在加强与有关组展单位沟通的同时，充分利用牡丹文化节执委会例会和会展专题协调会等政府协调机制，及时帮助组展单位解决相关问题。三是及时做好政策修订完善工作。2016年6月，根据国家、省、市相关政策调整，结合会展业发展实际，对《洛阳市会展业发展专项资金管理暂行办法》再次进行了修订完善，使其更加简单明了，重点突出，便于操作。

3. 统筹协调，全面提升展会组织水平

一是品牌国际化程度明显提升。围绕洛阳新兴产业和优势资源，在继续扶持地方特色品牌展会的同时，加大品牌展会的引进力度。成功引进了2016年洛阳机器人暨智能装备展览会。此次展会，共吸引了来自10多个国家和地区的近200家企业参展，其中ABB、现代重工等世界500强，发那科、库卡、安川等国际机器人"四大家族"，以及日本的OTC、丹麦的优傲等具有代表性的国际企业纷纷到场。现场意向成交额超过20亿元，洽谈投资额80亿元。二是活动产业化程度更加突出。积极引导会展企业和各类办展机构，围绕洛阳市特色产业和优势资源，策划运作各类展会活动，如中原旅游商品博览会。除旅游商品展览展示外，还精心安排了旅游商品精品展示大赛、"老家礼物"旅游商品开发研讨会和栾川县对外经济技术项目签约仪式等活动。中国农业产业化龙头企业协会名优产品博览会，紧紧围绕洛阳特色农业和特色产品精心策划组织了农产品现场展示展销贸易、现代农业投资合作项目集中签约、农业产业化发展研讨会、洛阳名优食材推介品鉴会、产销对接及"十佳""二十"优农业品牌颁奖、农业企业宣传片展播大赛等6项活动，有力促进了洛阳市现代农业的快速发展，促进了农产品市场的繁荣。三是运作市场化程度有所突破。积极引导政府主导展会走市场化的路子，鼓励政府部门主办的活动加强与专业会展公司合作，由专业会展公司作为承办单位，政府部门积极发挥协调和服务职能。如2016年举办的农博会，运营权通过公开竞拍，最终由河南中展实业有限公司获得，既降低了政府运作的成本，又激发了市场的自我调节能力。

二 洛阳会展业发展存在的主要问题

（一）会展品牌国际化方面还有很大差距

牡丹文化节虽然有较高的知名度和影响力，但主要辐射范围还是以国内为主，国外游客所占比例与西安、杭州等城市相比还比较小。缺少在全国乃至世界上有震撼力的品牌活动支撑，对外宣传尚没有走出国门，吸引国际500强企业在洛投资效果还不明显。

（二）活动产业化方面还缺乏拳头项目

利用节会平台促进相关产业融合发展还处在起步阶段，牡丹文化产业总体状况仍然势单力薄，没有大的龙头企业，文化创意产业依旧各自为战，拳头项目少。

（三）组织保障方面存在不少短板

会展办统筹力量与"以会促建、以会促管、利民惠民、全面提升"要求的功能还不匹配，需要进一步加强。个别部门职能意识不强，积极主动性不够。市民和游客反映强烈的住宿价格、瓶颈路段、停车管理等问题依然突出。城市区部分地段脏乱差现象时常反复，节会氛围还不浓郁等。

（四）旅游产品体系方面有待丰富

旅游产品仍以传统的观光旅游产品为主，种类不够丰富，度假型、商务型、文化型旅游产品尚处于开发阶段，休闲度假产品、旅游演艺等高端旅游产品仍有待进一步丰富。

（五）会展基础设施方面有待加强

洛阳市会展业起步较晚，与其他先进会展城市相比还有很大差距。比如专业品牌展会少、本地专业会展公司实力弱、专业场馆少并且可用面积小等问题还比较突出。

三 促进洛阳会展业发展的对策建议

2017年，洛阳市会展工作可以按照"政府引导、市场运作、企业协作、产业优先"的发展思路和"管理制度化、服务经常化、品牌国际化、活动产业化、运作市场化"的发展模式，围绕五大主导产业、六大新兴产业、五大特色产业，大力发展会展经济，使之成为促进文化、旅游、商贸物流以及产业升级的重要带动力量。

（一）积极引进打造国内外专业品牌展会

依托洛阳产业基础和区位优势，进一步加强与振威展览等国内知名会展企业战略合作，围绕洛阳市主导、新兴和特色产业，策划新的专业展会项目，如化工装备展等，并逐步将其打造成专业品牌展会。充分发挥各职能部门的行业优势和作用，加强与上级有关部门和国际性、全国性行业协会（组织）联系，主动引进一些国内外知名展会。

（二）积极扶持培育地方品牌展会

积极吸引国内外知名企业和专业会展公司参与，继续加大政府扶持力度，努力提升中国（中西部）现代农业装备展览会、中原旅游商品博览会、中国农业产业龙头企业协会名优产品博览会、中国洛阳（国际）创意产业博览会、中国洛阳工业博览会、中国国际轴承技术与服务展览会、国际牡丹文化产业博览会、中国国际新能源汽车及电动车（中原）博览会等展会策划组织与市场运作的能力，不断提高地方展会国际化、市场化和专业化程度，精心培育、打造更多具有较高知名度、影响力和竞争力的自主品牌展会。

（三）积极建设完善会展配套服务设施

一是加快完善会展中心内部设施和会展场馆周边的配套服务功能。加强交通、通信、酒店、餐饮和娱乐设施建设，完备邮政、银行、海关、商检、运输、保险、贸易咨询等服务配套设施；增开涧西、西工、老城、高新区、火车站、机场通往会展中心的公交专线，方便群众参观；在洛阳机场、火车站和城市各高速路口增设会展中心路线图及展会信息，在通往会展中心的各主干路口增设会展中心标示牌，方便外地客商参展。二是充分利用好现有公共场馆资源。引导和鼓励新区体育场和体育馆、洛阳博物馆、洛阳科技馆等主动承办或承接展览活动项目；引导和鼓励各大宾馆主动承办或承接国际性、全国性商务会议。[①] 同时规划建设洛阳国际会展中心，适应洛阳会展业竞争和未来发展的需要。

（四）积极培育壮大各类专业会展机构

积极引导和鼓励振威展览集团等国内知名会展企业到洛阳建立分支机构或注册专业会展公司，逐步形成以集团为龙头，中小型会展企业为辅助、会展服务企业相配套的会展市场主体。继续加大对重点会展企业、重大会展项目的政策扶持力度，培育壮大会展龙头企业，做精做专会展服务企业。引导支持市内各类企业有针对性地参加境内外综合性、专业性展会，促进经贸合作与人文交流，积极培育国际性、区域性会展经济圈。

（五）完善各项保障措施

一是建立会展管理服务体制。建立联席会议制度，统筹全市会展业发展，协调解决重大问题。政府主导、规模较大、关联度高的大型展会活动，由会展工作领导小组统筹部署、统一协调，各部门积极协作配合，各负其责，为大型展会活动的成功举办提供有力保障。

二是建立会展活动登记备案制度。凡在洛阳市举办的各项会展活动，统一由市政府会展办公室登记备案，经市会展办组织有关专家评估预审后，报市会展工作领导小组研究确定下年度市政府重点支持展会项目，并加强跟踪指导，确保各项重点活动如期举行。对登记备案过的活动进行统一场馆协调，严格控制重复办展，避免无序竞争，营造公平、公开、公正的市场氛围。

三是设立会展业发展专项资金。市财政每年安排会展业专项扶持资金，对具有一定规模的、能够促进现代产业体系发展的展会活动进行补贴。具体

---

① 常书香、孙鹏飞：《发展会展经济，打造会展名城》，《洛阳日报》2017年2月28日。

补贴项目和标准,由市会展办联合财政局依据《洛阳市会展业发展专项资金管理暂行办法》审核确定。市会展办主要负责专项资金的预算编制、申请受理和评估审核,市财政局主要负责对专项资金使用情况的监督管理。

四是做好展会统计管理工作。把会展业纳入现代服务业和文化产业的统计范围,加强对会展行业的统计调查和指导,建立健全会展业的统计指标体系,为制定会展产业政策和领导决策提供依据。市会展办要会同市统计局、会展中心加强会展统计研究,各县(市、区)和市直各有关部门要设立统计专员,各展会活动承办单位应予以积极配合。

五是搞好各项服务保障工作。重点做好安全保卫工作、新闻宣传工作、工商和物价监管工作,加大城市管理执法力度,加强卫生监督管理,搞好综合配套服务等。

B.8 洛阳文学艺术发展报告

王鲁豫 王大伟*

> **摘　要：** 2016年，洛阳市文学艺术整体发展、成果颇丰。各类文学艺术百花争艳，文艺工作者们创作出一批形式新颖、质量上乘的文艺作品，展示了洛阳市的文学艺术优势。报告总结了2016年洛阳市文学艺术取得的成绩，指出了各类文化艺术中尚存的短板，提出了相应的改进措施，以期为洛阳市文学艺术的强化提升提供借鉴。
>
> **关键词：** 艺术发展　民俗文化　民间文艺

2016年是洛阳市文学艺术开拓创新、加速发展的一年。这一年，全市文艺工作者深入学习习总书记在中国文学艺术界第十次全国代表大会上重要讲话的精神，坚定文化自信、坚守艺术理想、端正创作态度、勇于创新创造，创作了众多优秀文艺作品，展示了河洛文化的魅力和价值，运用各种方式传播社会正能量、讲好洛阳故事。

一　洛阳文学艺术发展现状

2016年，河洛大地的文艺工作者服务基层、服务群众蔚然成风，他们

---

* 王鲁豫，洛阳市委党校法学与科技文化教研部讲师，研究方向为法学理论、法律文化；王大伟，洛阳市文学艺术节联合会创研室主任，研究方向为文艺发展与管理。

以工匠精神潜心雕琢文艺精品,以高度的社会责任感奏响主旋律,以精益求精的创作精神进行艺术加工,文学创作、民间艺术创作、曲艺创作等方面均有所发展,使洛阳文艺界显示出新风尚、新气象。

(一)文学作品蓬勃发展

2016年,洛阳市无论是小说、诗歌,还是散文、杂文都获得了长足的进步,文学方面佳讯频传,取得了优异的成绩。尤其是洛阳诗人董进奎凭借组诗《春光陷于舌尖》获郭沫若诗歌奖优秀奖,吴文奇短篇小说《天空的花朵》获得中国石化第三届小说大赛一等奖。

1. 小说作品爬坡上行

小说创作是洛阳市文学发展长久不衰的亮点。2016年,洛阳市老中青三代作家潜心钻研、积极创作,发表了众多新作,出版了诸多佳作,显示出洛阳小说创作的不凡。

2016年8月,作家庄学出版了其"同字三部曲"的第二部长篇小说《同袍》,该著作约20万字,是一部时代的"致青春"作品。小说讲述的是万新地、史运来、吕西安等新兵,不管是身为农村兵、城市兵,还是上山下乡的知青,都带着梦想,期望改变生活、改变命运。他们穿上了绿军装,在踏入军营的第一年里,纠结、惶惑、进取、竞争、成长……面对青春期的生理变化惊慌不已,面对不可预知的人生走向无解戏谑。军营的生活有苦涩,也有欢乐;有刻板严肃整齐划一,也有活泼快乐。历经刻苦的训练,承受青春的洗礼,遭遇人生的窘境,成功完成蜕变,就这样他们凤凰涅槃,成为战场上不可战胜的力量,为自己的生命交上了一份完美的答卷。这一作品将作者深厚的文学素养和丰富的军旅生涯体现得淋漓尽致。正是这样特殊的人生阅历,才促使他创作出了这部"致青春"版的《士兵突击》,才使得这部作品被人称作是军旅生涯版的《少年维特的烦恼》。

《有风有雨的岁月》(由光明日报出版社出版)是张建根历时3年创作的作品,该著作共30章,22万余字。小说以主人公张云飞追求生活真谛的曲折经历为主线，描写了主人公生活中的风风雨雨，折射出伊河岸边小村落"伊东村"三十年的时代变迁，彰显了生活的真、善、美。

2016年，洛阳作家婧婷发表了《绝版王朝 盗版君臣》（由新华出版社出版），该书共6卷，100多万字。它以三国为背景，以时光为坐标轴，在综合正史、野史、文学作品等众多资料的基础上，拨开层层迷雾，沿着历史发展的进程和每个人物一生的足迹，选取三国时期魏、蜀、吴最具代表性的一君一臣，分别剪取他们生命中每一个可放大、可缩小的精彩情节，自其小时候的故事讲起，从生前写到身后，围绕每个人物身后那一波又一波的争议，从戏里写到戏外。该著作以君王为核心，以诸侯为半径，以中原大地为舞台，从个人写到国家，从开国写到亡国，从创始人写到终结者，作者不仅将历史与演义中混淆的人物与事件调查得水落石出，而且对每一个人物都进行了深刻的剖析，进而对小说人物加以还原，给他们每人一个真实的历史原型。

《帝都传奇》（由河南人民出版社出版）是任见继《东周烟云》《隋唐烟雨》后的一部超大型城市传记著作，共10卷，150章，625节，共计330万字。它立言历史，立言文化，以小说的形式演义中原文化、河洛历史，作者以河洛文化为基，以幽默文风为韵，既描绘了历史上洛阳大气磅礴的帝都情景，又突出了洛阳兵燹狼烟的都城形象。《帝都传奇》既体现了作者作为文化比较研究专家的独特视野，又饱含了作者作为洛阳市民对这一城市的由衷热爱。曲折婉转的故事情节、独具匠心的构思布局、行云流水的小说文笔使洛阳特有的雄厚历史与辉煌今生跃然纸上。《帝都传奇》开创了为城市"立传"的先河，形象地描绘了洛阳历史文化在千百年中国政治文化中的核心地位，鲜活地书写了影响中国历史进程的重大政治事件，生动地解释了洛阳这一神奇的土地能够在中国政治舞台的中心长期唱主角的原因。

此外，2016年洛阳文学院的众多签约作家还发表了小小说《吃西瓜》《世俗之欢》《归安的爱情》《生命》《铃铛铃铛我爱你》等，短篇小说《扒坟》《生存》《山洞》等，中篇小说《老鼠成精记》《花都》等。

2. 散文作品持续发力

近年来，在洛阳文学院和《牡丹》文学杂志的积极配合下，洛阳市作家协会着力于关注青年作家，发现了一批极具潜力的作者，突出表现在散文创作方面，其中梁凌、楚歌、浅蓝、黄婕、汪天钊、谭丽娜等都是近些年涌现出来的新人。新人的快速成长是洛阳市散文创作持续发力的重要支撑。

2016年洛阳市出版了《洛阳散文年选·2015卷》，收入卷中的散文作品，共计百余篇。作者们的视线遍及社会生活的方方面面，散文创作形态更加丰富、情感更加充沛。从写作路径上看，有的作品具有文化散文的气度和格局，这类散文有着丰厚的文化底蕴和知识储备，承载着文学的教化功能。有的作品则是以平民视角，以普通人的心态来看人生、看社会，这类作品更加突出个人的感悟和情绪，更容易引起共鸣。在这本年选中，既有对苦难的悲悯情怀，又有对真善美的热切向往；从内容上看，或关注当下，或回望历史，或寄情自然，或解剖人生；从形式上看，更是色彩缤纷，精彩纷呈。这些源于心灵的真情告白，构成了灵魂交响的不同声部，生机勃勃、气象万千。

2016年7月，洛阳文学院组织出版了大型文化散文集《一条河流的承载》（由河南人民出版社出版）。这是洛阳文学院2015年确定的文学选题"溯源洛阳"，组织洛阳作家"走洛河、写洛河"的作品结集。全书由40多位作家参与写作，共计30余万字。该著作是一部以河洛为主脉、以流域历史遗存为主点的历史文化散文集。洛河流经的每个地方都具有不同的特色，作家们经过行走，沿途深入发掘，搜集整理了大量素材，创作出了这部蕴含历史风韵、凸显地域特色、反映河流两岸时代变迁的作品，文化解读有理有据，风韵情趣跃然纸上。

3. 杂文创作稳中有升

洛阳市杂文学会成立于1985年4月10日，30年来，坚持开展杂文创作、研究活动，积极参加学术交流、不断推出新人新作。

2016年，洛阳市出版发行了《洛阳市杂文学会志》。全书分概述、大事记、重要活动及事件、主要出版物简介、人物、逸事六章，附录部分收录有

《杂文作品选》《洛阳杂文随笔作品集统计（1986～2015）》等资料，共计22.5万字。洛阳市杂文学会在改革开放大潮中应运而生，迄今已历经30年，有许多地方需要回顾和总结，有许多值得记忆的东西需要用志书的形式加以反映，于是《洛阳市杂文学会志》应运而生。

2016年4月，"东华杯"《家风·国风纵横谈》文集首发式在洛举行。《家风·国风纵横谈》一书选取了"东华杯"《家风·国风纵横谈》杂文有奖征文的69篇优秀作品编辑出版而成。其中收录的作品，彰显了当代杂文家们忧国忧民的情怀，坚持原则的大局观念，勇担道义的责任意识，针砭时弊的果敢勇气，见微知著的灵心慧眼，尖锐深刻的批判精神，借古鉴今的机巧睿智，情采横溢的写作功力。

2016年10月，洛阳市《洛阳杂文·2016》首发式举行。这一杂文集选择了"检察文化杯"杂文征文中的百余篇优秀作品结集成书，该著作的问世有利于发扬杂文的批判精神和批判功能，书内各篇杂文，短小精悍，文辞优美，注重思辨和文字表达的统一，集知识性、思想性、趣味性于一体。该杂文集的出版发行有利于弘扬社会正气，助推形成公平正义的社会良好风气。

4. 委托作品特质鲜明

洛阳市作家协会以项目负责制为抓手，调动了文学工作者出作品、出人才的积极性。作家协会不仅鼓励会员主动出版作品，而且积极接受市直单位委托，编写相应作品，这些作品的出版有利于扩大洛阳市作家协会的影响力，有利于洛阳市委市政府核心工作的进一步开展。

2016年，受洛阳市纪委的委托，洛阳市作家协会组织专门的编写组，编写了《史话河洛论清浊》一书。近些年，洛阳各界出版的研究河洛文化的著作层出不穷，然而在廉政文化建设方面的著述鲜有。这本书的出版，弥补了这一空白，在政治、文化、社会各个层面，都具有积极的意义。干部清正、政府清廉、政治清明是党对领导干部一贯的要求。清则心境高雅，清则正气充盈，清则百毒不侵，清则万众归心。洛阳历史悠久、文化灿烂，作为中国历史上建都时间最长的城市，这里留下了众多明君、贤臣、廉吏的优秀作品。这部作品容量大，可读性强，从洛阳历史上正反两方面总结经验教训，可以使读者从中汲取营养、培育清廉人品，也有利于促进洛阳的廉政文化建设。

受洛阳市总工会委托，2016年洛阳市文学院集中全力编写并出版了纪实文学集《平凡与辉煌》。该书收录了洛阳各条战线40名劳动模范和"五一劳动奖章"获得者的优秀事迹，是一部歌颂劳动、歌颂劳动者、歌颂劳动精英的著作。众所周知，劳动者是社会实践的主体，是物质财富和精神财富的创造者，对社会历史有重要的推动作用。劳动模范则是劳动者中的佼佼者，他们兢兢业业、恪尽职守，对工作满怀激情、对职业忠诚负责、对事业勤勉认真。他们干一行爱一行，在平凡的岗位上无私奉献，做出了不凡的成绩。这一文学集的问世，有利于总结劳动模范的先进经验，有利于宣传劳动模范的典型事迹，有利于弘扬劳动模范的敬业精神，有利于在洛阳市形成爱岗敬业的社会氛围。

2016年洛阳市文学工作者坚守文化自觉，以机敏的目光审视现实，以深沉的情感碰触历史，文学作品形式丰富、风格各异。长篇小说作者逐渐增多、作品质量日益增强，散文作品基数增大、平台推动效果初显，杂文创作持之以恒、新人新作不断涌现，为洛阳市的文学创作提供了良好的基础和发展的动力。

（二）民俗文化有声有色

2016年，洛阳市的民协作品成果显著，在省内、国内各项赛事屡获殊荣，显示了民俗工作者不俗的实力。其中郭爱和领衔创意监制的作品"三彩艺《良渚礼乐》"系列获中国设计原创奖陶瓷设计大赛金奖。高水旺的唐三彩《执莲观音》获"国匠杯"金奖，《听风》获"中陶奖"中国陶瓷产品设计大赛金奖，《青云直上》获全国第三届生肖陶瓷大赛银奖。李学武的作品《龙凤呈祥》获中国工艺美术百花奖精品奖金奖，《东方妞妞》获河南之星设计艺术大赛陶瓷设计类金奖，《水墨洛阳》获河南之星设计艺术大赛最佳创意奖。游敏的大型澄泥艺术系列作品《老家河南·河南老家》在第十七届中国工艺美术大师珍品博览会获金奖，钧釉作品《凤舞九天》在第十七届中国工艺美术大师珍品博览会获银奖。畅杨杨在中国传统技艺剪纸大赛中获铜剪刀奖。王丽敏《雀金绣》获得中国民间文艺山花奖。刘琴华作品《黄河故事》获民间文学作品奖。游敏、游晓辉、游晓蔓陶瓷《龙壁·中国梦》获民间工艺美术作品奖。洛阳大里王狮舞艺术团《双狮盘桌》获民间表演奖。

1. 加强民间文艺主题实践

2016年，洛阳市关注文化民生、保障民众基本文化权益，在让人民群众成为文化活动的主角上下功夫，不断搭建平台，健全组织机构，落实各项措施，进而引导洛阳的民间文艺创作发展。

第一，整合民间文艺力量，不断发现人才。洛阳市的民间文艺人才很多，为把这些人才资源挖掘出来，2016年洛阳市文学艺术联合会不断举办民间文艺大赛、大力宣传扶持优秀的民间文艺作品、选择有潜力的人才重点培养，同时以专业的艺术家带动文艺爱好者，成立相应的组织和行业协会。2016年，洛阳市民间文艺家协会为五个群众性艺术社团，即飞霞流云艺术社、国风民乐艺术社、笛箫尺八研究会、清音国乐艺术社、河洛古筝艺术团进行了正式的挂牌仪式。洛阳市目前以各艺术社团为基础，辐射周围相关联的艺术门类，绘出一幅民间文艺的远景规划图。

第二，激发各艺术团体不断创新，共创共赢。洛阳市各艺术团体在人尽其才、用人所长的基础上，激发他们创新创作，不断提升艺术表现力。洛阳市寻求各社团之间相互关联的契合点，以创新精神对各门类艺术进行符合艺术规律的"嫁接"，使单纯单一的艺术形式在和其他艺术门类接触、碰撞、融合之后，在舞台的艺术表现力上焕发异样光彩。这样不仅扩大了民间艺术的影响力，而且拓宽了各艺术门类的生存空间，增强了民间文艺演出市场的繁荣，促进了民间文艺的共创共赢。

第三，鼓励民间文艺主题实践活动各显其能、百花齐放、百枝争荣。2016年洛阳市飞霞流云艺术社潜心实践、大胆创新，创作出情景剧《好人就在身边》，该剧被誉为"能够代表洛阳市形象的城市名片"，在2016年牡丹文化节服饰文化创意大赛中，其大型模特表演《人美·花香·醉洛阳》服饰华丽多样，编排新颖巧妙，声势浩大、夺人眼球。国风民乐艺术社致力于洛阳民族音乐的推广、普及和提高，积极在国家级民族音乐名师与大众之间搭建沟通渠道，组织了洛阳市首届"国乐名家讲堂"，邀请中央音乐学院阮族创始人、教育家徐阳教授和国乐大师方锦龙先生联袂来洛讲学，提升了普通百姓的音乐素养和对民族音乐的欣赏能力，向全社会推广了国乐文化。笛箫尺八研究会醉心于民族乐器的制作技艺研究与传承，在洛阳理工学院组建了"大学生民族器乐社团"，向大学生们系统传授民族器乐知识。清音国乐艺术社积极从事民乐普及工作和国学文化沙龙的组织工作，前往民间古乐《海神乐》的发现地，对濒临失传的民间古乐进行了挖掘和完善。河洛古筝艺术团致力于对青少年的培养，培养出了大批优秀的古筝演奏者和更多的古筝爱好者。河洛古筝艺术学校的学生在市、省乃至全国的各类大赛中频频获奖：2016年4月，在北京第十二届民族器乐独奏大赛上获得10金、6银、7铜；7月在河南省第八届青少年古筝邀请赛上获得26金、13银、2铜；在第十二届全国青少年文化艺术节上获一等奖。

2. 集中力量组织"一带一路"民间文化探源

"一带一路"民间文化探源探寻了民俗文化，探查了民间艺术，探究了民间手工艺，填补了我国文化艺术发展的空白，得到了国家财政的重点扶持。该项目在2016年由中国民间文艺家协会发起，计划用三年时间完成。这一项目不仅有利于民间文化的正本清源，而且有助于民间文化的传承弘扬。洛阳市积极响应这一号召，在构建平台、打造品牌、展示成果上做出了诸多努力。

2016年7月，根据中国民间文艺家协会的工作安排，接受河南省民间文艺家协会的委托，洛阳市民间文艺家协会承接了中国民协"一带一路"考察团在洛阳的考察。众所周知，河南是丝路文化鼎盛时期的重要区域，在中哈吉三国联合申报的世界文化遗产"丝绸之路"项目中，河南境内就有汉魏洛阳城遗址、隋唐洛阳城定鼎门遗址、新安汉函谷关遗址、崤函古道石壕段遗址4处申遗点，简称"一城一门一关一道"。这4处申遗点，有3处位于洛阳，因此考察团对汉魏洛阳故城遗址、定鼎门遗址、汉代函谷关遗址、天堂明堂、天子驾六博物馆、汉墓博物馆、唐三彩博物馆、洛阳民俗博物馆等处进行了相应的实地考察。专家组此次考察，主要是围绕丝绸之路东端的申遗点考察与丝路文化关联密切的民间文化，如洛阳古代壁画、民风民俗、刺绣、剪纸、澄泥砚等。

此外，洛阳市民间文艺家协会还秉持"和平合作，开放包容，互学互鉴，互利互赢"的精神，发起成立了"亚欧·丝路·名城"艺术联会，并开展了一系列工作。首先，发挥现有丝路文化成果优势，精心打造洛阳市文化交流品牌：洛阳市利用"五都贯洛"优势，全面启动大遗址保护展示工程，重点推进了隋唐洛阳城定鼎门遗址公园、邙山帝陵遗址公园、汉魏洛阳故城遗址公园、汉函谷关文化产业园等国家遗址公园建设，集中打造了"丝路嘉年华""北魏孝文帝""天下洛阳"等演艺项目，打造了洛阳丝绸之路东方起点的城市品牌。其次，加快构建"一带一路"沿线国家名城文化，运用大数据、云计算、"互联网+"，强化平台建设，加强"一带一路"沿线国家名城间的沟通和交流，利用洛阳特有的文化优势，将洛阳打造为丝路沿线的历史文化名城。最后，广泛开展文化艺术交流活动。洛阳市通过举办艺术节、举行文化讲座、设立艺术中心、建设国际文化旅游名城等方式，展示洛阳市丝路文明成果，推动河洛文化的进一步繁荣。

3. 各项民间艺术活动精彩纷呈

洛阳历史悠久，文化资源丰富，这其中包括民俗文化。洛阳的民俗文化奇异繁多，在这里无论是礼仪宗教、民间艺术，还是方言俚语、民间传说，都蕴含着深厚的文化内涵，苏东坡就曾说："洛阳古多士，风俗犹尔雅。"代表性民俗文化主要有四类：以河洛大鼓、曹屯排鼓、舞龙舞狮、竹马高跷、旱船杂耍等为代表的演艺文化；以关林庙会、元宵灯会、天堂明堂庙会、洛神文化节及其他传统节日等为代表的庙会文化；以洛阳水席、新安烫面角、各式汤类及其他民间小吃为代表的饮食文化；以洛阳宫灯、唐三彩、泥人糖画、剪纸年画等为代表的工艺文化。

为让市民近距离感受民俗文化的博大精深，2016年4月，第二十六届

河洛文化民俗庙会在洛阳民俗博物馆开幕。在庙会现场，一个高10多米的秋千架在洛阳民俗博物馆大门西边，秋千中间立着一根冲天柱，柱子中部外侧有两个转轮，4名成年男子正在用手推、脚蹬，转轮内外两层的16挂秋千飞快旋转，非常引人注目。这就是来自白马寺镇孙村的十六挂转秋，至今已有400年的历史。十六挂转秋凭借精巧的设计和悠久的历史荣获了中国民间文艺的最高奖——山花奖，并入选河南省级非物质文化遗产名录。此外，在庙会现场各类民间技艺绝活纷纷亮相，其中既有大里王狮舞、曹屯排鼓、二鬼摔跤等民间绝活，又有传统曲艺河洛大鼓、神奇的川剧变脸、惊心动魄的杂技表演、变幻莫测的魔术表演、绰约多姿的模特走秀、八音迭奏的器乐表演，还有洛阳剪纸、草编布艺、面塑糖画。这些出色的表演和精致的手工艺品，为宣传河洛地区的民俗文化起到了极大的推动作用。

为庆祝中国第11个文化遗产日，为"让文化遗产融入现代生活"，洛阳市各文化单位推出了众多富有特色的活动。洛阳市举办了丰富多彩的文艺演出，河洛大鼓、折子戏等非遗项目在洛阳民俗博物馆进行了集中展演，国家一级演员、中国曲剧十大名角、中国红梅奖获得者刘爱云，河南省民间表演艺术大师白治民，河洛大鼓省级传承人张怀生，洛阳武皇十万宫廷乐舞团，洛阳飞霞流云艺术社等多名演员进行了联合演出。"镂空艺术"剪纸、"万壑松风——把遗产交给未来"古琴音乐会则在洛阳博物馆展示和演出；意拳、刘爱弹样剪纸技艺、李氏中医针灸、李氏彩塑技艺、牡丹仙子传说、洛阳小调曲、洛阳鲁氏腹部推拿等传统技艺在洛阳市西工区进行了现场表演和展示；田湖大铜器、孙店高装等非遗传承人在嵩县县城及乡镇进行了巡回表演。此外，洛阳市还举办了"廓清典藏文化财富　滋养弘毅民族精神——河南省第一次全国可移动文物普查成果展"和"从洛阳到河西走廊——甘肃与洛阳丝绸之路文物精品展"，举行了"鼎立中原"社教活动，现场传授市民制作陶鼎的技艺。

这些活动以创新方式传承河洛文化，让民众易于接受，在听觉、视觉震撼中耳濡目染，切实提升了人民群众的文艺欣赏水平，同时有力地提升了洛阳市的城市文化品位。

(三)曲艺文化蓬勃发展

曲艺文化向来是文学艺术的重要组成部分，2016年洛阳市曲艺文化以落实项目促进曲艺发展，以推出作品挖掘人才，以举办赛会提升整体水平，迈出了实质发展的新步伐。

1. 曲艺项目成为重中之重

2016年，洛阳市杂技曲艺家协会参与了洛阳帝都百戏苑、洛阳隋唐百戏城、洛阳万安山野生动物园、笑满堂曲艺社、知音音乐厅等多个演艺产业的演出项目，有力地促进了演艺文化业的发展。继2015年洛阳隋唐百戏城项目一期工程顺利开园，笑满堂曲艺社作为隋唐百戏城的配套项目如期挂牌之后，洛阳万安山野生动物园欢乐世界一期工程于2016年牡丹文化节前顺利开园，知音音乐厅于2016年8月挂牌运营，成为前来洛阳观光游客的一道文化盛宴，为地方的文化发展注入了巨大的活力。

功夫凝聚了先民智慧的结晶，是中华传统文化的精华。《功夫诗·九卷》独辟蹊径，将功夫以诗卷的方式进行呈现。节目舞美华丽、意境幽远，既展示了功夫的高深又呈现了诗意的静雅。其博大精深之处，在于将中国传统文化的精髓，融入身法招式和风骨风韵之中。通过动与静、快与慢、柔与刚、近与远等方面的瞬间变化，衍生出众多独特而又鲜活的套路或门派。这些套路或门派均从自身不同角度去诠释功夫的内涵和武学思想。《功夫诗·九卷》轻松自然、寓教于乐，在这里，观众可以在观赏功夫的同时品味中国的传统文化，表演者的一招一式看似简单，其意义不凡，儒家的正、道家的静、佛家的净，皆在表演之中显现，这样直观的教育更有利于传统文化的弘扬。

笑满堂曲艺社是洛阳市首家相声社，以相声、曲艺表演形式为主。该相声社除了固定的演出班底，还广泛邀请国内知名相声演员、曲艺名家来此做客表演。目前，该社签约了国内知名相声演员师胜杰、陈寒柏等，他们将轮番登陆笑满堂曲艺社，为洛阳市民展现相声艺术。除此之外，笑满堂曲艺社还将和德云社、嘻哈包袱铺、青曲社等众多知名相声社进行交流学习的演出活动。在这里，观众除了可以欣赏传统相声之外，还可以欣赏到京东

大鼓、河洛大鼓、双簧、河南坠子、快板等表演形式。其中最为突出的是，这里的驻场演员善于挖掘洛阳本土故事，创作开发了《武则天贬牡丹》《洛阳牡丹甲天下》等段子，用相声的形态传播古都洛阳的文化神韵。尤其是把"百种牡丹花命"改成相声贯口，表现出相声本土演员的创新和创作能力。

"百戏"是古代杂技乐舞表演的总称，始于汉代，在隋唐时期得以兴盛和发展。《隋唐百戏传奇》是一台融合洛阳当地特色的国际马戏演出剧目，该剧目内容多样、形式新颖，既延续了洛阳百戏的辉煌历史，又辅加了国际化的马戏元素和现代化的舞美灯光，重现了"隋唐盛世、万邦来朝"的百戏盛况，让观众瞬间穿越千年时空，体验惊险刺激的视觉冲击，感受跌宕起伏的心理震撼，享受别样精彩的文化大餐。

2.节会举办亮点不断

中国杂技艺术节是一项重要的国家级节会，重点展出了在国内外重大赛事中取得不俗成绩的杂技、魔术、滑稽、马戏等节目，受到广大观众的喜爱，也博得众多地市政府的青睐。第一届、第二届中国杂技艺术节均在北京举行。2016年，在洛阳市杂技曲艺家协会的努力争取下，第三届中国杂技艺术节引入了洛阳，由洛阳市人民政府作为主办方之一成功地在洛阳举办。

这届杂技艺术节聚集了众多高手，来自全国各地近20个杂技院团的24个精品节目在洛阳同台竞技、一较高下。近10台精彩的杂技晚会在洛阳轮番上演，这些节目和晚会体现了我国当前杂技发展的艺术水准和丰硕成果，具有很强的观赏性和较高的审美价值。这届杂技艺术节以洛阳为主会场，在北京、上海、天津、南宁等地设立了分会场，主会场和分会场活动同时进行、交相辉映、精彩不断。洛阳的主会场活动包括3台优秀杂技晚会以及剧目展演、开幕式及晚会、金菊奖获奖杂技节目专场晚会、"送欢乐下基层"系列慰问活动、闭幕式及综合晚会等。其中，"送欢乐下基层"活动包括主场慰问演出和小分队慰问演出，小分队分别走进涧西区牡丹广场、中信重工文化活动中心、西工区周王城广场、市工人俱乐部、老城区青年宫广场等地进行相应的慰问演出。

第三届杂技艺术节的举办,有力地推进了洛阳市乃至全国各地杂技艺术事业交流和发展,在全国产生了较大的社会影响。这不仅是一次杂技精英的聚会,而且是一场献给百姓的文艺盛宴。通过杂技艺术节,进一步扩大了洛阳市杂技艺术在全国的影响力,提升了洛阳市的城市形象,彰显了洛阳市作为历史文化名城和文化大市的优势,推进了洛阳市文化传承创新体系的建设。

3. 志愿服务深入民心

2016年,洛阳市杂技曲艺协会积极开展文艺志愿服务活动,为基层群众送去各式各样的演艺作品,将最好的精神食粮带给基层群众。

洛阳市杂技曲艺协会在元旦、春节、中秋节等节日来临之际,广泛组织洛阳市杂技团、洛阳市笑满堂曲艺团等单位进行志愿服务,广大文艺工作者先后走进校园、社区、乡村等,多次进行义务文艺培训和惠民演出达17场。杂曲协会还充分发挥隋唐百戏城在固定场馆演出的优势,免费给附近的居民赠送观赏票,邀请他们观看国际大马戏的精彩演出共计23次。杂技曲艺团体主动参加洛阳市文广新局组织的"舞台艺术送农民"活动,分别在涧西区、洛龙区、老城区、瀍河区等地为农民兄弟演出10余场,赢得了观众的一致好评。

洛阳市杂技曲艺协会还第一时间响应洛阳市委、市政府提出的"精准扶贫"号召,踊跃参加洛阳市扶贫艺术团,自觉承担艺术团的各项演出。在全国扶贫日,协会会员自动放弃休息休假,参与2016年洛阳扶贫公益晚会的录制演出。此外,协会会员单位还在"全国志愿者服务日"赴嵩县白河镇油路沟等村进行扶贫义务演出5场。

二 洛阳文学艺术发展存在短板

2016年洛阳市全体文艺工作者共同努力,在不同领域、不同层级取得了一定的成绩,但目前洛阳市的文学艺术在发展的过程中仍存在短板,需要引起高度重视,认真研究、主动解决。

第一,就文学发展而言,洛阳市前景堪忧。就文学队伍而言,洛阳市队伍渐趋老化、梯队建设薄弱、人才流失严重。虽然洛阳市的文学工作者在各个年龄段都有代表作家,但缺乏长期的关注和引导,梯次形成完全自发,作家发展过于随机。就文学成果而言,虽然种类繁多、品种不一,但衡量文学成果的硬尺度——文学奖项,至今仍是洛阳市的短板,获得文学奖项的作家寥寥无几。国家级的文学奖项,洛阳市作家少有斩获;省级文学奖项,洛阳市作家仍需付出较多努力,由此可见洛阳市文学发展短板明显,亟须改进。

第二,就民俗文化而言,洛阳市缺乏顶层设计。近几年,洛阳市民俗文化有了一定的发展,但目前洛阳市主要领导对此缺乏足够的重视,无论是政策扶持还是资金支持都很欠缺。由于激励机制不到位,一些民俗文化工作者缺乏干事创业的动力,再加上洛阳市民间文艺人才发现、扶持和推介的举措不甚得力,进而制约了民俗文化的长远发展。

第三,就曲艺文化而言,洛阳市尚显幼稚。洛阳市文化资源丰厚,有大量的曲艺内容和题材可供挖掘,曲艺工作者亦付出了诸多努力,杂技曲艺从无到有、从小到大、逐步发展。但目前洛阳市的曲艺文化缺乏叫得响的品牌,缺少支撑品牌的内容,缺乏对文化市场的大数据精准分析。整体而言,洛阳市曲艺文化产品单一、创新不够、精品不足,这无疑成为制约曲艺文化发展的桎梏。

三 促进洛阳文学艺术发展的对策建议

纵观2016年洛阳市文学艺术的发展,成绩需要肯定,短板亦不能忽视,需要具体问题具体分析,着重从以下方面进行相应努力。

(一)强化文学艺术发展整体规划

洛阳文学艺术的长远发展离不开谋定后动、规划先行。作为具有优势文化资源的洛阳市,在"十三五"的后半期必须做好文学艺术发展的整体规划。洛阳应举全市之力培养几位具有全国影响力的名家，带动形成有特色、有实力、有活力的作家群体，建设德才兼备、规模庞大、亮点突出、门类齐全的文学骨干队伍。洛阳市应提供良好的创作环境，支持与文学发展密切相关的活动，促使名家能够创作出几部具有全国影响力的作品，促进小说、诗歌、散文、杂文、纪实文学、儿童文学、网络文学的全面繁荣，在此基础上摘取国家级重要文学奖项。

（二）牢固树立精品意识

洛阳市的文学创作者应深挖洛阳作为中华文化的发源地、焦裕禄精神的孕育形成地、红色文化的富裕地等主题的资源，重点进行河洛文化题材、焦裕禄精神题材及洛阳近现代革命题材的创作，牢固树立出大作、出精品的意识。就小说创作而言，洛阳市除应抓好题材选取外，保持小说队伍优势并促使人才向短篇小说、中篇小说，甚至长篇小说发展是一项迫切的课题。就散文创作而言，作者们应克服"两报一刊"（《洛阳日报》、《洛阳晚报》副刊、河洛文苑论坛）的限制，突破篇幅较短、内容浅显、文风固化、自我重复较多的阻碍，打破文字承载力不足的短板，争取更好的发展。就杂文而言，杂文作者应正确认识杂文的文体和功能，敢于冲破精神阻碍、勇于伸张精神格局，应有学养、有社会担当、涵养杂文功底，从而使自己由"写作者"转变为"思想家"。

（三）大力发展民俗文化

洛阳市民俗文化通过近几年的挖掘弘扬已有初步发展，但由于政策、资金、平台、人才的限制，其发展前景有待观察。因此洛阳市有关部门应在洛阳各县区开展民俗文化普查工作，进而设立洛阳民俗名录；应重点运用录音录像技术，发现并保护特色洛阳民俗遗产；应专项设立洛阳市民俗文化传承保护资金，加大对特色民俗文化的资助；应大力挖掘民间文艺人才，允许有特殊才能的民俗文化人才拥有民俗文化品牌、创办民俗文化企业；应认真研究各类学校在培育民俗文化传承人中的作用，可以敢为人先地创办一些专业类学校,也可以先试先行地在普通学校中设立民俗文化专业班,使众多青少年认识民俗文化、了解民俗文化、传承民俗文化。

(四)促进曲艺文化发展

洛阳市曲艺形式众多,但目前曲艺工作者面临思想认识的错误,他们对曲艺的发展过度依赖政府的扶持,较少考虑自身努力。曲艺工作者沉思积淀、推陈出新,应与时俱进、丰富作品,立足本地、创出精品,提高表演能力,增加受众范围。与此同时,洛阳市应培育自己的曲艺作家,这些作家既应具备艺术敏感性又要具备政治敏锐性,既应有理论功底又应有奇妙文笔,以对国家、对集体、对社会高度负责的精神,按照曲艺创作规律,沉住气俯下身,深入基层深入一线,创作精品。洛阳市还应注重扶持地方曲艺团体,促进曲艺整理、继承,资助地方曲艺表演团体,不定期对曲艺人员进行专业培训,强化本地曲艺团体与外地曲艺团体的交流,促进洛阳市曲艺文化蓬勃发展。

B.9
洛阳市餐饮类非物质文化遗产研究报告

余东衍[*]

摘 要： 洛阳作为历史文化名城，有着十分丰富的非物质文化遗产，其中多个餐饮类项目，具有很高的价值。然而，随着时代的发展和社会环境的变化，洛阳的餐饮类非物质文化遗产受到了较大冲击。如何对其进行更好的保护与传承，是非常重要的一件事。政府有关部门和社会各界，都应当给予这个问题更多关注。

关键词： 非物质文化遗产价值 知识产权保护 非物质文化遗产保护

根据联合国《保护非物质文化遗产公约》，非物质文化遗产是指被各群体、团体，有时被个人视为文化遗产的各种实践、表演、表现形式、知识和技能及有关的工具、实物、工艺品和文化场所。洛阳是十三朝古都，历史文化名城，有着十分丰富的非物质文化遗产，其中有很多餐饮类项目。这些厚重的非物质文化遗产见证了中华民族文明的发展，是最宝贵的"活化石"。

一 洛阳市餐饮类非物质文化遗产的现状

洛阳市非物质文化遗产资源十分丰富，其中有多个餐饮类项目，特点如下。

---

[*] 余东衍，洛阳市委党校法学与科技文化教研部讲师，研究方向为文史文化、应用写作。

（一）涉及层级多

洛阳市目前有近万个不同层级的非遗项目，其中国家级非遗项目8项，省级58项，市级135项，县（市）区级1057项。其中餐饮类的项目（从传统手工技艺类中析出），国家级的有1项，省级的有3项，市级的有14项，县级的有17项，如表1所示。

表1　洛阳市各层次餐饮类非遗项目

国家级	省 级	市 级	县 级
真不同洛阳水席制作技艺	杜康酿酒工艺 小街锅贴制作技艺 银条种植栽培及烹饪技艺	新安县烫面角 洛宁蒸肉制作技艺 铁谢羊肉汤制作技艺 马杰山牛肉汤制作技艺 栾川豆腐制作技艺 平乐脯肉制作技艺 李龙锡小米黄酒传统制作技艺 老龙门农家芝麻焦干饼制作技艺 老洛阳面食制作技艺（浆面条） 洛阳丸子汤制作技艺 横水瑞莲卤肉肉肉制作技艺 裴师傅月饼制作技艺 韩城羊肉汤烹饪技艺 王记烧鸡制作技艺	鸡头豆腐脑——涧西区 刘记烧鸡——偃师市 蔓菁小米汤——偃师市 焖子——偃师市 热豆腐——偃师市 炸咸食（烘柿咸食）——偃师市 府店肉夹火烧馍——偃师市 "水代法"制小磨香油技艺——偃师市 李村油旋儿——偃师市 翟镇烩面制作技艺——偃师市 无核柿饼加工工艺——新安县 凉皮加工工艺——新安县 冯氏冻肉——宜阳县 王殿子烧鸡——宜阳县 大槽香油的制作工艺——嵩县 铁军羊肉汤制作技艺——嵩县 白土柿子醋制作工艺——栾川县

（二）涵盖范围广

洛阳的餐饮类非遗项目众多，它们中既有真不同洛阳水席制作技艺这样的大宴制作，又有洛阳小街锅贴这样的街边小吃，还有李龙锡小米黄酒传统制作技艺这样的地方土特产品，可谓涵盖范围非常广。

（三）蕴含价值高

餐饮类非遗项目蕴含很高的历史文化价值、艺术价值和经济价值，具体如下。

1. 历史文化价值

非物质文化遗产，最大的价值，就在于它的历史文化价值[1]。华中师范大学国家文化产业研究中心教授于干千表示，所有入选非遗的饮食类项目都不是简单的某个菜点、某种烹饪技法，更多内容在饮食背后，即饮食承载的文化与传统[2]。洛阳的餐饮类非遗项目，来自民间，历经沧桑，是古都悠久历史的见证。通过品鉴它们，可以看到一个鲜活的传统洛阳。

洛阳的餐饮类非遗项目是河洛地区饮食文化的重要组成部分。洛阳素有"九州通衢"之称，自古以来就是南来北往的交通要道。因此洛阳的饮食文化在饮食习俗方面，吸取了南北的各自特点，荟萃了四方风味，形成了重实用、不重花样、素油低盐、调味适中、甘咸可口、理中和气、颐养有益的河洛饮食文化特色[3]，造就了洛阳汤汤水水的餐饮特点。在洛阳最受欢迎的美食就是形形色色的汤，洛阳水席可以说是洛阳"汤文化"高端大作的代表，牛肉汤、羊肉汤等是洛阳"汤文化"家常之作的代表。

2. 艺术价值

艺术价值则是非物质文化遗产在帮助人类认识不同历史时期及不同地域审美观生成规律的过程中，所呈现出的独特的认识价值。它不一定为所有非物质文化遗产所共有，但在通常情况下，很多非遗项目都具有的相当的艺术内涵。

在洛阳的餐饮类非遗项目中，有些项目的艺术价值比较突出。比如洛阳水席中的"牡丹燕菜"，成品如一朵洁白如玉、色泽夺目的牡丹花浮于水面

---

[1] 苑利、顾军：《非物质文化遗产保护干部必读》，社会科学文献出版社，2013。
[2] 陈恒、邱玥：《中餐申遗究竟难在哪儿》，《光明日报》2017年3月28日。
[3] 刘福兴：《洛阳水席与河洛饮食文化》，《洛阳师专学报》1999年4月。

之上，结合"洛阳牡丹甲天下"的意蕴，真不能不令人叫绝①，简直就是上乘的工艺品。再如，新安烫面角在笼箅中呈菊花状旋转排列，成品状如新月，晶莹剔透；偃师的李村油旋儿，成品呈旋涡状，色泽金黄。这些虽是民间饮食，却也不乏雅致和趣味。

3. 经济价值

洛阳的餐饮类非物质文化遗产项目，都具有一定的经济价值。这些项目的传承人也大多是通过经营相应的项目来谋生。事实上，这些餐饮类非遗项目，也是洛阳餐饮服务行业的重要组成部分。有的项目，已经做得比较有规模，获得了比较可观的经济效益。例如：国家级餐饮类非遗项目真不同洛阳水席制作技艺的经营方洛阳真不同饭店已多次跻身洛阳市年度餐饮业前十强，省级餐饮类非遗项目杜康酿酒工艺的经营方洛阳杜康控股有限公司更是国内白酒行业的知名企业。

综上所述，洛阳市餐饮类非遗具有涉及层级多、涵盖范围广、蕴含价值高这三个特点。通过把握这些特点，进而认识其本质、探索其规律、做好对其的保护与开发。

二 洛阳市餐饮类非物质文化遗产保护的成绩

自从2004年文化部、财政部联合发布《关于实施中国民族民间文化保护工程的通知》，2005年国务院办公厅发布《国务院办公厅关于加强我国非物质文化遗产保护工作的意见》以来，洛阳市一直积极行动，多管齐下，采取切实政策措施对包括餐饮类在内的非物质文化遗产进行保护，并取得了很大的成绩。

（一）设立了专门的保护机构

自2006年洛阳市非物质文化遗产保护中心（设在洛阳文化馆）设立以

---

① 余东衍：《洛阳市非物质文化遗产的保护与开发》，《洛阳师范学院学报》2015年12月。

来，此后市里相继申报设立了非遗传习所、展示馆、研究基地、生产性保护基地等，来加大对非遗的研究、保护力度。"真不同洛阳水席制作技艺"项目的生产性保护基地就设在洛阳酒家有限责任公司，"杜康酿酒工艺"项目的基地设在洛阳杜康控股有限公司。

（二）争取了专项保护资金

洛阳市依据《国家非物质文化遗产保护专项资金管理办法》和《河南省非物质文化遗产保护专项资金管理办法》的有关规定，已经申请到国家级、省级项目保护经费共计300余万元，国家级传承人每人每年可获得1万元补助，省级传承人（公司法人代表除外）每人每年可获得3000元补助[①]。

（三）通过了地方性非遗立法

依法治国是党领导人民治理国家的基本方略，法律法规是政府行政管理的基本依据。在《中国非物质文化遗产法》和《河南省非物质文化遗产保护条例》相继颁布实施的背景下，洛阳市结合本地区实际于2016年11月制定了《洛阳市非物质文化遗产保护条例》，并于2017年3月起施行。这是在依法治国的大背景下，将非遗保护工作纳入法治化、制度化、科学化轨道的必然要求，为非遗保护提供了可靠的法律保障。洛阳由此成为对非遗保护进行地方性立法的全国屈指可数的、河南省唯一的城市（直辖市中只有上海，省会城市只有南京、武汉，地级市只有苏州），走在了全国前列。

（四）通过媒体宣传扩大非遗影响

洛阳市非遗中心与《洛阳日报》、洛阳新闻网合作，多次向社会报道介绍包括餐饮类在内的非遗内容，组织非遗保护系列访谈，例如"拿什么拯救非遗""洛阳水席背后的故事"等；与《洛阳晚报》联合开展"非遗大讲堂""寻找地道洛阳头脑汤"等活动。特别是2013年《记忆洛阳——洛

[①] 余东衍：《洛阳市非物质文化遗产的保护与开发》，《洛阳师范学院学报》2015年12月。

阳市非物质文化遗产资源汇编（2005~2012）》一书由中州古籍出版社正式出版，是迄今为止洛阳市第一本正式的非物质文化遗产资源汇编，填补了洛阳非遗类图书的空白，是洛阳市乃至河南省非遗工作的一项重大成就[①]。

三 洛阳市餐饮类非物质文化遗产保护的短板

尽管洛阳市对于餐饮类非遗项目的保护与传承已取得了相当的成绩，但仍有许多的不足之处，亟须改进。这些不足主要表现为以下几个方面。

（一）政府在非遗保护工作上的力度不够

这些餐饮类项目作为非物质文化遗产，在政府的非遗保护工作上，面临与其他类别的非遗项目类似的困境，主要是在保护资金投入上尚不充足。

非遗保护是一项系统工程，每一个环节都需要大量的经费投入。否则，很多工作都将难以进行。目前洛阳市的国家级非遗项目如"真不同洛阳水席制作技艺"等有文化部的非遗专项保护资金，从2014年开始，部分省级项目也有了专项保护资金，但市、县级非遗项目大多没有专项保护资金。直到《洛阳市非物质文化遗产保护条例》通过施行，设立非遗保护专项资金、加强非遗保护的资金支持才有了明确的地方性法规的支持。但从总体上看，洛阳市对于非遗保护的资金投入仍然不足。

（二）餐饮项目的产业化开发不足

这些餐饮类非遗项目，作为有经济价值的本地饮食行业的一部分，在通过产业化开发进行生产性保护上，也存在很多问题。这些问题，也是洛阳市整个餐饮行业发展所面临的问题。

1. 规模偏小，卫生条件差

洛阳市的餐饮行业企业，普遍经营规模偏小，每年的餐饮业前十强企业

---

① 余东衍：《对改进河南非物质文化遗产保护工作的思考——以洛阳市为例》，《濮阳职业技术学院学报》2015年5月。

营业收入占全市餐饮行业营业收入的比重较低（3%上下），反映出目前洛阳餐饮业的集中度非常低，整体发展水平相对落后，没有真正意义上的餐饮大企业出现，餐饮企业规模、实力、影响力还不强。在这些餐饮类非遗项目中，也只有经营"真不同洛阳水席制作技艺"和"杜康酿酒工艺"的企业规模稍大，经营其他项目的均为小作坊、小店铺，规模普遍偏小，而且它们的就餐环境和卫生条件普遍较差。特别是一些制作牛肉汤、豆腐汤、丸子汤、豆腐脑等非遗项目的企业，由于卫生条件较差，给人不上档次的感觉。

据调查显示，从事小型餐饮的人员主要来自农村谋生的农民、城市下岗职工。经营业主和从业人员的卫生、法律意识较为淡薄。另外小型餐饮企业的规模小、资金少，先进的卫生设备跟不上，这也导致了小型餐饮整体的卫生环境较差[1]。在经济水平和社会总体文明程度提高，人们对于食品安全和就餐环境的要求越来越高的时代背景下，在洛阳城市定位为"国际旅游文化名城"的发展目标下，这种状况越来越难以满足市场需求，亟须改进。

2. 缺乏知识产权保护意识，缺乏有影响的大品牌

洛阳市经营餐饮类非遗项目的企业，比较缺乏知识产权保护意识与品牌意识。以"铁谢羊肉汤""新安烫面角"两个非遗项目为例。由于没有注册商标和专利，也没有统一的行业标准，导致目前经营这两个食品的店面虽然非常多，但质量、口味都大不相同，严重影响了该非遗项目做大做强。再以洛阳水席为例，虽然洛阳本地经营水席的大小饭店也有不少，但是除了"真不同"水席在本地较有名气以外，在外地经营洛阳水席的餐饮企业极少，以至于"洛阳水席制作技艺"这个国家级非遗项目，在洛阳以外地方的影响几乎是微乎其微[2]。缺乏真正有影响、叫得响的大品牌，已经成为阻碍洛阳的餐饮类非遗进行生产性保护的严重瓶颈。

3. 经营方式落后，缺乏个性化服务

洛阳餐饮类项目普遍经营方式落后，连锁经营的企业很少。目前除了

---

[1] 邓宝玉：《我国小型餐饮业发展问题及对策研究》，《济源职业技术学院学报》2014年2月。
[2] 李波、于志华、邵文军、刘李：《关于洛阳水席的调查报告》，中华文本库，2012。

经营省级非遗项目"小街锅贴"的西工饭庄有限责任公司采用了连锁经营的方式,有7个加盟店,除此以外,其他很多项目都不能说是连锁。至于"铁谢羊肉汤""新安烫面角"等,虽然能看到很多店面,但是它们都不是真正的连锁,也不是加盟形式,只是招牌一致,一般是原创人员的亲戚、朋友、同乡挂同样的招牌各自经营,甚至是彼此毫无关系的人员未经授权就使用这个名义开店,根本谈不上统一进货、统一管理、统一标准规范等的真正连锁[1]。至于自己建有中央厨房的企业只有经营洛阳水席的真不同等几家,涉足蔬菜、肉蛋禽等上游生产基地建设的企业没有一家,整体经营方式比较落后。

这些餐饮类项目,同质化现象比较明显,普遍缺乏个性化服务。以国家级非遗项目"洛阳水席"为例,目前的全套水席,量太大,就餐的人少的话,只能点其中一两样菜,无法满足顾客了解全套水席的需求。口味上一律酸辣,咸淡无法调节。这些都不能满足顾客丰富多样的个性化需求。

4. 缺乏信息化支撑,未能与文化旅游有机结合

洛阳经营餐饮类非遗的企业,在营销手段上,信息化建设比较滞后。近年非常火爆的团购活动中,洛阳参与的餐饮企业多是一些名气不太大、生意不太好的小企业,稍有名气、稍大点的企业基本很少参与。利用微博、微信、二维码营销的餐饮企业也很少。红遍全国的美团网、大众点评网在洛阳的餐饮业并没有激起多少波澜,商家与大众的互动显然不足。各餐饮企业的内部信息化建设也不够重视,本土企业大多没有建立自己的网上自助订餐、订桌系统。信息化建设滞后,导致外地游客对洛阳餐饮类非遗的了解渠道少[2]。这也体现出这些餐饮类非遗项目,与文化旅游还没有做到很好地结合。除了国家级非遗项目洛阳水席中的"牡丹燕菜"和省级非遗项目"杜康酒"开发了旅游商品以外,其他绝大多数项目都未能开发出适合销售的旅游产品,也未能与旅游广告宣传、线路设计推介等有机结合,导致很多项

---

[1] 许春艳:《洛阳餐饮业突出问题及对策研究》,硕士学位论文,河南科技大学,2013。
[2] 许春艳:《洛阳餐饮业突出问题及对策研究》,硕士学位论文,河南科技大学,2013。

目不为人知，无法扩大影响、提高销售收入，这对于餐饮类非遗项目的市场化开发，显然是不利的。

四 洛阳市餐饮类非物质文化遗产保护的对策

（一）加大对非遗保护的资金支持力度

如前所述，非遗保护是一个需要长期坚持的系统工程，需要持续不断的资金投入。政府应当想方设法加大资金扶持力度。这方面国内其他地方已经有不少探索，积累了经验。例如：北京市除了有市级财政每年安排的非遗保护专项资金（重点安排保护项目补助、市级代表性传承人保护传承补助、非物质文化遗产实物征集三个方面）以外，石景山区政府也印发了《石景山区非物质文化遗产保护传承专项资金管理暂行办法》，该暂行办法规定专项资金采取先开展工作后进行资金支持的形式。同时，为支持非遗企业发展，减轻非遗企业税收负担，北京市财政局开展了非物质遗产企业税收情况调查工作，听取了企业税收政策方面的诉求，切实为非遗企业传承发展排忧解难[1]。山东省从2006年到2013年共安排财政资金10210万元，用于支持非遗保护工作。江苏省无锡市则从2017年起，将该市140多名市级非遗传承人全部纳入定额补助范围。

事实上，《河南省非物质文化遗产保护条例》中已明确规定县级以上人民政府应当将非遗保护、保存经费列入本级财政预算，《洛阳市非物质文化遗产保护条例》也明确规定市、县（市、区）人民政府应当设立非物质文化遗产保护专项资金。但是，洛阳市受限于各种因素，截至目前，市级和县级的非遗传承人还没有资金补助，对非遗场馆建设、人才培养等的资金投入仍显不足。这个短板，急需补上。除了财政支持，洛阳市还应想方设法利用社会资源、吸引非官方资金加入非遗保护的事业。这一点，可

---

[1] 《各地财政积极支持"非遗"保护》，《中国财经报》2012年5月25日。

以考虑借鉴河南省设立河南省荆浩非物质文化遗产传承发展基金会的思路。

（二）做好非遗的宣传和人才培养

1. 关于加强宣传

一项非物质文化遗产，要想传承得好，应当加大对全社会的宣传力度。如果宣传力度不够大，人们参与度不够高，就会造成认同感缺失[①]。洛阳市必须利用新媒体技术、将非遗资源与动漫产业等新兴产业相结合等办法，使非物质文化遗产这个民族文化瑰宝得到整个中原区域、整个河洛族群的普遍认同，让这些非遗项目成为洛阳人，乃至整个华夏民族的骄傲，增强洛阳人，乃至全国人民的文化自信[②]。

2. 关于优化人才培养

人才培养方面，也需要政府的大力支持。《洛阳市非物质文化遗产保护条例》中明确规定"市、县（市、区）人民政府应当加强非物质文化遗产保护人才队伍建设，培养和引进非物质文化遗产研究、传承、保护、管理等各类专业人才"。还规定"教育主管部门应当支持和引导高等学校、中等职业学校通过开设非物质文化遗产保护课程，建立教学、传承基地，推进产教融合、校企合作等方式，培养专门人才。应当支持和鼓励中小学校通过课堂教学与社会实践相结合的方式，将非物质文化遗产内容融入相关课程，建立社会传承基地，普及非物质文化遗产知识"。

对于传承人的培养，既要探索新型师徒传承机制，完善收入分配激励机制；又要探索传统项目与学校教育相融合，企业与普通高校、职业院校合作，使非遗走进课堂，尽一切可能做好传承人的培养工作[③]。

---

① 何悦、王存福：《非遗传承人：老祖宗的绝活儿怎么就没人学了》，新华网，2013年6月8日。
② 余东衍：《洛阳市非物质文化遗产的保护与开发》，《洛阳师范学院学报》2015年12月。
③ 余东衍：《对改进河南非物质文化遗产保护工作的思考——以洛阳市为例》，《濮阳职业技术学院学报》2015年5月。

（三）有针对性地改进餐饮企业经营

1. 改进行业结构，改善卫生条件

洛阳餐饮类非遗，必须改进行业结构。必须培育具有带动作用的行业龙头企业，使其大而强，同时对一时难以扩大规模的企业进行优化，使其小而美。

洛阳应出台一系列政策措施，对有发展潜力的、有实力的大型餐饮企业重点扶持，走集团化、连锁化之路，尤其是对传承洛菜、豫菜文化的"老字号"餐饮名店，比如经营国家级非遗"洛阳水席"的真不同，经营省级非遗"小街锅贴"的西工饭庄，重点扶持，打造有洛阳特色的餐饮品牌，承载千年古都饮食文化传承的使命。同时，对经营"马杰山牛肉汤""铁谢羊肉汤""老洛阳面食制作技艺"（浆面条）等企业，对其进行政策支持，促进其升级优化，使之成为既小而美又能吸引八方游客的老洛阳风味的招牌。

2. 强化知识产权保护，打造有影响的品牌

根据《洛阳市非物质文化遗产保护条例》的相关规定，市、县（市、区）人民政府及其文化主管部门负责指导非物质文化遗产代表性项目的代表性传承人和保护单位，依法保护其享有的知识产权。政府应推动提高餐饮类非遗项目的经营者的知识产权及专利保护意识，加大对商标、外观设计、发明专利和原产地的保护力度，严厉打击侵权行为，营造公平的竞争环境。

特别是对于那些规模小、经营项目单一的餐饮类非遗项目的知识产权保护，洛阳应当学习借鉴外地对于相同问题正反两方面的经验教训，主要体现在"周村烧饼"和"黄桥烧饼"的对比上。山东淄博对国家级非遗"周村烧饼"的保护经验值得学习。周村烧饼源于汉代，成于晚清，在清光绪末年由周村聚合斋烧饼铺始创。"周村烧饼制作技艺"2008年入选第二批国家级非物质文化遗产名录。早在1961年，企业就将"周村"注册为大酥烧饼的商标，从此开始了对周村烧饼的知识产权保护，山东周村烧饼有限公司而

今已是当地纳税大户20强。而同样名声很大的"黄桥烧饼"是江苏泰州黄桥镇的特产,"黄桥烧饼制作技艺"于2009年进入江苏省非物质文化遗产名录。"黄桥烧饼"由于未能及时成功注册商标、地理标志产品和原产地标志,缺乏知识产权保护,陷入被大量仿冒、维权打假乏力的尴尬境地。

洛阳的餐饮类非遗中有很多的类似项目,例如"新安县烫面角""洛宁蒸肉""栾川豆腐""韩城羊肉汤"等,亟须加强知识产权保护,强化品牌意识。只有这样,才能真正避免恶性竞争,做大做强品牌,扩大品牌影响力。

可以考虑成立行业协会来促成此事。虽然洛阳市现在有洛阳市餐饮与饭店行业协会,但还没有餐饮类非物质文化遗产协会,因此洛阳市应在政府有关部门的牵头引导下,早日成立分门别类的餐饮类非遗行业协会,由协会发起活动,推行行业自律,强化知识产权保护和推进品牌打造。

3. 改变经营和营销方式,提供个性化服务

在经营餐饮类非遗的洛阳餐饮企业中,大力推动标准化、连锁化经营和专卖店经营,推动网络营销,从而在降低配送成本、人力成本的同时,提高质量和效益。同时应当和文化旅游相结合。比如与旅游线路策划相结合,推出"听黄河涛声,尝铁谢羊汤"的旅游线路。再比如,与传媒广告合作,拍摄形象宣传片,编制《品味洛阳非遗》《洛阳非遗餐饮本地通》等宣传册,打造"吃在洛阳、根在河洛"的餐饮文化之旅品牌。

特别是政府应当引导产业集聚,建设集创意、研发、制造、流通、服务等功能为一体的餐饮类非遗产业集聚区,吸引游客到非遗项目园区观看演出或生产全流程,丰富旅游观赏内容,进而开发出具有参与性的旅游项目,最大化发挥出洛阳市非物质文化遗产独特的魅力,增强非遗对游客的吸引力,同时获得较好的经济效益[①]。洛阳市目前对此已有初步尝试。由洛阳中渡非遗城文化旅游发展有限公司运营的占地面积约70亩、总建筑面积4.8万平方米的洛阳文峰塔非遗文化产业园区已经初步建成,开园迎客。这是一个很

---

① 余东衍:《洛阳市非物质文化遗产的保护与开发》,《洛阳师范学院学报》2015年12月。

好的探索,但仍有很多地方尚需改进。

要注重个性化服务。餐饮企业必须根据时代的发展和顾客的需求,进行不断改进。要能够与时俱进,灵活调整。以国家级非遗"洛阳水席"为例,可在以酸辣(胡椒的辣)为主味的水席菜单上设置"极辣、辣、微辣"的选择,对海碗盛的汤品设置"大碗、小碗"的选择,菜品设置"多盐、中盐、少盐""加糖、不加糖""正常、少油""一份、半份"等多种选择[①],做到更人性化、健康化,以便让更多的外地游客接受本地美食。

4. 处理好保持非遗原真性与企业创新发展的关系

众所周知,守住"手工制作特色"是实施非遗生产性保护的底线,是保持非遗原真性的关键。随着科学技术的飞速发展,既要提高餐饮企业的生产经营水平,又要在传统饮食类非遗项目中完全推行手工制作几乎不太可能。此外,受传统工艺生产能力的限制,许多企业为满足市场需求,保证经济效益和员工收入,不得不进行技术创新。以上海市的市级(相当于省级)非遗项目"上海黄酒传统酿造技艺"为例,传统酿造时间是从一年的立冬开始到下一年的立春结束,因此民间将其俗称为"冬酿酒"。因传统酿制工序太过繁复,因此极大地限制了冬酿酒的产量。目前该项目的保护单位金枫酒业公司除了每年按传统工艺生产1000吨左右的传统黄酒外,其他大部分产品都是用现代化设备和技术酿制的。[②]

洛阳市市级非遗项目"李龙锡小米黄酒传统制作技艺",其经营者任鲜茹称,传统技艺酿制的李龙锡小米黄酒微酸、微苦、微腥,不适宜大众的口味,且手工作坊式的生产难以满足市场需求,所以她和家人一直在寻求改善的机会。2014年,任鲜茹的儿子李世凯,成功注册"李龙锡"商标,并于同年底,与洛阳温雁酒业有限公司合作,采用现代生产技术,使消毒和制酒过程中的温度和酒曲活跃度得到控制,突破了家庭作坊式生产的局限性。

这些企业探索两条腿走路虽是无奈之举,但在当下不失为一种有效的办

---

① 许春艳:《洛阳餐饮业突出问题及对策研究》,硕士学位论文,河南科技大学,2013。
② 《传统饮食类非遗项目的出路》,搜狐网,2016年5月11日。

法，它实现了技艺传承与规模生产的双赢。我们不能一味要求非遗完全保持原状不变，也不能要求逐渐壮大的公司再回归家庭小作坊，因此对于非遗企业来说，保证核心工艺不变又有所创新才能走得更远①。

五 结语

餐饮类非物质文化遗产鲜活生动地传承着丰富的历史文化，是民族的生命动力，精神的依托。洛阳市餐饮类非物质文化遗产的传承与保护，必须坚持"政府主导、社会参与、保护为主、抢救第一、合理利用、传承发展"的方针，采取得力措施，加大投入，充分调动各方面积极性，形成合力。要处理好保持非遗原真性与企业创新发展的关系，做大做强经营这些非遗项目的企业，打造出有影响力、竞争力的品牌。只有这样，才能使洛阳市餐饮类非遗的保护与开发工作取得长足的进展，达到更好的效果。

---

① 《传统饮食类非遗项目的出路》，搜狐网，2016年5月11日。

B.10
洛阳博物馆发展报告

任程远 王建华*

摘　要： 洛阳博物馆是集文物收藏、科学研究、陈列展览、社会教育与文化交流诸功能为一体的综合性博物馆，是洛阳市的文化地标。随着博物馆事业的快速发展，博物馆的发展面临许多问题，这就需要解决好突出问题，完善博物馆的各项功能，进一步推动洛阳地区公共文化服务体系的构建，不断满足公众对精神文化的新需求。

关键词： 博物馆发展　文物保护　文化创意　博物馆管理

洛阳博物馆是一座集文物收藏、科学研究、陈列展览、社会教育与文化交流诸功能为一体的综合性博物馆。洛阳博物馆新馆位于洛阳隋唐里坊西北隅，于2011年4月16日全面建成开放，是洛阳市的文化地标。博物馆建筑外形如方鼎屹立，寓意"定鼎洛邑""鼎立天下"，在设计理念上充分体现了洛阳十三朝古都的历史内涵和文化特色，博物馆整体建筑气势恢宏，设施先进、功能齐全。博物馆整体建筑设计突出人性化的特点，馆内设有公众互动区、公众休闲区以及文物收藏、文物研究、文物修复等区域。[①] 2016年顺利通过了全国旅游标准化提升工作的检查，成为洛阳市旅游标准化示范单位。

---

* 任程远，洛阳市委党校法学与科技文化教研部讲师，研究方向为公共文化；王建华，洛阳市博物馆副馆长。
① 《洛博大事记》，洛阳博物馆网站，2017年3月15日。

一 洛阳博物馆概况

洛阳博物馆作为洛阳市唯一的综合性历史博物馆,设施先进、功能齐全、馆内集中收藏了洛阳地区出土的各类珍贵文物。收藏了上自旧石器时代,下至明清时期的历代文物数十万件,尤以历代典型青铜器及唐三彩在国内外享有盛誉。目前展出的有古色斑斓的青铜器、琳琅满目的陶瓷器、流光溢彩的金银器、温润质朴的玉石器,使观众可以从中触摸到华夏文明历史发展的脉搏,感受到千年古都历史文化的博大精深。珍贵的文化遗产不仅是洛阳这座城市的记忆和历史缩影,也是古都洛阳的真正魅力所在。洛阳博物馆作为一部立体形象的百科全书,融合了过去、现在和未来。这些不同时期、不同质地、不同风格但同样珍贵的精美文物,为观众呈现了一幅幅最具综合性多元文化的历史画卷。洛阳博物馆常设的具有代表性的展厅如下。

(一)河洛文明展

河洛文明展是洛阳博物馆举办的最重要的大型历史文物陈列展。展厅展出面积共6000平方米,在三个各具特色的大型展厅内,分别展出了史前时期、夏商周时期、汉魏时期、隋唐时期和五代北宋时期具有代表性的文物。系统展示了河洛文明发展、演变的时代脉络。陈列以洛阳夏代都城、商代都城、东周王城、汉魏故城、隋唐洛阳城五大都城为主线,以历史时间为顺序,串联各个历史时期的重大考古发现、重大历史事件、重要史迹、科技发明。汇集石器、陶器、青铜器、瓷器、玉器、金银器等,配以现代化、艺术化、人性化的陈展形式,全面展示洛阳十三朝古都的辉煌历史,突出了河洛文明是中国文明象征的特殊历史地位。① 为加强公众对河洛文明的理解和解读,洛阳博物馆配合展览出版了大型图录《河洛文明》《洛阳博物馆》简介以及宣传册页一套,免费向公众赠送,为普及河洛地区历史文化知识起到了良好的作用。

---

① 《河洛文明展》,洛阳博物馆网站,2017年3月15日。

（二）唐三彩馆

唐三彩是一种流行于唐代两京地区的多彩低温釉陶器，20世纪初最早在洛阳邙山的唐墓中发现，因其釉色以黄、绿、白三种颜色为主而得名。唐三彩是唐代陶工在汉魏单彩低温釉陶的基础上创烧的多彩釉陶新品系，呈现出的是一种瑰丽多姿、光彩夺目的艺术效果，在唐代陶瓷发展中独树一帜。

唐三彩展是洛阳博物馆特色专题陈列。20世纪初最早在洛阳邙山唐墓中发现的唐三彩，作为盛唐时期最具特色的工艺新品种，是大唐盛世政治稳定、经济繁荣、文化昌盛、中外交流频繁的真实生活图景的最好诠释。唐三彩陈列选取洛阳历年来出土三彩类文物标本的精品150件组，分为唐三彩的烧造窑口、唐三彩的制作工艺、唐三彩反映的社会面貌、唐三彩的外销、唐三彩演变五大部分，第一次进行了全面集中展示。这些唐三彩从器类上可大致分为人物俑、动物俑、生活用器、模型等四大类。尤以龙门东山安菩夫妇墓出土的唐三彩器精品为代表，其器型之高大，体态之优美，情态刻画之生动是中国唐三彩器具的典型代表。

（三）珍宝馆

洛阳博物馆以收藏历代具有典型代表器具为特色，珍宝馆从众多文物中精挑细选了二十余件具有代表性的珍贵文物，可谓是博物馆的"镇馆之宝"。珍宝馆展出的文物有华夏第一爵——乳钉纹铜爵，是我国目前发现最早的青铜器之一，为稀世珍宝。华夏第一龙——绿松石龙形器，由2000余片绚丽多彩的绿松石片嵌粘而成，这是目前所见形象最为生动、器型最大的绿松石龙，其用工之巨，制作之精美，体量之大，在中国早期龙形象文物中十分罕见，被称为"中国第一龙"。方格纹铜鼎，是目前发现最早的青铜炊具，开创了中国古代铸造青铜鼎之先河。西周时期的兽面纹铜方鼎、叔牝方彝，战国时期的错金银铜鼎，铜鼎器小巧玲珑，纹饰对称和谐，是珍贵的青铜制品。曹魏时期的三体石经、白玉杯，代表了三国时代简朴自然的生活风尚。北魏时期的泥塑佛面，唐代的三彩灯，三彩黑釉马等再现了中国丝绸之路对外贸易的兴盛。珍宝馆里的文物均堪称国之瑰宝。

（四）汉唐陶俑馆

汉唐陶俑馆共展出了400余件洛阳市出土的陶俑，展览按时代分为汉魏时期的陶俑、两晋南北朝时期的陶俑、隋唐时期的陶俑几大部分。展品选取了各个时期具有代表性的陶塑精品，如汉代的彩绘乐舞俑群、倒立杂技俑，西晋时期富有独特风格陶俑，北魏时期杨机墓出土的彩绘陶俑群，尤其是唐代具有时代典型特征的大型陶俑彩绘陶马及驯马俑及富有西域文化特色的胡俑等，生动展示了汉唐时期洛阳作为国都的历史地位。

（五）书画馆

书画馆馆藏的书画以明清及近现代作品为主。藏品涉及明代的书画家张宏，清代的书法家王铎、赵之谦、恽寿平、查士标、吴昌硕、任伯年、翁同龢、何绍基等人，近现代的著名画家齐白石、溥儒、于右任、郭沫若等名家的作品。此外还有洛阳本地著名牡丹花大师王绣的牡丹艺术馆。名家名师们展现出的鲜明的艺术风格在世界画坛独树一帜，在中国书画艺术发展史上占有重要地位。

除此之外，洛阳博物馆坚持举办灵活多样的临时展览，达到使展览结构合理、内容丰富多彩。先后举办了极具异域风情的《风格挪威·惑空画展》，来自南苏丹、刚果、坦桑尼亚等的《非洲文物艺术展》及《丝路起点——丝绸之路与洛阳》、《运河中枢——大运河与洛阳》、《国王与诸侯》、《唐代洛阳》等大型临时文物展览，极大地丰富了展览内容。

二 2016年洛阳博物馆发展情况

（一）定期举办国内、国外各类展览

2016年，洛阳市博物馆响应国家"一带一路"倡议，挖掘整合资源，

积极开展对外文化交流合作，利用博物馆藏品资源优势，组织文物精品，先后在韩国、日本、美国、澳大利亚等国举办展览。博物馆以丝路为主题引进了"从洛阳到河西走廊——甘肃与洛阳丝绸之路文物精品展""经典丝路——国际摄影师镜头下的丝绸之路""谁调清管度新声——丝绸之路音乐文物展"三大临时展览，特别是为配合"谁调清管度新声——丝绸之路音乐文物展"的开幕，又承办了"音乐考古与实践主题学术论坛——丝绸之路音乐文物东亚国际学术研讨会"，2016年11月13日展览开幕当晚，同时举办了"丝路传韵、中韩人文"中韩传统音乐展演活动，开创了一个展览、一个学术会、一个古乐演奏会三位一体的全新形式，吸引了大批游客参观，获得了社会各界的好评。

2016年博物馆还举办了其他临时性展览7个，分别为：与陕西历史博物馆合作举办的"泥火幻彩——唐两京三彩精华展"；洛阳牡丹文化节执委会、洛阳市委宣传部、河南省摄影家协会联办的第34届牡丹文化节"'花与世界'世界名花摄影展"；洛阳市委宣传部、河南省美术家协会等主办的"江山如画——全国书画家作品邀请展"；"廓清典藏文化财富　滋养弘毅民族精神——河南省第一次全国可移动文物普查成果展"；引进中华世纪坛艺术馆的"镌刻世纪——中华文化先贤新影像展"；赴宝鸡青铜器博物院举办的"最是橙黄橘绿时——洛阳出土唐三彩精品展"；洛阳市美术家协会主办的"花语丹香——杨一峰花鸟画展"。洛阳市博物馆策划的"朤朤周原——宝鸡西周青铜器精品展"和赴台北历史博物馆合作举办的"盛世风华——洛阳唐三彩特展"，荣获2015年河南省"优秀陈列"和"创新力展览"荣誉。

2016年博物馆顺利完成各项文物借展与撤展工作。借展方面，完成了赴日本举办的"唯一的汉字、唯一的美——汉字的历史与美学"展览、赴故宫博物院"梵天东土　并蒂莲花：公元400～700年印度与中国雕塑艺术大展"、赴成都博物馆"天府之国与丝绸之路文物特展"等展览的文物借展工作。撤展方面，完成了赴瑞典"洛阳——丝绸之路上的世界大都会：唐代文明展"150余件套、赴台湾地区"盛世风华——洛阳唐三彩特展"60件套、赴韩国"古代百济与洛阳佛教文化交流展——百济定林寺与北魏永宁寺"46件套文物等三大外展的撤展工作，完成了"宫廷文物珍宝展"100余件套文物的撤展工作。

2017年1月20日，由洛阳博物馆和成都武侯祠博物馆联合推出的"丝路幻彩——洛阳博物馆藏唐三彩精品展"在成都武侯祠博物馆开幕。丝绸之路是一条贯通东西方的融合、交流和对话之路。洛阳作为丝绸之路的重要载体和源头，对丝绸之路的形成、发展与繁荣起到了重要的推动作用。成都，自古蜀国王开明九世"徙治成都"至今，拥有丰厚的文化遗产，也助推了古代丝绸之路的持续发展。在成都举办的三彩展览是洛阳博物馆和成都武侯祠博物馆之间的首次合作，此展将南北两个丝绸之路上的重要源头城市紧紧联系在一起，使双方共同为"丝绸之路经济带"的建设增添活力。在此次展览中，洛阳博物馆精心挑选了以丝绸之路为主题的三彩文物50件，展览共分为"泥火初生""丝路传奇""盛唐风尚""无远弗届"四个部分，多姿多彩的胡人、骆驼、马、凤首壶等文物，真实再现了盛唐时期洛阳与西域之间的丝绸之路上驼铃悠扬、马蹄声声的商旅景象。

不同形式、不同层面的系列展览，加强了洛阳博物馆与国内外文化机构的合作，拉近了博物馆与国内外观众的情感距离，使博物馆的文物资源活力得到充分释放。

（二）文物保护工作显著

文物保护与管理是博物馆的一项基础性工作。2016年，博物馆在藏品管理和科学保护方面取得明显突破，体现在以下几个方面。

1. 完成馆藏文物普查工作

2016年洛阳博物馆对馆藏文物都进行逐一拍照、登记，全年共登录拍照20000余件套文物，并积极编写《洛阳博物馆第一次全国可移动文物普查工作报告》，全面完成博物馆全部文物登录及普查数据工作，确保文物信息准确无误。不仅圆满完成了全国第一次文物普查工作，而且初步完成了藏品数字化，为下一步藏品数字资产的精细化管理奠定了良好基础。

2. 完成藏品预防性保护一期项目

2014年,"洛阳博物馆可移动文物预防性保护方案"被列入2014年国家重点文物保护专项补助资金项目。经过近两年慎重的调研、方案设计、方案论证和实施,2016年,一期项目完成,并通过省文物局专家验收。它的投入使用,提高了博物馆馆藏文物预防性保护水平,为二期方案的申报实施创造了条件。

3. 成立文物保护与修复公司

2016年,在洛阳市文物局的支持下,博物馆根据发展需要,投入资金60余万元用于修复实验室场地建设和设备的提升,增加了手持X荧光分析仪、数码显微观察工具、文物修复工作台等文保实验设备,成立文物保护与修复公司,提高文物保护和修复的科技水平。2016年完成了陶瓷器文物保护修复实验室的建设并投入使用。

文物修复公司成立后,为配合展陈需要,共完成27件套文物的修复保护任务。同时,公司还积极走出去,培养和锻炼修复队伍,参与全国各地文物保护修复项目。先后参与了常德博物馆、南阳汉画馆、信阳博物馆文物保护修复等7个文保项目,取得了良好的社会效益和经济效益。

(三)文化创意产品开发初现成效

让文物保护成果惠及更多人民群众,是洛阳博物馆的文创目标。近年来,洛阳博物馆依托丰富的馆藏资源,在保护好文物的前提下,开发了各类文化创意产品。2016年,洛阳博物馆积极探索文化产业发展的机制和运行模式,加大文化产品及文物衍生品的研发和宣传力度,进一步"活化历史",满足中外游客把"博物馆带回家"的愿望和需求,多渠道地拓展和延伸洛阳博物馆的文化影响力。

1. 文化创意产品与文物复仿制品的开发成果初现

2016年,洛阳博物馆精心策划和研发,根据洛阳博物馆的镇馆之宝、国家一级文物"东汉石辟邪"进行了艺术再创作,开发出"辟邪"系列产品,赢得了社会各界的广泛关注和一致好评。辟邪是我国古代民间传说中的一种神兽,形似狮,头有角,身有翅,也叫貔貅,有镇宅辟邪、招财纳福的作用。洛阳博物馆文创团队对辟邪可爱、呆萌、贴近生活的现代价值进行了提炼。最终,有创意、有品位、有实用价值、价格亲民的辟邪系列文创产品面世。此外,通过最新三维扫描、3D打印技术,结合文化产品市场需要,制作了"十二生肖铜镜""龙纹铜镜""永宁寺泥塑佛面""马上平安·皮雕蓝釉白斑马"等十余款文物复仿制产品,取得了良好的社会效益。

2. 文创产品推向全国、走向世界

洛阳博物馆利用各种展会和平台,宣传、推广的文化创意产品,扩大了影响力和知名度。2016年,博物馆先后参加了在成都举办的"第七届博物馆及相关产品与技术博览会"、在上海举办的"2016东方文化元素国际特展"和在广州举办的"第二届广州国际文物博物馆版权交易博览会"等大型文创产品交易展示会。在"第二届广州国际文物博物馆版权交易博览会"上,洛阳博物馆荣获最佳人气奖,其中"辟邪系列"的文创产品,携手"马上平安·皮雕蓝釉白斑马",获得了十大最佳文博传承奖。

2017年初德国法兰克福著名的国际纸制品世界办公用品展览会以"中国文博创意"为主题设立东方文化元素展示区,故宫博物院、洛阳博物馆、中国文字博物馆、开封博物馆、郑州博物馆等中国近20家文博单位参展,把东方传统文化创意和美好的祝福带向世界,成为中国文博文创产品在新一年"走出去"的开门红。洛阳博物馆参展的文创产品"辟邪系列"一亮相,就吸引了许多观众及参展商的眼球。"中国文博创意"展走出国门,是通过文创产品拓宽文物对外交流渠道、促进中国文博创意产业发展的一次创新性探索。将具有中国传统文化特色的优秀文博品牌推向世界,提高了中国文博界对外的影响力,提升了中国在世界文创领域的形象与地位,增强了中国在世界上的软实力和文化自信。

3. "洛阳博物馆一起文创吧"淘宝旗舰店正式上线

2016年10月份,为适应现代电商发展,洛阳博物馆推出了洛阳博物馆淘宝专营店,成为河南省第一家拥有淘宝网商店的国有博物馆。销售的文创产品包括辟邪牛角梳、辟邪优盘、辟邪双面伞、辟邪红包、辟邪汉服、辟邪脚踏垫、辟邪抽纸带、辟邪抱枕、辟水神兽杯、辟邪茶具、辟邪 T 恤衫、辟邪布艺包等。让不能亲临洛阳的外地人通过网络买到文创产品，扩大洛阳博物馆文物的知名度，让更多的人了解文物，把洛阳博物馆的特色文创产品推向全国。

洛阳博物馆将文创产品定位为：有洛阳特色、有创意创新、有实用价值、有艺术品位、有亲民价格，同时也有个别定位高端的艺术精品，满足不同人群的需要。洛阳博物馆通过文创产品开发，让文物变成普通老百姓摸得着、用得到与生活息息相关的物品。文化创意让博物馆更有温度，更具亲和力。洛阳博物馆文创商店正在筹划建设中，文创商店将成为博物馆最后一个展厅，成为人们读懂历史、借鉴历史、使用历史的桥梁。

（四）扩大对外学术交流，提高学术研究水平

洛阳博物馆坚持收藏保管、科学研究与宣传教育有机结合。博物馆具有一定研究水平的专业人员队伍，积极参与国内外举办的学术交流活动。近年来，出版多部著作及文集，发表论文达 1000 余篇，重要的有：《洛阳烧沟汉墓》《洛阳唐三彩》《洛阳出土铜镜》《洛阳汉代彩画》《洛阳博物馆建馆四十周年论文集》《洛阳文物精粹》《魅力洛阳——河洛地区考古成果精华》《洛阳古都史》《西周青铜器研究》等，受到社会各界的关注。[①]

2016 年由河南、新疆、青海、甘肃、宁夏、陕西等多家文博单位联合主办，洛阳博物馆承办的"谁调清管度新声——丝绸之路音乐文物展"暨"2016 年中韩人文交流项目——音乐考古与实践主题学术论坛"在洛阳博物馆开幕。2016 年博物馆组织承办的"2016 年河南省博物馆学会保管专业委员会会议暨保管业务培训班"，来自省内博物馆界的三十余家单位的一百多位保管业务人员齐聚洛阳，就"博物馆藏品与科学规范化"展开研讨，并邀请北京大学、郑州大学、南京博物院的知名专家对保管业务人员进行授课培训，进一步提升了博物馆工作人员的业务水平和能力。不定期派出专业人

---

① 《洛博大事记》，洛阳博物馆网站，2017 年 3 月 15 日。

员参加全国各大学术研讨会和业务培训,通过多层次的学习交流,使博物馆的学术氛围日渐浓厚,研究能力水平稳步提升。

2016年博物馆宣教部着力在讲解员定级、新进人员培训方面做了大量工作,根据工作实际,制定并不断完善讲解员考核制度。强化业务培训,讲解服务质量不断提高。在洛阳市讲解员比赛中,洛阳博物馆讲解员分别获得二等奖、三等奖、优秀奖,并荣获最佳组织奖。在信阳举办的"大别山杯——河南省第七届讲解员大赛"中,洛阳博物馆一等奖1人,三等奖3人。通过两次大赛,充分展示了洛阳博物馆讲解员积极向上、综合素质过硬的良好素养。

(五)志愿者服务工作屡获殊荣

洛阳博物馆志愿者团队成立于2012年,现有志愿者200余名。博物馆志愿者团队定位于"洛阳历史文化的传播者、传承者",将"分享学习、传承文化、播撒快乐"作为志愿者服务的目标。志愿者团队以自愿、主动、热诚的服务形象,拉近了博物馆与观众之间的距离,服务观众10万余人,服务时间5万余小时。2016年,博物馆志愿者团队的"文史讲解"公共文化志愿服务项目,喜获"四个一百"最佳志愿服务组织奖,受到了中宣部和中央文明办的表彰,成为全国文博系统中唯一获此殊荣的组织。在成都举办的博协志愿者专委会年会"志愿者之星"评选活动中,洛阳博物馆志愿者团队荣获十佳志愿者之星优秀团队奖,这是洛阳博物志愿者团队首次获此殊荣。为了提高志愿者服务水平,加强横向学习交流,博物院积极组织志愿者赴北京、南阳、新安县兄弟博物馆交流观摩。

(六)社会教育活动丰富出彩

2016年,博物馆回应社会公众需要,先后开展了"DIY手工制作活动之——'迎春纳福''沉思的骏马''冥想的骆驼'"系列社教活动、"洛博工坊之兽面纹卡包"制作体验活动、"梦回华夏·雅韵霓裳"迎新春音乐会活动、"文化遗产日——洛博教你做陶鼎"专题社教活动、端午节手工制作五色线粽子活动、中秋节月饼制作体验活动等。在《洛阳晚报》上开设的"河图洛影——不出洛阳赏故宫珍宝""娜说河洛"系列宣传报道20余次，积极向读者介绍和宣传洛阳地区的历史文化。开设洛博国学讲堂，先后邀请洛阳市美术家协会副主席张建京、甘肃省博物馆副馆长贾建威、意大利那波利大学研究员毕罗教授等专家、学者前来举办讲座。2016年，共开办讲座8次，听众超过2000人，让博物馆成为广大观众的历史课堂，让更多的人共享历史文化的启迪和陶冶。

精彩纷呈、富有创意的公共文化和社会教育主题活动，丰富了观众的文化体验，扩大了洛阳博物馆的影响力，拉近了博物馆与公众的距离，使博物馆提升城市魅力的独特价值进一步得到实现。

三 洛阳博物馆发展中存在的问题

自从国家实施博物馆免费开放政策以来，博物馆参观人流量逐渐增大，举办展览数量逐渐增多，参观游客增多，但在展览布置、人员安全、管理服务等方面存在诸多问题，总结起来主要有以下几个方面。

（一）博物馆管理制度不完善

随着博物馆免费开放政策的实施，展览数量增多、业务交流增多、参观游客增多，致使博物馆管理制度问题突出，制度规定的时效性远远落后于实际工作的开展。从目前的发展现状来看，虽然博物馆内部有工作人员考核、文物管理、宣教服务等方面的制度规定，但随着博物馆功能的增多，涉及展览策划、文物保护、业务研究、设施设备管理等方面的制度规范还有所欠缺。各部门之间制度的不连贯、不协调，影响了工作流程和工作效率的提高。随着参观人数的增多，观众文化程度的多元化，不仅对于宣教部门服务观众提出了较高的要求，而且使安全保卫部门维持博物馆良好的参观秩序增加了难度。

（二）博物馆业务部门不健全

随着博物馆功能的扩大，除了收藏、陈列、教育三大功能之外，逐渐演变为集文物欣赏、艺术展示、信息管理于一体的多样性公共文化空间，这就导致博物馆展览、学术交流、宣教服务、文创开发等业务的增多，仅凭博物馆现有的陈列部、保管部、社教部和安全保卫部门已经无法满足博物馆业务的开展。洛阳博物馆目前各个部门的状况是一个部门身兼数职，导致部门任务量过大，无法高效完成不同展览阶段的任务，并且无法做到术业有专攻，实现精细化管理。

（三）博物馆专业人员缺乏

博物馆内专业人员素养的高低直接决定博物馆服务的水平和质量。博物馆涉及的专业人员不只是历史、考古、修复、鉴定等方面，更需要展览设计、活动策划、宣传营销、网络信息、设施设备维护、文创产品开发与设计、网络传播、外语等方面的专业人才，专业人才的匮乏也限制了博物馆承载公共文化服务功能的进一步提升。

（四）博物馆经费资金不足

博物馆作为非营利性机构，经费缺乏一直是博物馆发展的瓶颈。从目前来看，资金不足表现在三个方面：一是为保证展厅及库房的文物安全，需要设置和维护安防系统，增加展厅内部与外部的安保人员，这部分资金开支较大；二是随着洛阳博物馆游客数量的增多，馆内、馆外设施设备使用与承担任务加重，同时为维护馆内参观秩序与周边环境卫生，需要大量经费用于设施设备的维修保养和保洁；三是为进一步发挥洛阳博物馆在构建洛阳市公共文化服务体系的作用，洛阳博物馆积极与国内外同行开展业务交流与合作，因此在藏品信息化建设、展览交流合作、文化保护修复、智慧博物馆建设、文创产品研发等方面也需要充足的资金支持。

四 加快博物馆发展的对策建议

"十三五"规划中,洛阳市确立了"打造博物馆之都"的发展目标,针对洛阳博物馆目前存在的问题,可以从以下几个方面进行改进。

(一)完善博物馆管理制度

完善博物馆的管理制度是开展博物馆各项工作的首要前提。完善博物馆管理制度需要从两方面进行努力。一是完善博物馆内部管理制度,建立科学的人员考核制度、规范的文物管理制度和社教服务制度,制度严密的文物安全保卫制度和应急预案制度,完善设施设备使用与维护、保养制度。各个业务部门之间根据部门工作制定切实可行的规章制度,并且做到部门之间规章制度的连贯性、互通性。二是完善博物馆外部参观制度,建立并规范免费取票制度,参观人员信息统计,服务问卷调查等制度。

(二)完善博物馆部门种类

洛阳博物馆目前仅有保管部、陈列部、宣教部、保卫部四个部门,在展览业务开展、宣教服务过程中涉及展览设计与施工、设备材料、信息宣传、文创研发、刊物出版等方面时显得捉襟见肘。因此洛阳博物馆可参照国家博物馆及省级博物馆的部门设置,根据现有的实际情况设立新的部门,例如,设置设备部、研究部、信息部等,为工作的开展提供更为专业的人员,助力博物馆各项工作的进行。

(三)加强博物馆专业人员队伍建设

博物馆专业人员涉及面较广,需要具备历史、考古、设计、外语、宣传等专业的人才,而专业人员的匮乏也是制约博物馆发展的一个重要方面。对于解决博物院专业人员匮乏的问题,博物馆根据实际情况制订了短期和长期计划,增加专业人员的数量。一是通过公开招聘,择优录取紧缺人才。二是建立人才培养的长效机制,制订长期的人才培养计划,有针对性地选择馆内部门工作人员,通过专业知识的培训,鼓励员工多方向发展,解决专业人员不足的问题。三是与地方高校建立良好的合作关系,通过合作弥补紧缺专业人员的不足问题。

(四)拓宽经费来源渠道与培育新兴行业

自博物馆实施免费开放以来,政府对博物馆运行实行固有资金预算,但是博物馆资金缺口仍然较大。目前有三种解决措施:一是依靠社会资助,通过义务合作争取企业或是个人的资金支持;二是鼓励博物馆文化创意产业的发展,培育新兴行业;三是利用博物馆文物保护修复专业技术,承接文物保护修复项目。

五 结语

丰富的文化资源为洛阳博物馆的发展提供了得天独厚的条件,洛阳博物馆应多措并举,加大博物馆硬件、软件设施建设,活化历史、活化文物。利用文物资源优势,开展内容丰富、形式多样的文化活动,增加观众的参与度和互动性,全面提升博物馆的陈列水平,打造"博物馆之都"的品牌,在弘扬河洛文明、打造华夏历史文明传承创新示范区中发挥日益重要的作用。①

---

① 《统筹整合博物馆资源 打造"博物馆之都"品牌》,《中国文物报》2017年6月9日。

B.11
洛阳文化创意产业发展研究

洛阳市文化创意产业发展课题组*

摘　要： 2016年，洛阳市文化创意产业发展呈现良好发展势头，取得了显著成绩。面对文化创意产业发展的机遇和挑战，只有深入研究和分析洛阳市文化创意产业发展现状与问题，把握壮大文化创意产业的重要机遇，采取强有力对策，才能进一步提升文化创意产业规模和效益，助推洛阳国际文化旅游名城建设。

关键词： 文化创意产业　产业发展　发展机遇　发展对策

近年来，国家相继出台了一系列相关激励政策扶持文化创意产业创新发展。作为中原经济区副中心城市，洛阳市在河南省，乃至中部地区发展大局中的战略地位日益凸显，文化创意产业也迎来了发展新机遇。本报告通过对洛阳市文化创意产业的发展现状、问题及机遇进行深入分析，提出了相应的对策建议。

一　洛阳市文化创意产业发展现状

2016年，洛阳市文化创意产业保持了平稳向好的良好发展态势，积极

---

* 课题组组长：陈启明，洛阳市委党校市情研究部主任，副教授，主要研究方向为区域经济发展、文化建设。课题成员：秦华、陈文娣、李宏伟、任婷。

因素在继续增加,已经成为洛阳市文化产业的主导性产业,迈向国民经济的支柱性产业地位的步伐不断加快。

(一)产业发展稳中有进,文创大军不断壮大

近年来,洛阳市出台了一系列相关优惠政策,推进文创产业发展。洛阳市将文化传承创新体系纳入"9+2"工作布局,出台了《全市文化创意产业园发展扶持意见》等政策,明确了对文创产业园的规划引导、资金扶持等工作。积极举办创意产业博览会、创意设计大赛等活动,深度发掘洛阳创新创意潜能,强力推介洛阳文创企业和产业。在一系列宽松包容政策的支持下,2016年,洛阳文创文化产业园、隋唐里坊区正平坊文化创意园、1955文化创意园等重点项目已经投入使用或稳步推进,已运营园区在规模和效益上都取得了不错的成绩。同时,随着产业规模的不断壮大,文化创意产业吸纳了更多就业人口,就业人数逐年稳步增长,在一定程度上缓解了就业压力,改善了洛阳的就业结构。

(二)文创行业特色突出,产业融合发展明显

凭借独特的文化资源优势,洛阳市逐步形成了以文化艺术、文化旅游、创意设计为主的特色文化创意行业格局,同时,依托较为雄厚的工业基础,培养和发展了一批以现代信息科技为支撑的动漫影视、新闻出版等为代表的新兴业态,行业发展引领作用突出,对GDP的贡献率和拉动作用逐年提升。经过多年的不断融合发展,文创产业布局和类别持续优化,向专业化、规模化、集约化、特色化方向发展的趋势明显。如八里·唐文化艺术公园,现已成为洛阳市首家集理想办公、创意孵化、文化交流、旅游集散、运动休闲于一体的文化创意平台,行业融合创新发展,较大地提升了园区的综合服务功能。

(三)文创园区布局合理,示范带动作用显著

2010年以来,洛阳市文化创意产业园区建设速度进一步加快。目前,全市共有不同类别、不同规模的文创园区近30个,形成了以城区为主,边

郊区协同发展的空间布局，几乎涵盖了 18 个县（市、区）和文化创意产业全部领域。各园区产业辐射带动效应较为明显，有力地推动了洛阳市经济结构转型升级和县区经济发展。其中，洛阳牡丹瓷文化产业园、孟津平乐农民牡丹画文化创意产业园、伊川烟涧青铜文化产业园区、孟津南石山唐三彩文化产业园等品牌在国内外都有一定的知名度，既成为洛阳对外文化交流的重要名片，也进一步带动了周边地区和相关产业发展。

（四）文创产品需求旺盛，文化消费持续增长

近年来，随着经济社会发展和居民收入增加，洛阳市城乡居民对文化产品的需求逐年增长，教育文化娱乐服务消费水平也在不断提高。2016 年，洛阳市全年居民人均可支配收入 20812 元，比上年增长 7.7%；居民人均消费支出 15757 元，比上年增长 10.2%。[1] 文化消费能力和需求增长明显。另外，2016 年 6 月，洛阳市成功入选第一批国家文化消费试点城市名单，成为河南省唯一入选的试点城市，为提高全市文化幸福指数创造了条件，这将进一步拉动洛阳市城乡居民及周边地区对文化产业尤其是文化创意产业产品和相关服务的消费需求。

二 洛阳文化创业产业发展存在的主要问题

洛阳市文创产业取得良好成绩的同时，也存在着不少的困难和挑战：骨干企业和重点项目少，辐射带动作用较弱，核心竞争力不足，人才和资金短缺问题比较突出，文化资源优势没有转化成为产业优势，文创产业发展与洛阳的地位不相称。

（一）文创人才匮乏

以创造力为核心的产业特点决定了人才是文化创意产业发展的关键要

---

[1] 《洛阳市 2016 年国民经济和社会发展统计公报》，洛阳市政府网，2017 年 4 月 21 日。

素。近年来,洛阳市坚持人才优先发展战略,制定完善的文化创意人才引进政策,营造了良好的人才成长环境,吸引了一批高层次人才来洛发展。但这些远不能满足洛阳市文化创意产业发展的现实需求,尤其是缺少既具备原创能力又能够把握市场脉搏的复合型高端人才。另外,洛阳本地科教资源相对较少,科教综合实力不强,开设文化创意相关专业不多,本土培养的人才少且创新能力不强,无法满足当前快速发展的行业需求,这些现实难题成为制约洛阳文化创意产业快速发展的重要瓶颈。

(二)产业竞争日益加剧

国际上,文化创意产业起步比较早的欧美国家纷纷通过实力强大的跨国公司抢占了包括洛阳在内的中国大中型城市市场份额,挤占国内文化创意企业成长发展空间。在国内,文化创意产业蕴含的巨大经济价值逐渐凸显,越来越多的省市通过制定战略规划、政策措施来推动文化创意企业的发展。国内市场这种争奇斗艳、各领风骚的局面,不可避免地出现人才资源的争夺、行业无序开发的局面,产生资源的浪费、违规操作等问题,进一步加剧了不同地域的产业竞争。例如,北京、上海、深圳等大城市利用其经济、政治、文化优势,形成了一批有地方特色、实力强大的企业,在产业集聚效应的带动下,必然会有更多人才资源和创意企业被吸引过来。作为三线城市,如何在众多竞争对手中脱颖而出、突出地域特色,无疑成为洛阳文化创意产业进一步发展的重大课题。

(三)规模效应不明显

洛阳市文化创意产业起步较晚,虽然经过多年的迅猛发展,涌现出了一批诸如动漫、牡丹瓷、三彩艺等较有名气的文化创意产业,但总体来说,这些企业无论是规模、效益还是知名度相对不高,缺乏有竞争力、影响力的龙头企业,不仅无法与北京、上海、广州等一线城市相比,甚至落后于省内其他部分地市,长期屈居省内第4位,与洛阳市经济和文化地位极不相符。如作为洛阳市第一个省级文化产业示范园区,洛阳平乐牡丹画产业园区年主营业务收入不足 1 亿元,而同是省级示范区的南阳镇平玉文化产业示范园区年增加值达到 40 亿元,差距是巨大的。

（四）资金短缺,融资能力有待提高

文化创意产业的发展壮大离不开强大的资金支持。当前,洛阳市文化创意产业融资途径相对传统,融资渠道比较单一,主要依靠政府财政补贴、银行贷款和民间借贷,文创企业发展一直受到资金困扰。数据显示,洛阳市 2016 年新增"新三板"挂牌企业 11 家,累计"新三板"企业 36 家中[①],没有一家文化创意企业或相关企业上榜。虽然国家出台了政策鼓励民营资本投资文化创意产业,但由于文创产业具有高附加值和高风险特点、相关政策体系还不健全,加上当前文创产品或服务的创新能力还不太高、科技含量较低,限制了社会资本进入文创领域。此外,洛阳至今还没有一家专门针对文创企业进行市场化、规范化运作的投融资机构。而在当前经济下行压力大的背景下,融资能力更加成为文化创意企业发展壮大无法回避的重要考验和挑战。

三 洛阳文化创意产业面临的发展机遇

发展中的问题要靠不断发展来解决。洛阳作为十三朝古都和"一五"期间国家重点建设的重工业城市,有着许多有利的发展条件和独特的竞争优势,特别是近年来市政府高度重视和支持,为文创产业发展提供了难得机遇、不竭动力和广阔空间。

（一）历史悠久,文化资源丰富

洛阳以 5000 余年文明著称于世,历史文化底蕴深厚,为洛阳文化创意产业的蓬勃发展提供了丰富的历史文化资源。洛阳拥有龙门石窟、中国大运河、丝绸之路三项世界著名文化遗产,包括回洛仓遗址和含嘉仓遗址、汉魏

---

① 《2017 年洛阳市政府工作报告》,洛阳网,2017 年 1 月 16 日。

洛阳故城遗址、隋唐洛阳城定鼎门遗址、新安县汉函谷关遗址五处遗址,伊洛河流域散布夏都二里头遗址、偃师商城、东周王城、汉魏故城、隋唐洛阳城五大都城遗址。截至目前,洛阳共有3A级以上景区40家,① 在国内外具有较高的知名度和影响力。依托丰富的历史文化资源和自然资源,洛阳重点打造了丝路文化、帝都文化、牡丹文化、山水文化、工业文化等五大文化品牌,成为洛阳市文化创意产业做大做强做优的引擎。

(二)工业城市,产业融合便利

经过60余年的建设,洛阳市已具备了较为完备的工业体系。新时期,洛阳市加快工业转型升级步伐,逐步形成了以装备制造业为主的支柱产业,新能源、生物医药等战略新兴产业快速崛起。良好的经济基础和完备的工业体系为洛阳文化创意产业提供了强大的产业支撑,也为文化创意产业与科技、信息、旅游、体育、金融等产业融合发展提供了基础和可能。

作为老工业城市,洛阳老工业遗址较多,大量留存于市区的老厂房、旧仓库因成本低廉且集聚速度快,自然成为部分文化创意产业创业创新的理想场所。如八里·唐文创小镇、里外文化创意产业园就是在分别对原明花洗涤剂公司厂区和中铝洛铜的老厂房进行改造提升和艺术创意开发的基础上建成的。旧工业厂房改造升级再利用,不仅有助于保存老工业记忆,也能集中展示洛阳特色历史文化、工业遗产、时尚创意等元素。

(三)政府重视,扶持力度大

政府历来重视文化创意产业。2016年以来,中央、省级相关部门出台多部政策性及文件法规,从政策、资金等方面对文化创意产业给予支持。如《中华人民共和国国民经济和社会发展第十三个五年规划纲要》中明确强调:"推进文化业态创新,大力发展创意文化产业,促进文化与科技、信息、旅游、体育、金融等产业融合发展的战略目标。"洛阳市也相继出台了

---

① 《洛阳市2016年国民经济和社会发展统计公报》,洛阳市政府网,2017年4月21日。

《关于加快我市文化产业发展的实施方案》等一系列文件，从文化传承创新、产业融合、产业体系构建等方面支持文化创意产业发展。如《洛阳市小微企业创业创新基地城市示范工作推进方案（2016~2018年）的通知》中指出："围绕文化产业、科技服务等特色产业，规划建设华夏文明传承创新核心区、洛阳工业文化遗产创意产业区、洛阳牡丹瓷文化产业园、关林商德文化教育产业园等一批文化创意产业园。"另外，李亚书记在不同场合多次强调，"通过创意将丰富的文化遗产转化为创意资源和文化产品，使其成为新的城市文化符号"。

（四）需求旺盛，市场潜力较大

随着洛阳市居民收入增长，文化消费市场热度持续升温。据《洛阳市2016年国民经济和社会发展统计公报》显示，居民人均可支配收入和居民人均消费支出，均远超全省平均水平，教育文化娱乐消费支出增速明显加快，为文化创意企业的发展提供了经济条件，开辟了市场消费空间。另外，作为首批国家文化消费试点城市之一，随着城乡一体化进程的加快、文化供给侧结构性改革逐步深入、人民群众收入提高和闲暇时间的增加，可以预见，未来洛阳市文化需求市场将不断扩大，文化创意领域将成为新的消费热点，这将为文创企业的发展提供良好的市场前景，进而产生巨大的驱动力。

四 文化创意产业发展的对策建议

发展文创产业是促进经济发展方式转变、产业结构升级以及提升现代服务水平的重要举措，也是促进文化大发展、大繁荣的重要抓手。为了进一步加快提升洛阳文创产业的发展水平，应从政府、企业和社会多方面共同努力，构建良好文创产业生态环境，推动产业健康持续发展。

（一）加大政策扶持力度，完善文化创意产业政策体系

一般来说，新兴产业都需要政府的大力扶持和积极引导，文化创意产业

也不例外，需要组合政策支持。明确文化创意产业的战略定位，对文化创意产业进行科学的前瞻性规划。出台指导性政策，在税收、资金、土地使用等方面鼓励、支持、引导文创产业的发展。文化管理部门应积极出台优惠政策，明确发展重点和方向，重点扶持发展前景好、市场竞争力强的文化创意产业项目和优秀文化创意企业，加快培育龙头企业和打造著名品牌。

（二）培育文化消费习惯，形成新的消费热点

文化创意产业不同于其他一般产业，文化消费也有其特殊性。一是文化创意企业应提供传播弘扬正能量的产品和服务，反映展现民族精神和时代精神的文化产品，增强民众对社会主义核心价值观的认同感。二是政府搭建消费平台，加强消费行为的引导，着力形成市县联动、政企携手、城乡兼顾的消费新格局，多提供能看、能听、能玩、能体验的产品，积极引导消费者参与进来，进一步培养文化消费行为。三是积极推进文化创意产业供给侧结构性改革，做好文化消费市场的调研工作，充分了解大众消费偏好并引导其审美消费，充分整合产业要素资源，提高供给质量和效益，满足大众不断增长的个性化、多样化的文化新需求。

（三）积极引进和培育文化创意人才

人才资源的特殊性决定了人才培养需要外部引进和内部培养两个主渠道。建立健全人才激励机制与用人机制。创新探索适合产业特点的灵活多样的市场化收入分配方式，应在关乎产业的营销、研发等关键环节，加大奖励力度，坚持现代股份制管理机制，保证企业高级人才的贡献与其收入相适应，增强人才吸引力。在人才管理和使用方面，充分利用"河洛英才计划"契机，根据产业属性和行业特点，逐步制定和完善专门针对文创企业人才的管理机制，进一步营造良好的人才引进、使用和管理环境。同时，充分整合利用本地高校教育资源，鼓励开设文创产业相关专业，提高人才培养效益，力争打造洛阳文化创意人才新高地。

（四）推进文化创意产业集聚区建设

结合洛阳市历史文化资源分布状况和现有产业布局特点，科学制订文化创意产业园区发展规划，优化产业资源配置和布局。大力实施项目带动战略，以点带面、典型引路，重点抓好重大产业项目规划、建设、运营工作，增强文化创意产业项目吸引力，逐步形成一批核心竞争力强、文化价值含量高、品牌影响力大的骨干产业，更好发挥集聚区辐射带动作用。充分利用洛阳丰富的历史文化资源，深入开发和挖掘文化资源内涵，突出文化创意产业园区的洛阳特色文化主题，全力打造洛阳特色文化创意产业品牌，建设具有河洛文化特色的文化创意产业园区。

（五）创新管理方式，优化融资环境

加强政府引导作用，强化政府的服务职能，优化投资环境，进一步拓宽文化创意企业现有融资渠道。研究制定文化创意产业相关融资办法，放宽社会资本准入，坚持政府引导、多元化投入原则，示范带动社会资本等投资参股文化创意产业的发展，实现文化与资本的有效对接。建立以政府牵头的文化创意产业投融资机构，汇聚形成一个庞大的资金库，扶持一批前景好、价值高的企业，并使之发展壮大，支持一批综合效益高、核心竞争力强的企业在"新三板"市场和沪深两市挂牌交易，在更广阔的平台筹集更多的资金，切实解决产业融资难的问题。

B.12
洛阳市"一村一品"文化产业发展报告

洛阳市农村文化产业发展课题组*

摘　要：　文化产业，是贯彻习总书记五大发展理念中最具发展前途的朝阳产业。文化产业的发展，不仅能带来丰富的文化产品，而且必将带动经济结构的转型升级，促进社会经济的全面发展。了解农村文化产业发展现状，分析研究农村"一村一品"发展中存在的问题，理清发展思路，大力发展特色文化产业和文化产品项目，逐步形成具有区域特点的"一村一品"或"一县区一特色"的文化产业示范园区发展格局，对提升洛阳市文化产业的发展将起到极大的推动作用。特别是在特色文化资源和自然资源丰富的农村地区，以农民为主体的文化产业创作和生产是发展传统手工艺生产、促进乡村文化休闲消费不可缺少的路径，有助于推动县域经济和农村产业结构调整，提升生态文明建设，增加城镇居民和农民收入，对传承优秀传统文化和加强农村基层文化建设具有积极作用。

关键词：　文化产业发展　农村　"一村一品"　发展理念

　　文化产业，是绿色经济最具发展前途的朝阳产业。文化产业的发展，不仅能带来丰富的文化产品，而且必将促进社会经济和各项事业的全面发展，大力发展文化产业已经成为世界性产业发展的一大趋势，大力发展县

---

* 课题组组长：宋晓霞，洛阳市统计局纪检组长。课题组成员：朱健明、孙莉、唐景录。

域经济中的特色文化产业对提升全市文化产业的发展将起到极大的推动作用。

一 洛阳市文化产业发展现状

(一)总体发展状况

近年来,洛阳市紧紧围绕"调整结构,加快发展"这条主线,将文化兴市作为发展战略之一,全方位、多层次发展文化及相关产业(以下简称文化产业)。文化产业增加值连续五年超过 GDP 增长速度,年均增长 16.5%,全市文化产业呈现出良好的发展态势,为推进洛阳"国际文化旅游名城"和"华夏历史文化传承创新示范区"建设提供了发展动力和产业支撑,成为洛阳经济结构调整和经济可持续发展的重要着力点。

根据全市文化及相关产业统计结果,全市文化产业一直呈现出较快的发展态势。单位数量和从业人员大幅增加,占 GDP 比重也有所提高。截至 2015 年底,全市文化产业法人单位共有 5546 个,其中"三上"文化产业单位 285 个,"三下"文化产业法人单位 5261 个,分别占 5.1% 和 94.9%,从业人员 11.6 万人,实现增加值 80.69 亿元,比上年增长 17.7%,文化产业法人单位增加值占 GDP 的比重为 2.33%,比 2014 年提高了 0.32 个百分点(见表 1)。2015 年,洛阳市文化产业增加值在全省 18 个地市中居郑州、许昌、南阳之后,位于第四位。在文化产业法人单位中,从行业类别来看:文化制造业单位占 10.6%,文化批零业单位占 17.7%,文化服务业单位占 63.4%,非企业法人单位占 8.3%,文化产业结构有了新的变化,文化服务业成为文化产业发展的主流,其增加值达到 47.96 亿元,占全部文化产业法人单位增加值的 59.4%。[1]

---

[1] 文中数据除特别注明外,均来自洛阳市统计局。

表1 2015年洛阳市文化及相关产业核算

行业类型	2015年			增加值同口径和现价同比增减(%)
	单位数(个)	增加值(亿元)	从业人数(人)	
法人单位合计	5546	80.69	116363	17.73
企业法人单位	5085	77.18	105351	17.43
工业企业合计	587	22.84	39587	-3.80
规模以上工业	52	19.95	33339	-1.34
规模以下工业	535	2.89	6248	-17.94
批零企业合计	980	6.37	8146	56.86
限额以上批零	69	2.05	2680	10.81
限额以下批零	911	4.32	5466	95.41
文化服务业合计	3518	47.96	57618	26.48
重点服务业	164	16.7	13524	34.14
限额以下服务业	3354	31.26	44094	22.74
非企业法人单位	461	3.51	11012	25.07

(二)县域文化产业发展状况

县域文化产业的发展,特别是县(市)区特色文化产业与特色文化产品项目的构建与发展,是助推全市文化产业大发展的着力点,也是全市文化产业又一亮点。近年来,习近平总书记多次指出:要因地制宜发展现代养殖业、林果业、园艺业、乡村文化旅游业,发展一村一品、多村一品、一乡一业、一县一业优势主导产业。日前,文化部、财政部联合发布《推动特色文化产业发展的指导意见》,首次在国家层面明确了特色文化产业发展的原则、目标、任务和政策保障。①

目前,洛阳市所辖的18个县(市)区共有188个乡(镇)2719个、街道办事处及2719个村委会,2015年末全市常住人口达674.3万人,其中市区常住人口215.8万人,城镇常住人口355.0万人,乡村常住人口319.3万人,城镇化率为52.65%。洛阳市47.35%都是农业人口,他们的经济基础、

---

① 陈晓华:《大力发展一村一品 带动农民致富增收》,《农民日报》2015年10月27日。

文化需求与消费关乎整个社会的发展。

那么特色文化产业发展之路该怎么走？县域特色文化产业发展处于什么状况？看看所辖18个县（市）区文化产业发展进程，或许能给出一些答案。2015年县（市）区域文化及相关产业发展状况见表2。

表2　2015年县（市）区域文化及相关产业发展状况

地区	文化产业法人单位增加值（亿元）	排序	文化产业法人单位增加值占GDP比重（%）	文化产业法人单位从业人员总数（人）	文化产业法人单位数	
					"三上"企业（个）	一般法人单位（个）
洛宁县	11.07	1	7.00	27800	21	211
偃师市	9.37	3	2.26	10610	26	316
孟津县	5.50	6	2.29	6920	24	451
伊川县	4.40	7	1.46	5896	16	321
新安县	4.16	8	1.09	6517	21	380
宜阳县	3.54	9	1.58	5774	17	300
栾川县	3.41	10	2.24	4821	13	259
汝阳县	3.32	11	2.56	5339	10	379
嵩　县	2.90	12	1.99	4185	14	289
涧西区	10.88	2	3.41	6820	16	403
西工区	7.24	4	2.51	10286	39	641
洛龙区	6.50	5	2.83	9625	19	603
老城区	2.70	13	3.95	4703	12	120
高新区	2.60	14	2.65	2692	21	324
伊滨区	1.16	15	0.93	1617	4	88
瀍河区	0.87	16	1.01	1370	6	90
龙管会	0.54	17		571	2	59
吉利区	0.52	18	0.60	817	4	27
全市合计	80.69			116363	285	5261

从全市18个县（市）区文化产业法人单位增加值现状可以看出各县（市）区文化产业发展的不均衡性尤为显著，洛宁县、偃师市、孟津县分别位居县域前三名，涧西区、西工区、洛龙区分别位居区域前三名，嵩县、吉利区分别位居县区末位。

全市 18 个县（市）区虽然由于文化资源与发展基础条件不同，造成文化产业增加值有不同的显现，但可以看出：在文化兴市战略目标的推动下，全市文化产业快速提升的大环境下，各县（市）区推进文化产业发展的速度不同，而推进发展的措施与步伐都在进一步加快，在加快经济发展方式转变中的作用日益凸显，成为提供就业机会的重要领域，文化产业已成为多数县（市）区社会经济发展新的亮点。

二 洛阳市农村"一村一品"发展现状

文化产业"一村一品"或"一县区一特色"（以下简称"一村一品"）是我们倡导的发展方向。文化产业发展的"一村一品"，不是要求每个自然村都要搞文化产业，而是一个村、一个乡（镇）或是一个县（市）区因地制宜地发展区域性特色文化产品项目或特色文化产业园区。"一村一品"在我国发展已有近 20 年，具有广泛的适应性和旺盛的生命力，已越来越多地被广大农民群众认识和选择。特别是近年来，"一村一品"在推动农村经济发展中作用突出、成效明显。而文化产业发展的"一村一品"或"一县区一特色"，则是近年来随着社会经济的发展，倡导的一个新的文化发展理念。

（一）强村富民效果凸显，发展"一村一品"已成为活跃县域经济、带动农民就业致富的重要途径

通过调研我们看到，一些县（市）区立足本地资源，综合考虑区位优势、产业基础和市场条件等因素，优先发展具有竞争力的主导产业和特色产品，大力培育专业村镇，既壮大了农村集体经济，又拓宽了农民就业增收渠道，成为农村文化经济发展中新的亮点。[①] 如建成于 2011 年 4 月的孟津县中国平乐牡丹画创意产业园区，在 2012 年 3 月由洛阳鼎润实业有限公司入

---

① 陈晓华：《大力发展一村一品带动农民致富增收》，《农民日报》2015 年 10 月 27 日。

驻园区管理运营。

该园区采取市场化运作，按照"公司＋园区＋画师"的模式经营。目前，该园区拥有省级画家13人，市级画家60余人，画师800余人，其中与公司签约的农民画师150人，另有绘画爱好者、字画装裱等相关从业人员1200余人。2013年12月通过国家旅游资源开发质量考核验收，授予"中国牡丹画第一村"国家3A级文化旅游景区质量认证牌。2014年组织画师参加深圳文博会，中央、省、市新闻媒体进行全方位宣传报道，2015年加入了"互联网＋"行动，取得了良好的经济效益。2016年通过宣传、培训和孵化达到淘宝村标准，营业店铺134家，线上销售额累计1100多万元。园区连续举办了六届"全国农民画邀请展暨全国牡丹画学术交流研讨会"，先后建立河南省文化产业示范园区、河南省特色文化基地、河南省文化企业五十强、洛阳市文化产业示范园区、国家3A级旅游景区。

（二）特色产业不断集聚，发展"一村一品"已成为调整农业产业结构、优化区域布局的重要抓手

一些县区根据特色文化产品区域布局规划，积极引导专业村镇发展规模化、专业化、特色化的生产基地，并辐射带动周边区域，提高了优势特色产业集聚水平，呈现出多村一品、一乡一品、一县一业的发展格局，优化了农业结构和区域布局，产业集聚效应逐渐凸显。如孟津、偃师、伊川、汝阳、新安、伊滨区等县区，通过大力实施"一村一品"发展战略，在当地兴起了牡丹画专业村、唐三彩村、制鼓村、仿古青铜器村、牡丹石村、梅花石村、黄河奇石村等各具特色的专业村，形成了集中连片的优势特色产业带。

（三）品牌效益日益显现，发展"一村一品"已成为打造文化特色品牌的重要措施

一些县区以品牌建设带动一村一品发展，积极开展商标注册和"三品一标"认证，建立质量追溯体系，培育知名品牌，有效保障了文化产品质

量,更让特色产品如虎添翼,知名度和市场竞争力得到了有力提升。① 如高水旺的仿古唐三彩、李学武的牡丹瓷、郭爱和的三彩艺、黄烨儒粤钰青铜器、洛阳宫灯等特色主导产品都获得国家有关认证,有的品牌还拥有注册商标、省以上名牌产品,如洛阳九朝文物复制品有限公司、河南省老君山生态旅游开发有限公司等。通过品牌打造,洛阳牡丹亦成为地理标志保护产品,先后荣获国家地理标志保护产品和中国驰名商标等殊荣。

(四)乡村休闲游日渐丰富,发展"一村一品"已成为培育新型经营主体、创新农村文化休闲游的重要载体

有关县区"一村一品"发展经验证明,专业村镇是培育新型农村文化旅游产品经营主体的基础平台,"一村一品"的发展催生了新型经营主体的发育,新型主体的发展壮大又促进了"一村一品"加快发展。乡村文化休闲游成为如今一些县区打造特色文化的又一亮点。如孟津卫坡古村落文化旅游区项目、新安县北冶镇的古陶村和洛宁罗岭乡三彩陶艺小镇等都已成为洛阳市乡村文化休闲游的先行典范。

卫坡古村落文化旅游区项目位于孟津县朝阳镇卫坡村,是目前豫西地区保存最好的古建筑民俗村落,被住建部列入第二批中国传统村落名录。为活化古民居资源,卫坡村委会与洛阳魏紫旅游开发有限公司达成协议,制订保护性开发方案——以卫坡古民居保护性开发为中心,按照"修旧如旧"的原则,打造集民间文化文物交流、民俗文化表演、休闲农家乐等于一体的参观旅游中心。② 该文化旅游区项目占地475亩,总投资5.77亿元,建筑面积11.29万平方米。其中,一期工程主要有三十六行作坊区、百家特色小吃街、汉婚演艺广场、民间艺术表演区、卫坡历史塑像馆,以及以魏紫牡丹为主题的魏家花园民俗客栈和酒店、水上乐园等。目前,卫氏北祠堂和9所三进院古民居已完成修复,作坊区、小吃街及演艺广场等建筑物正在进行装

---

① 陈晓华:《大力发展一村一品带动农民致富增收》,《农民日报》2015年10月27日。
② 戚帅华:《洛阳:文化旅游"融"出新活力》,洛阳市旅游发展委员会网,http://www.lyta.gov.cn,2016年11月30日。

饰。2016年底前建成开园后，成为展示古民居建筑文化、窑洞文化、民俗文化、饮食文化的新景点，吸引了周边大批游客。[1]

新安县北冶镇的甘泉村（曾叫碗窑岭），是一座远近闻名的"古陶村"。自宋代以来甘泉村就有很多烧制陶瓷的窑厂，鼎盛时期村中有100多个土窑，家家户户以制陶为业，村里遗留下来的土窑每座都有上百年的历史。甘泉村兴旺时曾出过不少制陶的富商，也是远近闻名的富裕村。古陶村老手艺制成的土陶豆芽罐，淘宝网一天就卖了450多个。如今古陶村正在和旅发集团合作打造乡村特色休闲游村，希望甘泉村这些熄灭的土窑有一天能够重现制陶、烧陶的壮观场景。如果愿望实现，甘泉村也能像孟津县南石山村有"唐三彩"、伊川县烟涧村有"青铜器"一样，成为一个民间工艺的特色村和乡村文化休闲游村。

洛宁罗岭乡三彩陶艺小镇，也叫"爱和小镇"，又名"洛阳三彩国际陶艺村"，由中国陶瓷艺术大师郭爱和先生倾情打造。爱和小镇占地面积约3000亩，上千只水缸和水艺术地搭配在一起，形成的缸湖颇为壮观。爱和小镇不仅囊括了三彩艺、窑洞、土屋、红灯笼等中国传统文化，还用艺术展厅、露天观景台、"缸文化"小径构建了现代艺术元素，[2] 形成乡村风情小镇。该项目总投资3.45亿元，在洛宁县罗岭乡前河村建设集陶艺创作、展览、交流以及旅游开发等内容为一体的现代陶艺村庄，成为新兴的乡村休闲文化游基地。

（五）激发农村内生动力，发展"一村一品"已成为培养新型职业农民、提高农民自我发展能力的重要平台

通过发展"一村一品"，有效激发了农民的创业热情，让农民更好地认识了当地资源优势和发展潜能，造就了一大批新型职业农民。如平乐牡丹画村、朝阳南石山唐三彩村、石寺镇下孤灯黄河奇石文化村、葛寨乡烟涧青铜

---

[1] 梅占国、郑战波：《洛阳孟津卫坡古村落变样了》，《洛阳日报》2016年9月6日。
[2] 《"世外桃源"——洛宁爱和小镇》，新华网，http://news.lyd.com.cn/system，2016年8月30日。

器村、缑氏镇马屯制鼓专业村等,可以说发展"一村一品"是我国大众创业、万众创新在农村的生动体现。

(六)农村产业功能逐步拓展,发展"一村一品"已成为延伸产业链条,促进农村一、二、三产业融合的重要基础

随着"一村一品"的发展,有的村镇主导产业逐渐壮大,有效带动了自身及周边文化产品加工、储藏、包装、运输等相关产业发展,延长了产业链、价值链。有的村镇充分发掘农业休闲观光、文化传承、生态保护等功能,积极发展乡村文化旅游、民俗文化产业、生态特色休闲观光农业。还有的村镇顺应市场销售模式的改变,积极发展电子商务、网络营销等新兴业态,有力促进了农村一、二、三产业融合发展。[①]

三 洛阳市"一村一品"发展中存在的问题

"一村一品"在推动农村特色文化建设中发挥了重要作用,但是也要看到洛阳文化产业中存在特色文化产业链不高,发展规模小,产业层次低、结构不合理,对全市经济发展贡献不大,未形成产业品牌优势和规模经济效应等问题。增加值与先进地市相比还有一定的差距,与洛阳在全国乃至国际上"历史文化旅游名城"和"十三朝古都"等城市名片的声誉度不相符,与洛阳在全省社会经济地位也不相匹配,应引起有关方面的高度重视。

(一)总体规模偏小,增加值占比偏低

从数据上看,2015 年全市文化产业法人单位实现增加值 80.69 亿元,虽然比上年增长 17.73%,规模以上文化产业单位数量也大幅增加,户均增加值却下降 52.8%,在全省的排名连续四年处于第四位,难以超越进位,

---

① 陈晓华:《大力发展一村一品带动农民致富增收》,《农民日报》2015 年 10 月 27 日。

而且有被其他地市赶超的趋势。洛阳文化产业法人单位增加值占全市GDP的比重为2.33%，低于全省占比3%的平均水平，更低于部分兄弟地市。如低于郑州1.57个百分点，低于许昌3.37个百分点，低于开封3.27个百分点。这与洛阳厚重的历史文化底蕴极不相符，与发展成支柱性产业达5%的目标还有相当大的差距。文化产业仍面临着发展的紧迫感，还有很大的提升空间。所以，文化产业"一村一品"集聚、上规模发展的潜力有待进一步挖掘、整合、提升，县域特色文化产业的发展与经济结构转型调整的力度应该加大。

（二）规划特色不够鲜明，集聚抱团发展不够紧密

从发展规划看，缺乏顶层设计和"一村一品"特色产业整体发展规划。一些县区对文化产业"一村一品"的发展项目不够清晰，甚至没有一个完整成型的发展规划，缺乏顶层设计，市场发展呈放任状态，同质化、重复引进严重，不利于区域性特色文化产业的整合、发展。

目前，洛阳市有特色的文化产业专业村数十个，特色文化产品生产企业也不少，但这些行业大多是个体户、家庭作坊式经营模式，没有形成规模，也没有发展成以特色文化产业为中心的集聚发展态势，文化产业发展规划与政策扶持链接也不够紧密，形不成"三上"文化企业品牌优势的产业链。如新安县石寺镇下孤灯村的黄河奇石，北冶镇甘泉村的黑陶、黑瓷、澄泥砚、紫砂壶，偃师的制鼓村等有特色的地方文化产品，但这些行业多是个体户、家庭作坊式经营模式，没有形成规模化生产，也没有形成以特色文化产品为中心的公司企业，更形不成有特色的集聚发展的品牌效应，需要市、县、乡（镇）、村等各级政府部门政策引导、统筹部署，整合协调发展，使之成为"一村一品"抱团发展文化特色品牌。

（三）特色产业打造不足，示范园区基础建设薄弱

从基础建设上看，目前，洛阳市文化产业示范园区基础建设数量太少、推动太慢，洛阳市获得的第一个省级文化产业示范园区——洛阳平乐牡丹画

产业园区，年增加值不足650万元，而同样省级的南阳镇平玉文化产业示范园区年增加值达到40亿元，差距巨大。如洛阳唐三彩文化产业园区、仿古青铜器产业园区、动漫创意文化产业园区、大遗址文化旅游产业园区、老城历史文化街区、文博古玩产业园等建设与管理都还任重道远，还没有形成完整的文化产业行业示范园区链。特别是2009年命名的十大文化产业示范村，大多都处于散落的个体生产经营状态，还没有融合、积聚成具有市场竞争力的文化产业发展专业示范园区，没有形成一定的特色园区品牌效益，洛阳特色文化产业的集聚发展亟待进一步整合、提速和强化发展。

（四）品牌战略意识不强，提档升级进展缓慢

从品牌效应上看，洛阳市文化资源优势还不能真正转化为产业优势和市场优势，缺乏叫得响的文化产业品牌，具有地域文化旅游特色的文化旅游生态尚需提高。比如，文化资源与旅游资源如何衔接，文化资源与牡丹、牡丹茶、牡丹精油、工艺饰品、美术艺术品等生产如何结合等，没有一个协调机构来搞统一策划、对外营销。再如作为闻名全国的唐三彩等工艺品，经过数十年努力，从创作到工艺再到包装的品位等都得到极大提升，但是其深厚的文化内涵没有被挖掘，仅见唐三彩马、仕女俑等，创新力、影响力不强，应向故宫博物院学习营销手段和文化创意研发。又如城区公园、八大牡丹园的牡丹游览观赏和县区种植基地等已闻名海内外，但相关产业的牡丹系列产品却无统一推介包装、缺乏知名品牌，品牌拉动效应有待进一步提升。

（五）政策支持力度不够，项目实施效率不高

从政策体制上看，文化产业发展项目受土地、资金、税收、政策等因素影响较大，造成项目定位多、打造少、推进慢，转化为文化产业增加值的实效长，加上督导落实不够，实施效率低、发展慢。文化产业发展基金太少，对重点项目和产业集聚发展的扶持没有形成一个完整的政策链。文化产业的管理体制、考核机制、统计体制也都有待进一步明确与加强。

(六)文化产业人才匮乏,行业领军人物不足

从文化产业人才资源上看,园区建设还缺乏宏观谋划和科学策划发展的"操盘手"。从行业分类看,文化产业十大类、五十个中类的行业都缺乏高大上的领军人才、经营人才、拔尖人才,以致许多文化企业难以做大做强,都在各自经营的小圈子里"单打独斗"。同时,缺乏文化产业创新能力强的研发创作机构,缺乏熟谙市场经济与文化经营的产业管理者,势必影响文化资源向文化产品的转化,难以创造出具有品牌效应的文化产品。当前,发展文化产业所需的管理型人才、创意型人才、市场营销型人才奇缺,特别是高层次、高技能、复合型、外向型人才更为缺乏,从很大程度上制约了洛阳市文化产业的发展。这些都远不能适应文化产业新形势、新发展的要求,也制约了全市文化产业的创新发展和全面提升,值得各级政府和行业主管部门的高度重视与深思。

四 洛阳市大力发展"一村一品"的新思路

随着我国经济进入新常态,县域文化产业发展迫切需要加快转变发展方式,全面推进县域特色文化产品和特色文化产业示范园区建设。在新的形势下,发展文化产业"一村一品",要适应新常态,顺应新发展。

(一)抓住农村文化产业"一村一品"发展机遇

目前,我国进入文化经济消费结构加快转型升级阶段,对文化产品的消费需求呈现出多样化、差异化、个性化的特征。人们不仅要求生活安逸,而且开始追求文化生活的多样性,对优质、安全、生态、特色文化产品的需求快速增长。文化生产要在保障文化产品总量平衡的基础上,加快调整产业和产品结构,丰富文化产品种类,提高文化产品质量。文化产业"一村一品"最大特点就是特和优,人无我有,人有我优,人优我特。①

---

① 陈晓华:《一村一品的发展成效和新要求》,村村乐网,http://www.cuncunle.com/village-106-456582-article-1681444534154380-1.html,2015年10月11日。

新形势下发展"一村一品"要立足资源禀赋，根据消费需求，找准市场定位，变"生产导向"为"消费导向"，积极发展特而专、新而奇、精而美的文化旅游产品，丰富城乡居民的文化生活，适应城乡居民不断升级的文化消费需求。

（二）更新农村文化产业"一村一品"发展理念

新常态下，县域特色文化产业的发展要由拼资源、拼投入的粗放式增长向集约、高效、环保、安全的可持续发展道路转变；产业结构要由单一生产向市场需求和健全产业链的方向转变。面对新形势，发展文化产业"一村一品"要着重强化三个意识，树立三个理念。一是要强化效益意识。用产业化的理念谋划"一村一品"发展，加快推进产加销一条龙、贸工农一体化，努力形成"一村一品、一乡一业、一业一企"的产业化经营模式。二是要强化品牌意识。更加注重特色产品的品牌打造，用品牌带动的理念推动"一村一品"发展，向品牌经营要效益，加快推进产业升级。三是要强化创新意识。积极利用文化产品电子商务、"互联网+文化"等新兴业态，助推文化产业"一村一品"发展，实现特色产品优质优价上档次。[①]

（三）加快农村文化产业"一村一品"发展进程

全面建成小康社会，最艰巨、最繁重的任务在农村，特别是在贫困地区。习近平总书记强调："欠发达地区抓发展，更要立足资源禀赋和产业基础，做好特色文章，实现差异竞争、错位发展。"发展"一村一品"是欠发达地区开展扶贫开发、帮助农民脱贫致富的重要途径。要通过发展"一村一品"，加快产业帮扶，引导贫困地区发掘优势资源，实行整村推进、整体开发，一村带多村、多村连成片，培育壮大特色主导产业，将资源优势转化

---

① 陈晓华：《一村一品的发展成效和新要求》，村村乐网，http：//www.cuncunle.com/village-106-456582-article-1681444534154380-1.html，2015年10月11日。

为产业优势,产业优势转化为经济优势,早日走上脱贫致富道路,同步进入全面小康。①

五 洛阳市农村文化产业"一村一品"的实现路径

推进文化产业"一村一品"是发展现代文化产业的重要基础性工程,发展文化产业"一村一品"要以建设特色现代文化产业为主线,以产业增效和城乡居民增收为目标,以特色产业为主攻方向,依托资源和区位优势,充分发挥文化产业生产者的主体作用和新型经营主体的带动作用,推动文化产业"一村一品"专业化、规模化、品牌化发展。②

(一)确定产业目标,加强顶层设计,强化规划引领

要紧紧抓住加快构建文化传承创新体系和创建国家文化消费示范城市,以及建设"国际文化旅游名城"的战略机遇,创新机制,创新发展,打造好洛阳市确立的"千年帝都、牡丹花城、河洛之根、丝路起点"四大品牌,做大做强文化产业。首先要有一个大力发展文化产业的总体目标和发展文化产业"一村一品"的顶层规划。其次要有一套完整的政策支持链与保障措施,要通过狠抓落实,引领各县(区)、各有关乡(镇)利用现有资源,聚焦全域化发展,对所辖文化旅游资源统一规划、统一保护、统一开发和营销。再次是要做好产业布局、产业聚集、新型文化业态融合发展,坚持"一张蓝图画到底",促进特色产品创意开发,提升产业链向高端发展。最后要突出地域性特色,确保高起点、高标准、高层次因地制宜开发"一村一品"文化资源,相关部门要从严把关,强化监督,严肃问责,引领县域及乡村文化特色产业快速发展。

---

① 陈晓华:《一村一品的发展成效和新要求》,村村乐网,http://www.cuncunle.com/village-106-456582-article-1681444534154380-1.html,2015年10月11日。
② 陈晓华:《一村一品的发展成效和新要求》,村村乐网,http://www.cuncunle.com/village-106-456582-article-1681444534154380-1.html,2015年10月11日。

（二）找准区域特色，发挥资源优势，促进产业发展

发展农村文化产业"一村一品"重在找准区域性特色，找到特色产品和文化融合发展的结合点，首先要突出历史文化优势，合理有效地挖掘开发历史文化遗产，加大对资源的整合利用。既要盘活历史资源，又要不断创新转换，依靠科技进步来创造新的文化资源，转化为新的文化产业，实现全域性文化产业联动发展、错位发展、互补发展。同时，产业发展和文化休闲游开发建设，要制定相应的政策，积极引导各乡（镇）、产业集聚区因地制宜，突出特色，发展地域特色文化产业。其次充分利用当地极具特色的历史文化遗产资源优势和特色产品优势，加强对物质文化遗产和非物质文化遗产的开发利用，形成区域性特色优势发展模式，做大做强文化产业。

（三）抓好农村文化产业项目落实，推进园区建设，做大产业规模

实现文化产业快速协调可持续发展，重点要加大对文化产业重点项目的落实，加大对农村文化产业"一村一品"示范园区集聚建设和重点项目的政策扶持力度，形成完善的产业体系。对洛阳市十大文化产业示范村进行集聚整合发展，对一些分散性的文化产业村，逐步采用"公司+农户+个体户"的经营模式，抱团发展、集聚提升，政府给予一定的扶持与奖励，推动文化产业"一村一品"向产业集聚示范园区发展。要广泛宣传和深入推广文化产业示范村转型发展的先进经验，充分发挥示范辐射带动作用，推动农村文化产业园区建设的深入发展，形成具有地域特色的文化产业园区品牌项目，做大文化产业"一村一品"示范园区建设规模。诸如孟津县的平乐汉魏风情园、平乐村牡丹画示范园区、朝阳南石山唐三彩产业园区、伊川烟涧仿古青铜器产业园区、伊川动漫之都产业园、偃师马屯制鼓产业园区、汝阳云梦村石玩艺术产业园区、梅花石产业园区、新安古陶河洛澄泥砚、紫砂产业园、嵩县西店村民间文化艺术产业园、洛宁东寨子村竹编、旅游文化风情园、栾川樊营村奇石文化产业园等。

（四）转型乡村休闲游，培育新型经营体，打造特色产业链

发展农村文化产业"一村一品"要看准市场，因地制宜，以自然景观、历史人文、名人故居、历史故事遗迹等为主题的区域优势，形成和突出古都洛阳特色历史文化遗居旅游点，挖掘发展乡村休闲文化游。进一步优化农村文化产业区域布局结构，依托丰富的文化旅游资源，促进旅游与文化有机结合，共同发展。如孟津卫坡古村落文化旅游区项目、新安县北冶镇甘泉村的"古陶村"旅游项目、洛宁罗岭乡三彩陶艺小镇"爱和小镇"乡村游项目等，作为洛阳乡村文化休闲游的典范加以扶持打造。同时，还要挖掘发展宗教名胜资源，形成城乡新的文化亮点。如佛教圣地白马寺、儒学"祖庭"周公庙、河图之源负图寺、理学圣地二程故里、道家之源上清宫和下清宫等，打造健康的高大上精品宗教游览点，使中外游客或不同信仰的人士到洛阳市感受不同的宗教文化氛围，开发好洛阳市特色宗教文化旅游市场。

（五）打造龙头企业，强化品牌意识，做强农村文化产业

发展文化产业"一村一品"，重在培育文化产业龙头企业，强化品牌意识，做好品牌宣传，提高项目品质，做大特色产业项目建设，强化龙头企业的带动作用，着力提升县域文化旅游、手工艺品及工艺美术、动漫创意、乡村游等新兴优势产业，形成优势产业布局，出台服务政策，帮助企业提升行业竞争力，把洛阳文化产业做大做强。

（六）抓好招商引资，完善融资体系，构建发展新格局

鼓励和支持社会资本以多种形式进入政策许可的文化产业领域，形成多种所有制共同发展的文化产业格局。构建完善的文化产业"一村一品"政策服务平台，瞄准行业排头兵，狠抓重大项目招商。出台有利于文化企业发展的政策，对文化产业项目加大在土地、资金、服务等方面的支持力度，提升为文化产业发展的服务水平。

（七）强化政策导向，积极营造氛围，不断提升软实力

加快农村文化创新传承体系的发展，进一步提升文化产业的融合发展，在创意上做文章，在融合发展上下功夫，把洛阳悠久的历史、人文、生态资源变成可感受、可体验、可消费的文化产品着力提升为文化软实力。

总之，大力发展农村特色文化产业和文化产品项目，逐步形成具有区域特色"一村一品"或"一县区一特色"的文化产业示范园区发展格局，是各级和各有关部门需要深入思考、统筹规划、乘势而上的必由之路，也是洛阳区域特色文化产业发展的破题之路。

参考文献

买天：《实现优质优价不能靠拼资源》，《农民日报》2015年9月29日。
《强化政策措施 深入推进一村一品发展》，《河北农业》2015年10月15日。
《发展"一村一品、一乡一业"要坚持因地制宜》，《延安日报》2016年10月24日。
刘道学：《关于加快推动铜仁文化产业发展的调查与思考》，《中共铜仁地委党校学报》2012年2月29日。

区域篇

Report on Regional Culture

B.13
涧西区公共文化人才队伍建设研究

段起旭 武 傲*

摘　要： 公共文化人才队伍是推动公共文化服务体系建设的重要保证，2014年8月以来，涧西区以创建河南省公共文化服务体系示范区工作为抓手，把基层公共文化人才队伍建设作为保障民生的重要举措，多措并举提高文化建设主力军的战斗力，加强文化志愿者队伍管理实现特色化发展，通过与辖区大型国企合作共建共享，发挥"五老"余热壮大老干部文化督导队，公共文化服务人才队伍建设取得明显成效。下一步，应继续强化基层文化人才队伍保障机制，推动社会参与共建优秀基层公共文化队伍，多途径解决阵地缺失问题，促进涧西区基本公共文化服务标准化、均等化发展。

---

* 段起旭，涧西区文化体育旅游局局长；武傲，涧西区文化体育旅游局办公室主任、监察室主任。

关键词: 涧西区　公共文化　人才队伍建设　对策建议

公共文化人才资源是构建公共文化服务体系、实现文化大发展大繁荣的第一资源。建立一支具有一定规模且整体实力较强的人才队伍，健全和完善公共文化服务体系的人才管理机制，是推动公共文化服务体系建设的重要保证。

一　涧西区基层公共文化人才队伍概况

2014年8月，涧西区正式启动了创建河南省公共文化服务体系示范区工作，经过各级各部门的共同努力和社会各界的广泛参与，2014年顺利获得创建资格，成为河南省第一批创建县区之一。创建初期，涧西区公共文化服务体系建设基础薄、力量弱，尤其缺乏基层公共文化人才，现有的基层公共文化工作者不管是数量还是人员素质都难以提供令群众满意的公共文化服务产品，基层公共文化队伍建设问题成了制约涧西区促进基本公共文化服务标准化、均等化，构建现代公共文化服务体系的发展瓶颈。

（一）构成及体量

调研组对涧西区基层公共文化人才队伍建设情况进行了仔细调查，全区文化人才可分为四类，分别是区、办事处、社区文化服务单位工作人员，文化志愿者，大型国企文化人才和老干部文化监督队，共有4557人。

区、办事处、社区文化服务单位工作人员指的是由政府支付工资在区、办事处、社区专职或兼职的文化工作者，主要包含区人民文化馆和区图书馆工作人员以及辖区12个办事处、73个社区文化专干。此类文化人才共有73人，其中区人民文化馆、区图书馆在编5人，政府购买6人，共11人；办事处各有1名文化专干，共12人；未拆迁社区各1名，共50名。

文化志愿者指的是在区人民文化馆、区图书馆、办事处、社区进行登记并经涧西区文明办认定的，从事文化类志愿工作的涧西区居民。此类文化人才共有4423人，不属于任何文化志愿团队；由区人民文化馆、区图书馆、各办事处直接管理的有152人；各办事处文化志愿者团队共81支，成员共有1492人；各社区共有业余文艺团队112支，成员共有2779人。

大型国企文化人才指的是积极参与基层公共文化服务体系建设但没有进行志愿者登记的大型国企职工。此类人才主要分布在四个企业，共36人。

老干部文化监督队指的是对涧西区包含文化市场、公共文化服务体系建设等工作进行监督，协助文化部门工作的离退休干部。老干部文化监督团于2004年成立，共有25人。

从统计数据可以看出，文化志愿者人数众多，是涧西区公共文化服务体系建设的重要参与者，区、办事处、社区文化服务单位工作人员作为工作顺利开展的关键，人数却严重不足。大型国企文化人才和老干部文化监督队就人数上来看，仍有发展的潜力。

（二）基本信息

1. 年龄分布

课题组将涧西区所有基层公共文化人才按照青年（30岁以下）、壮年（30岁至60岁）、老年（60岁以上）进行了分类统计（见图1）。目前，涧西区4557名基层公共文化人才中青年1003人，占总人数的22%；壮年2049人，占总人数的45%；老年1505人，占总人数的33%。由此可见，涧西区基层公共文化人才的中坚力量是30岁至60岁的壮年（见图2），此年龄阶段的文化工作者经验丰富、精力充沛，有利于干事创业。60岁以上的老年人占1/3，说明涧西区文化工作获得了老年人的支持。青年人虽然经验略有不足，但富有创新意识，是重点培养对象，涧西区基层公共文化人才中30岁以下的青年仅占22%，这种情况不利于涧西区公共文化工作未来的发展，极有可能陷入后继无人的困境。

2. 学历分布

通过调查，涧西区4557名基层公共文化人才中（见图3），初中及以下

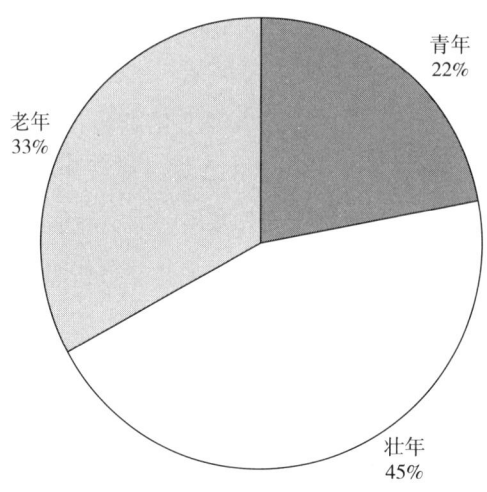

图1 基层公共文化人才各年龄段占比情况

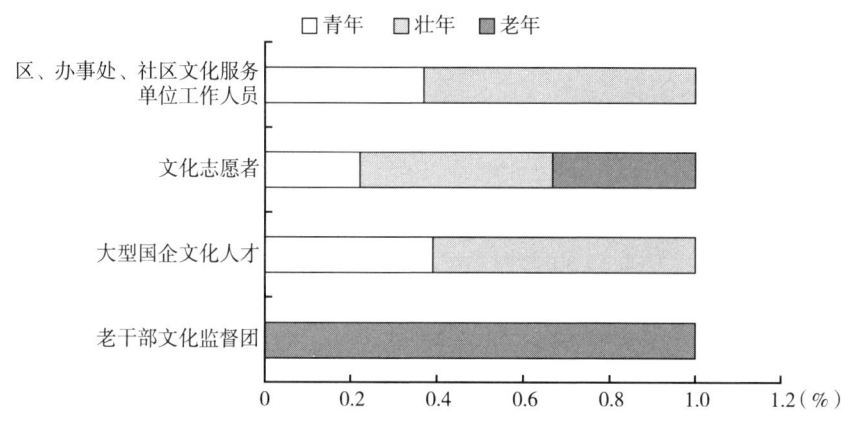

图2 各类文化人才各年龄段分布情况

学历的有795人,占比17%;高中(中专)学历的有1228人,占比27%;本科(大专)学历的有2466人,占比54%;研究生及以上学历的有68人,占比2%。整体来看,涧西区基层公共文化人才学历较高,具备一定的文化素养,但也要看到研究生及以上的高学历人才占比较少,需要继续吸纳和培养此类文化人才。

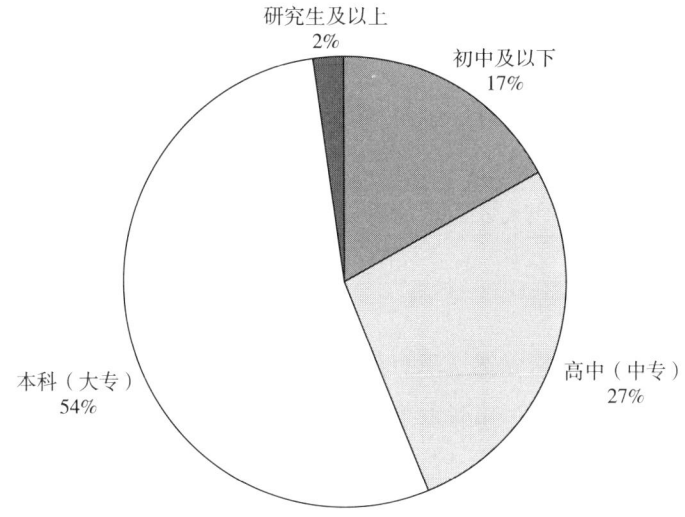

图3 文化人才各类学历占比情况

3. 特长及人数

涧西区重视基层公共文化人才的特长发展，根据个人爱好和文化特长进行管理和培养，基本达到"每人一特长"的目标。人数在30人以上的特长门类有：声乐、舞蹈、美术书法、图书管理、文学、体育、教育、计算机、播音主持、摄影摄像10类特长。其中声乐、舞蹈和美术书法文化人才分别有897人、753人、559人，共占全部文化人才的48%。另外，涧西区30人以下的模特、编导等新发展的特长门类也逐步走进群众的视野，发展势头较好。

4. 在编在岗、专兼职情况

课题组在调查的过程中发现，涧西区、办事处、社区文化服务单位工作人员人数严重不足、文化专干不够专。截至2014年12月，涧西区没有独立的区图书馆，只在区人民文化馆四楼设有图书室和电子阅览室以暂时提供图书借阅等服务。因此涧西区两馆实际工作者在编在岗仅有3人，政府购买6人。上述9人要承担包含图书馆免费开放的所有两馆工作，工作负担较大。办事处12名文化专干均为兼职人员，这些文化专干既负责文化工作还负责教育、妇联、工会、宣传、文物等其他工作。另外12名文化专干中有5名为政府购买，非在编人员，这也导致文化专干流动性较大，南昌路办事处仅2014年就更换文化专干两次，影响了公共文化服务体系建设的连续性。涧西区未涉及拆迁的50个社区各有一名文化专干，50人均为政府购买，没有正式编制，涉及拆迁的23个社区因为没有文化活动场地，因此没有文化专干。基层公共文化专职人才力量薄弱显而易见。

（三）培养发展

涧西区为进一步培养发展现有的基层公共文化人才，于2013年逐步开始对区、办事处、社区文化服务单位工作人员和文化志愿者进行培训。2014年共举办各类培训班10次，针对区、办事处、社区文化服务单位工作人员的业务培训共有6次（每两月一次），针对新加入的文化志愿者的上岗培训共有4次（每季度一次）。

由于办事处和社区文化专干更换频繁，培训缺席率较高，调查发现，只有39%的办事处及社区文化工作人员每年接受专业培训的时间达到"5天及其以上"，52%的人培训天数"少于5天"，9%的人"没有"接受过培训（见图4）。

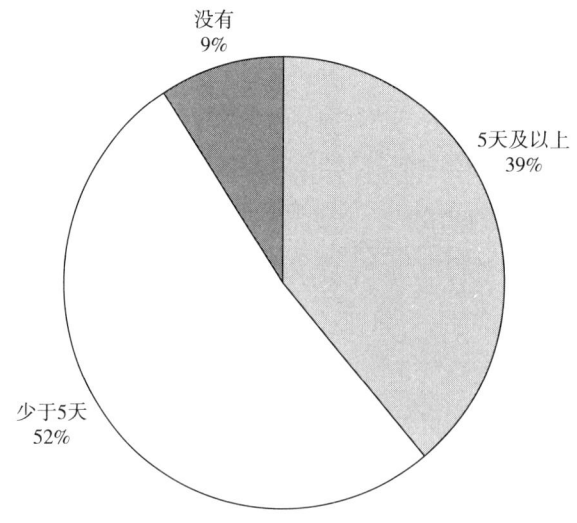

图4 办事处及社区文化工作人员每年接受专业培训的时间

另外，通过培训记录可以看出，针对区、办事处、社区文化工作者的培训主要是创建指标解读、文化专干的责任和义务、两馆工作介绍等；针对文化志愿者的上岗培训则是学习文化志愿者管理制度等，培训内容较为单一。

通过对区、办事处、社区文化工作者进行的培训满意度来看，有5%的人对培训表示"非常满意"，12%的人表示"较满意"，43%的人表示"一般"，29%的人表示"不太满意"，11%的人表示"非常不满意"（见图5）。说明基层文化管理队伍的培训长期不到位，要打造一支专业性强、业务素质过硬的文化队伍，在专业培训上需要进一步加大力度和加强针对性。

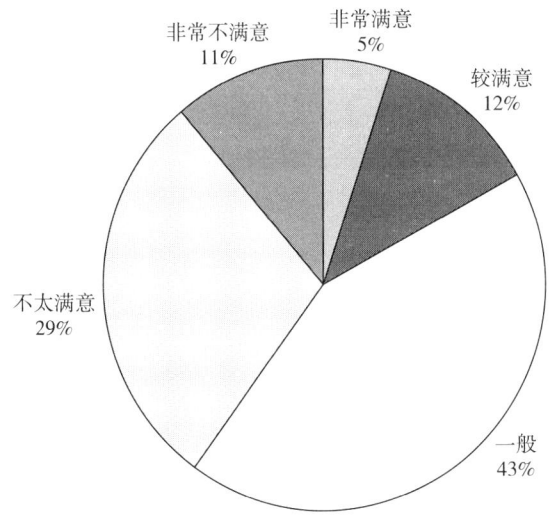

图5　区、办事处、社区文化工作人员培训满意度情况

通过调查发现涧西区基层公共文化人才还存在人数严重不足，年龄结构、人才结构需要进一步优化，大型国企和老干部文化督导团需要发展壮大等问题。涧西区需要从区级领导层自上而下，多方位、多措并举地进行基层公共文化人才队伍建设。

二 涧西区加强公共文化人才队伍建设的实践探索

（一）领导高度重视形成最强支撑力

1. 把基层公共文化人才队伍建设作为保障民生的重要举措

面对辖区居民日益增长的精神文化需求，涧西区政府意识到保障民生、构建现代公共文化服务体系，加快人才队伍建设是必不可少的，是保障民生的重要举措。基层公共文化人才队伍必须科学规划、制度化管理。因此，涧西区政府于2015年3月出台《涧西区基层公共文化人才队伍建设计划（2015～2017年）》（简称《计划》），强调基层公共文化人才队伍建设的重要性，明确到2017年底基层公共文化人才数量要达到涧西区总人口的2.5%，吸纳一批本科以上专业文化人才，培养一批创新实干的基层文化人才，保证辖区居民享受到公共文化服务体系建设的红利，更好地保障民生，满足居民精神文化需求。

该《计划》出台后，收到群众的广泛好评，同时也使涧西区基层公共文化人才队伍建设提升到前所未有的高度。根据文件精神，由涧西区政府办公室牵头建立协调机制，完善党委领导、政府管理、部门协同、权责明确、统筹推进的基层公共文化人才队伍建设管理制度。相关单位充分发挥职能作用和资源优势，明确职责分工，在规划编制、政策衔接、标准制定和实施等方面加强统筹，协同推进涧西区基层公共文化人才队伍建设。

2. 建立健全基层公共文化人才建设财政保障机制

按照《涧西区基层公共文化人才队伍建设计划（2015～2017年）》，由涧西区文化体育旅游局起草本年度人才建设计划及财政预算，计划包含人才吸纳、人才培训、人才奖励等具体工作，财政预算由区财政评估中心审定后，进行专款划拨，全面保障基层公共文化人才队伍建设工作顺利开展。

3. 建立健全基层公共文化人才队伍建设考核机制

在基层公共文化人才队伍建设过程中，严格落实月通报和季考评制度，将基层公共文化人才队伍建设纳入十大民生实事，定期通报工作进展情况。制定下发《涧西区基层公共文化人才队伍建设考核实施办法》，每季度对各办事处的文化人才队伍建设工作进行考核和排名，考评结果全区通报。

涧西区把文化工作尤其是基层公共文化人才队伍建设当作惠民生的实事，领导的高度重视是涧西区基层公共人才队伍建设的重要支撑力，在支撑力的作用下，涧西区2015年至今新增各类基层公共文化人才5670人，吸纳本科以上高素质文化人才3256人，每年为各社区培养一批创作能力强、文化业务精、受群众欢迎的基层公共文化人才。

（二）多措并举提高文化建设主力军的"战斗力"

1. 政策保障数量

文化专业人才队伍是文化建设的主力军，其功能健全与否和作用发挥好坏，直接影响公共文化服务体系的建设。涧西区在创建公共文化服务体系示范区以前，文化工作仅能在区级层面推动，难以深入基层社区，究其原因还是文化工作者较少，基层力量薄弱。各办事处基本没有文化专干正式编制，社区则全是社工。因此，涧西区通过区机构编制委员会向各办事处下发了《涧西区机构编制委员会关于街道办事处设置文化服务中心的通知》，明确要求各办事处设置文化服务中心，带3个正式编制。除此之外，在编制收紧的大环境下，涧西区通过增加政府购买服务的形式，充实区、办事处、社区三级公共文化服务体系文化队伍。考虑到"术业有专攻"，在招聘政府购买服务人员时，有侧重地吸纳播音主持、舞蹈、美术等专业人才，打造专业化基层公共文化队伍。

目前，区文化馆文化专业人才5人，在编2人，政府购买4人；区图书馆文化专业人才3人，在编2人，政府购买2人；全区12个街道办事处文化服务中心均配备3名文化管理员，社区文化活动中心均配备1名享受财政补贴的文化管理员，配备率100%。

2. 专业化培训代替盲目性培训

建立高素质基层公共文化人才队伍不仅要重视人才的吸纳等"先天优

势",而且要注重"后天培养",涧西区将人才发展列为公共文化服务体系建设的重点工作之一,开展科学合理的系统培训,建立培训考核及反馈机制。制订《涧西区文化管理员培训方案》,年培训期数达48期,每年1月印发年度培训计划,12月对参培人员开展成绩评定,同时参培人员对本年度培训内容、培训效果、培训老师进行评价。成绩评定记入文化管理员年终考核,培训评价影响次年培训计划。

为保证培训出勤率,涧西区将培训课程分为必修课程和选修课程,必修课程主要是以基础技能培训和政治思想教育为主,选修课程则是必修课程的延伸和补充,包含办公技能、管理方法、文艺类培训等,参培人员每年度必须完成所有必修课程和2/3的选修课程,出勤率不足的直接取消年终考核资格。

涧西区自2015年开展系统培训以来,共组织培训78期,培训内容涵盖办公软件使用、公共文化服务体系示范区创建指标解读、基层文化管理员责任与义务、文化资源管理培训、优秀文化管理员经验介绍等。精心挑选培训老师,从高校、党校、各类文艺团体、党政机关办公室中邀请专业授课老师,2015年共邀请20名授课老师。培训内容丰富多彩,授课老师经验丰富,参培的文化管理员达5000人次。根据2015年度培训评价,培训的整体满意度达70%。各办事处上报的创建材料质量得到了逐步提高,基层文化管理员工作更加得心应手,办事处精品文化活动不断涌现。这些都直接或间接地肯定了涧西区对基层公共文化人才进行系统培训的成果。

3. 多元化发展培养"一专多能"

在编制收紧的大环境下,涧西区将多元化发展培养"一专多能"作为个体壮大带动整体壮大的方法措施,充分发掘基层公共文化专业人才的潜力,通过调查研究,利用"五维图"为区、办事处、社区文化专干建档,同时根据档案信息开展多元化培养。

建档信息分析的五种维度分别为:组织领导能力、执行能力、沟通交流能力、办公写作能力和其他文化专业技能。五种维度衡量指标由低到高分别用"0~5"来表示。涧西区公共文化服务体系示范区领导小组办公室负责每年对文化专干进行评估,评估方式主要有自评、群众测评、领导评价三种。评价建档信息作为次年多元化培养的依据。

4. 将考核激励机制作为"后置动力"

有效的考核激励机制是保证基层文化服务单位人员持续高效率、高质量工作的有效手段。涧西区对全区 109 名办事处、社区文化管理员进行统一管理，制定并实施《涧西区文化管理员考核制度》，2014 年 12 月将全区 109 名每月每人 150 元，共 196200 元列入年度区财政预算。《涧西区文化管理员考核制度》明确规定，所有文化管理员向所服务区域的群众提供免费公共文化服务产品的义务，并接受涧西区创建公共文化服务体系示范区领导小组的统一领导，接受领导小组办公室组织的考核组每年两次的考核。领导小组根据考核结果决定第二年的补贴发放，被评为优秀和合格的全额发放，不合格的发放 50%，连续 2 年被评为不合格的直接取消补贴发放资格，考核结果在全区进行公示。

每年年初考核组按照日常工作、活动组织、创建特色三个方面的 30 项指标对上一年度全区文化管理员工作情况进行考核。2014 年全区文化管理员中有 30 人为优秀，60 人为合格，3 人不合格，合格率 96.9%；2015 年优秀人数达到 45 人，合格人数 51 人，合格率 100%。

通过建立完善的考核激励制度，既给予优秀基层公共文化人才一定的经济补贴，又调动了涧西区办事处及社区两级文化管理员的工作积极性和干事创业的热情，为基层公共文化人才队伍管理走向正规化、制度化打下了坚实的基础。

（三）加强文化志愿者队伍管理实现特色化发展

文化志愿者是对基层公共文化队伍的有效补充，涧西区在开展志愿服务的同时着重开展文化志愿服务，区文明办与区文化体育旅游局紧密协作，优势互补，建立起了一支整体实力强、专业化程度高、受群众欢迎的文化志愿者队伍。

1. 筑牢制度基础

涧西区依托已有的志愿者团队和管理制度，结合实际，在《涧西区志愿服务管理办法》的基础上，出台了《关于加快我区文化志愿者队伍建设的通知》等文件，对涧西文化志愿服务活动的内容和工作流程进行了规范，明确了招募途径，依托志愿云信息系统实现志愿者实名注册，志愿者有组织，志愿活动有审批，目前全区实名注册志愿者有8万余人，其中文化志愿者10092人。规范了培训管理，根据文化志愿服务项目的要求，通过集中辅导65次、座谈交流300余次、案例分析近百次，对文化志愿者进行相关知识和技能培训，自2014年，全区共组织文化志愿组织负责人大型培训12次。建立文化志愿服务记录制度，志愿服务活动结束后，由办事处、社区、志愿服务组织、公益慈善类组织、社会服务机构等，根据统一的内容、格式和记录方式，对文化志愿者的服务进行及时、完整、准确记录，为表彰激励提供依据。健全文化志愿服务激励机制，各级文化志愿服务组织根据文化志愿者的服务时间和服务质量，对文化志愿者给予相应的星级认定，目前全区已有星级文化志愿者3672余人，其中五星级志愿者158人。建立文化志愿者嘉许制度，褒扬和嘉奖优秀的志愿者，授予五星级志愿者荣誉称号。建立文化志愿服务回馈制度，文化志愿者利用参加志愿服务的工时，换取一定的社区服务，同时在就学、就业、就医等方面享受优惠或优待。推动文化志愿服务工作制度化、长效化。

2. 扶持文艺团体

目前涧西区共有193支志愿者文艺团队，每个团体成员10~90人，共有4271个队员。年活动场次1700多场，服务群众累计60余万人次。文艺团体活动内容涵盖范围较广，主要有美术书法类、体育类、教育类、图书管理类、声乐类、文学类、计算机类、舞蹈类、播音主持类、摄影摄像类、编导类。主要服务对象除了辖区居民外，有2/3的文艺团体特别服务农民工、残疾人、老人等弱势群体，充分体现涧西区公共文化服务的均等化。

涧西区对文艺团体采取"制度规范，松散管理"的扶持方式，用文化志愿者制度明确文艺团体的权利与义务，以宽松的管理方式最大限度地给予文艺团体自由发展空间，提供培训联系的场地和道具、锻炼和展示的平台。部分受群众欢迎的文化团体进行表演后会适当地支付劳务费。近几年涧西区文艺团队发展势头喜人，重庆路二社区合唱团自编自演的情景剧《邻里歌》登上了2015年社区网络春晚；洛轴资产公司退管中心艺术团以"自娱自乐、服务社会"的宗旨广受群众欢迎；中国拥军网心连心艺术团开创文化志愿者拥军爱民的先河；洛阳市涧西区文化馆艺术团的原创豫剧《母亲》感情真挚、表演传神感动无数台下观众，传播社会主义正能量。

3. 打造文化志愿者品牌

涧西区充分发挥文化志愿者中领军人物的带动作用，成立各类志愿者团队开展多种文化活动，打造文化志愿者品牌，尤其是分别以姚铭同志和张艳艳同志为核心成立的姚铭工作室和全民诵读联盟成绩斐然。

涧西区居民姚铭，作为文化志愿者，为自己制定了"个十百千万文化工程"目标，即日行一善，编书十本，办报百期，会友逾千，听课万人，赠书万本，送报万份。为此，涧西区文化体育旅游局在涧西区人民文化馆内，特别为其成立了"姚铭工作室"，通过专项资金购置新图书柜、杂志橱、报纸架，以及桌椅、沙发、电脑、空调等，为"姚铭工作室"创造了良好的工作环境。在区文化馆支持下，"个十百千万文化工程"已超额完成。其中，已编著14部书籍，编辑并出版三种报纸共207期，共印发86000份免费赠阅。"姚铭工作室"组织"社区讲坛"，现已授课230场，听众达22399人次。在"姚铭工作室"的基础上，涧西区成立了老干部义务监督团，对基层文化站点的免费开放、文化活动、群众服务等公共文化服务内容进行明察暗访，并及时将发现的问题反馈至区创建公共文化服务体系示范区办公室建言献策，为涧西区文化示范区建设贡献力量。截至目前，《光明日报》《工人日报》《河南日报》等国内各大媒体报道姚铭优秀事迹170余次，"姚铭工作室"充分体现了创建公共文化服务体系示范区的公益性、基本性、均等性、便利性，已成为涧西区特色文化名片。

"全民诵读联盟"以曾经荣获"首届中国青年诵读艺术家""洛阳魅力形象大使"等称号的文化志愿者张艳艳同志为核心，围绕张艳艳工作室，通过搭建"七大平台"，普及诵读知识，弘扬诵读艺术，传颂文学精品，开展诵读活动，壮大诵读队伍，关爱特殊群体，诵出了一曲"洛阳文化好声

音"。近年来,诵读活动成为涧西区图书馆、文化馆常态化的工作,同时纳入了两馆的年度工作计划,实现了同安排、同部署、同推动、同落实。图书馆组织开展的送图书到社区、读书讲座,文化馆组织的文艺演出、文化培训等,都与诵读活动紧密关联,实现了两馆工作的联系渗透、深度融合和互动发展。"全民诵读联盟"创新了网络传播渠道,建立了微信公众号"张艳艳工作室"和微博、QQ群等自媒体平台,在微信、微博的传播过程中,"全民诵读联盟"也在不断挖掘一个个"草根诵读艺术家"。"全民诵读联盟"把这些人登记在册,建成了"诵读人才库",一方面对他们重点培训,另一方面依托他们组织开展"诵读沙龙"等活动,感染、带动更多的诵读爱好者。目前登记在册的诵读爱好者和诵读人才已经有120余名。截至目前,"全民诵读联盟"分享的散文、诗歌等诵读作品以数千万计的下载和收听量,在洛阳、河南乃至全国有了一定的影响力。

(四)与辖区大型国企合作共建共享

1. 领导高度重视,将辖区大型企业纳入创建规划

涧西区是工业大区,1955年建区初期,正值"一五"期间,国家实施的156个重大项目中,有7个建在洛阳,其中一拖、洛矿、洛轴、洛铜、河柴和洛阳热电厂6个项目及与之配套的科研院所,如拖研所、轴研所、725所等落户涧西。大型国企是涧西区经济建设的主导力量,在基层公共文化建设中也占有一席之地。因此,涧西区在进行创建规划时,特别将辖区大型企业参与创建公共文化服务体系示范区建设纳入《涧西区创建河南省公共文化服务体系示范区创建规划》,明确指出由各办事处与辖区大型国企紧密联系,政府与企业形成资源共享、人才流通的基本工作框架。

通过了解,洛阳一拖集团有限公司、洛阳中信重工机械股份有限公司、洛阳轴承集团有限公司、中铝洛阳铜业有限公司、河南柴油机重工有限责任公司5家大型国企设有文化阵地,并配备了8~15名专兼职文化人才,总人数从2014年的36人发展至现在的69人。另外在涧西区创建公共文化服务体系示范区的带动下,新成立文化团体22个,2015年至今参加各类文体活动38次。

2. 互利共享，开启双赢模式

涧西区大型企业绝大部分属于央企，级别较高，办事需层层审批，导致沟通效率低。因此，通过办事处了解各大型企业文化工作具体主管部门，并与该部门形成紧密的联系，建立例会制度，每季度召开一次创建会议，明确下一季度主要工作内容，商议公共人才队伍建设和资源共享等问题。

中信重工机械股份有限公司前身为洛阳矿山机械厂，该公司本身的历史就是一种时代的精神和文化。为学习焦裕禄精神，该公司利用珍贵的焦裕禄的遗物和照片建立焦裕禄纪念馆，该纪念馆常年对外开放，并有兼职讲解员3名。涧西区与中信重工纪念馆达成合作，每年组织1000人次到纪念馆参观学习，同时，邀请纪念馆讲解员免费到各社区和学校开展焦裕禄故事讲演活动，宣传焦裕禄精神，体现榜样的作用。涧西区则利用政府资金为辖区各大企业的图书室免费捐赠各类书籍，以供企业员工就近借阅，为企业职工保障添砖加瓦。

（五）发挥"五老"余热壮大老干部文化督导队

老干部文化督导队成立于2004年7月，由涧西区关工委和涧西区文化体育旅游局联合发起成立，首任大队长为段思学，第二任大队长为姚铭。大队下设12个分队（每个办事处一个），现有46名队员，均为"五老"人员，人均年龄64岁，其中年龄最大的成员已有80岁。

督导队采用"一二三四"管理制度，方便"五老"人员工作——怀着一颗爱心，每月检查两次，三个月交一次检查表，第四季度召开总结表彰会。涧西区关工委和涧西区文化体育旅游局随时接受文化老干部文化督导队的督导反馈和工作建议，强化监督管理力度。另外，为保障"五老"人员文化监督工作中的安全，涧西区文化体育旅游局每年为队员购买人身安全保险，免费发放伞、背包、茶杯、帽子等劳动保护用品，来保障老干部文化督导队成员的基本安全。

老干部文化督导队大队成立初期，其主要任务是监督检查全区网吧，坚守在网吧大门，共检查网吧达1.5万次，取缔黑网吧7家，挽救网瘾学生多

人,在老干部文化督导队的监督下,违规网吧数量逐年减少。

从2014年涧西区正式启动公共文化服务体系示范区创建工作开始,文化督导队又担负起涧西区文化活动中心(站)免费开放检查工作。近两年来,每月对所有文化活动中心(站)检查一次,共检查千余次。涧西区公共文化服务体系示范区创建领导小组办公室将检查结果作为工作开展和对办事处、社区进行奖惩的参考依据。

文化督导活动中涌现了大批典型人物,姚铭同志荣获全国共产党员优秀志愿者、河南省文明市民、最美洛阳十佳人物等称号。全区十佳五老标兵中有5名是文化督导队的成员,7名功勋队员王修方、王竹婷、刘敏、尚世兰、王顺友、李泉水、姚铭坚持数十年如一日的文化督导工作获得了市、区两级文化部门的认可。

三 涧西区公共文化人才队伍建设存在的主要问题

(一)公共文化专业人才难以适应发展需要

通过两年的创建,涧西区公共文化人才队伍建设有了长足的进步,领导重视、基层配合、财政支持、人才活跃。但也要看到区、办事处、社区专职文化人才的数量与全区庞大的居民人口数量不相匹配,文化志愿者人数逐年增多,加大了管理难度,各类文艺团体过分自由发展难以有大的突破等问题。这些问题反映出的整体情况是涧西区公共文化人才尤其是专业人才,难以适应居民日益增长的精神文化需求。

1. 基层专职文化队伍总量不足

按编制,全区12个街道办事处文化服务中心均应配置3名文化管理员,共需配置文化管理员36人,现在,这12个街道办事处文化服务中心虽然也有36人上岗,看似达到了细则规定标准,实际上,其中只有29人在编,另外7人均不在编。文化专干不专职的比例也较大,有7个办事处仅有1名工作人员为专职,全区12个办事处文化服务中心实际文化专职人员仅有22

人，实际缺编 14 人。社区文化队伍现状令人担忧，社区工作人员流动性较大，基本没有正式编制，虽能保证已建成的 50 个社区文化服务中心有一名文化工作人员，但社区工作人员没有编制，同时也不可能做到专职。

2. 文化志愿者的管理不能适应逐年壮大的队伍

涧西区目前有 1 万余名文化志愿者，区级层面主要由涧西区文明办和涧西区文化体育旅游局管理，未尽事宜则由办事处和社区负责。以上管理部门的相关工作人员总数不足百人，这意味着每 1 名政府部门的文化志愿者管理者需要管理 100 名文化志愿者，管理难度可想而知。另外，涧西区甚至洛阳市所承诺各项志愿者保障制度，如上学、就医优惠政策等，在实际推进中困难重重。

3. 各类文艺团体过分自由发展难有质的突破

在涧西区人民政府的支持下，居民参与文化活动的热情高涨，各类文艺团体百花齐放。涧西区本着自由发展的原则仅为文艺团体提供基本保障，没有对全区文化艺术团体资源进行全面的了解，各类文艺团体各行其是，缺乏政府的适度干预，容易迷失发展目标，导致各类文化团体没有充分发挥作用，未来发展难有质的突破。

（二）社会力量参与基层公共文化人才队伍建设不足

基层公共文化人才队伍建设的重担一直由涧西区人民政府"一肩挑"，在社会大众对现代公共文化服务体系建设还很陌生的时候，政府必须积极承担，但随着现代公共文化服务体系建设的不断深入，仅靠政府有限的力量，涧西区基层公共文化人才队伍建设难以实现真正的壮大和发展。

1. 与其他大型企业联系不够紧密

除已建立合作的五家大型国企外，涧西区范围内的其他企业不重视与政府共同培养公共文化人才，认为公共文化人才就应该政府负责培养，不需要企业参与，共建公共文化人才队伍是企业的负担。例如，今年为提升城市功能，满足辖区居民文化和健身需求，涧西区选取 2 个地方建设文化体育广场，免费安装各类文化和体育器材，平整地面，适度绿化。其中一处就选在

407厂权属范围内,需要407厂派2~3名工作人员与社区文化专干共同对该广场进行管理,但407厂却以人手不足,增加了企业管理费用为由拒绝配合建设文化体育广场。此类事情时有发生,究其原因还是与辖区除有合作关系的企业外的其他大型企业联系合作不够紧密,部分企业认为公共文化服务体系建设工作就应该由政府全权负责,不愿意将员工的精力和时间放在"无经济利益"的文化工作上。

2. 与涧西区新建文化项目合作不足

近几年,涧西区响应洛阳市"文化强市"的号召,大力发展文化产业,加大文化产业招商引资,加快文化项目建设,洛阳第一台室内文化演艺《功夫诗·九卷》、第一台大型实景演艺《武则天》、第一家工业loft式文化创意产业园等项目相继落户涧西。这些文化项目不仅带动了经济的增长,而且带来了一批优秀的文化人才,但涧西区在基层公共文化人才队伍建设中却没有充分利用、吸纳这些优秀文化人才。

3. 高校缺位基层公共文化人才队伍建设

高等院校是人才和专业资源相对集中的地方,另外学校与企业相比更具有社会责任感,更可能成为基层公共文化队伍建设的生力军。涧西区共有三所高等院校,分别是河南科技大学、洛阳理工学院和解放军外国语学院,均没有参与到涧西区公共文化人才队伍建设中去。

(三)基层公共文化人才队伍建设的阵地缺失

基层文化阵地是培育公共文化人才的沃土,是文化工作者施展才能的舞台。受涧西区棚户区改造的影响,全区共有23个社区的文化活动中心在拆迁改造范围内,占所有社区的31.5%。

据统计,全区应重建社区文化活动中心23个,实际开建7个,占计划的30.43%;建成1个,占任务的4.34%;目前应建而没有开建的还有16个,未开建率为69.56%。进度最快的武汉路办事处应建社区文化活动中心1个,实际开建1个,占计划的100%;建成1个,占任务的100%。进度最慢的工农办事处应建社区文化活动中心8个,实际开建0个。受拆迁影响的社区不管是文化专职人员还是文化志愿者团队建设工作都明显落后于其他文化阵地建设较好的社区。

四 加强基层公共文化人才队伍建设的对策建议

（一）强化基层文化人才队伍保障机制

1. 完善选人用人机制

按照控制总量、盘活存量、优化结构、有减有增的要求，研究制定公共文化机构人员编制标准，并根据业务发展状况进行动态调整。对实行免费开放后工作量大量增加、现有机构编制难以满足工作需要的公益性文化事业单位，要结合实际财力，合理增加机构编制。深化公益性文化事业单位改革，形成有利于优秀文化人才成才和发挥作用的良好环境。面向社会广纳贤才，吸引高层次文化人才，建设一支能够长期扎根基层的文化工作者队伍。

2. 完善基层文化人才培养机制

一是与相关文化艺术院校挂钩，分期分批对街道、社区文化专职干部集中轮训，更新知识结构。二是聘请专家开展专项业务短期培训活动。三是鼓励基层文化干部积极参加成人高考、自考、函授等学习。以短期培训、集中学习等方式，开展理论及业务知识学习，不断提高自身文化素质。

3. 加强文化志愿者队伍建设

在《涧西区志愿服务管理办法》的基础上，结合文化志愿者发展现状和特点，加快出台"文化志愿者管理办法"，引导文化志愿者发挥所长，为基层群众文化活动贡献力量。鼓励部分志愿者深入基层，为基层文化开展注入强大的力量。加强对文化志愿服务项目的评估工作，使志愿者工作长效化、规范化。

4. 扶持业余文艺团队发展

群众业余文化团队是专职队伍的有力补充，也是基层群众文化工作的开展者和积极参加者。应尽快出台扶持业余团队发展的政策，如"关于进一步加强业余文艺团队发展的指导意见"和"涧西区业余文艺团队管理及演出补助办法",通过政府购买方式,鼓励业余文艺团队发展。同时,加强政府干预,整合现有业余文化团队资源,根据各团队发展情况实行目标管理。

(二)推动社会参与共建优秀基层公共文化队伍

十八大以来,中央和国务院多次出台相关政策,鼓励社会力量参与公共服务领域。基层公共文化人才队伍建设同样如此。

1. 强化社会力量引导

配套出台相关政策,引导知名企业文化人才和文艺团队参与办事处、社区群众文化活动,充分利用与一拖、中信重工等5家大型国企合作共建基层公共文化人才队伍的示范效应;探索政府牵头,企业参与的基层公共文化人才建设模式,通过政府搭建基础平台,吸引社会力量参与。在此理念基础上,结合涧西实际,加快出台"涧西区推动社会力量参与共建公共文化队伍实施办法",来引导、调动社会力量参与公共文化服务。

2. 利用社会购买服务,加强与新建文化项目的合作

中央《关于加快构建现代公共文化服务体系的意见》明确提出要"建立健全政府向社会力量购买公共文化服务机制。出台政府购买公共文化服务指导性意见和目录,将政府购买公共文化服务资金纳入财政预算"。涧西区在建立健全政府购买公共文化服务机制的基础上,加大对新建文化项目服务的力度,同时增加共建基层公共文化人才队伍的约束性条款。一方面政府采购文化产品,扶持新建文化项目蓬勃发展,实现了由"办"文化向"管"文化的政府职能转变,由单方面"送文化"向全方位"种文化"转变,激发基层文化活力。另一方面项目单位在受益的情况下需按照事前约定,吸纳项目单位优秀文化人才,加强人才交流,充实涧西区基层公共文化人才队伍。

3. 与高等院校建立互利共赢的文化人才培养模式

与高等院校探索文化人才"培养-输送"模式,高校负责利用丰富的专业知识和教育资源培养各类文化人才,涧西区政府负责提供3个月至1年的实习锻炼岗位。在此种模式的运作下，高校毕业生得到了宝贵的社会工作经验，涧西区基层文化专职人才力量在短期内得到了充实，同时，根据学生意愿和工作情况可采用招考录用和政府购买的方式长期留用。涧西区要充分利用高等院校人才资源，建立高校智囊团，完善健全专家咨询制度，定期邀请高效专家为涧西区基层公共文化人才队伍建设出谋划策。

4. 进行有效的舆论宣传

利用各类媒体，加强群众对基层公共文化工作者的了解，树立基层文化工作者无私奉献的形象，引导社会大众关注基层公共文化人才队伍建设。通过电视、广播、杂志等传统新闻媒体对基层优秀文化工作者和光荣事迹进行广泛的宣传报道。在微博、微信、直播平台等线上媒体制作发布短小精悍的文化工作者的小故事，在年轻人中间传播。既建立了基层公共文化工作人员与群众的沟通桥梁，又吸引社会力量参与基层公共文化人才队伍建设。

（三）多途径解决阵地缺失问题

1. 资源共享，保证平稳过渡

积极与大型国企和科研院所联系，本着资源共享的原则，让拆迁社区居民到附近大型国企和科研院所的文化活动中心享受公共文化服务产品。由所属办事处牵头联系，社区协助寻找合适场地，区级文化部门负责补齐室内设施设备，来保证拆迁重建过渡期社区文化服务产品的供给。

2. 加强文化流动服务

采取流动文化服务车送图书下社区、送戏下社区、公益电影放映等公共文化服务形式，在解决公共文化服务"最后一公里"问题的基础上，将以上服务向拆迁社区倾斜，把文化服务产品送到居民身边。

3. 统筹规划，共建共享

区政府发挥主导作用，在区政府常务会上明确所有拆迁社区必须按照要求规划建设社区文化活动中心，科学合理布局，并报市规委会备案。同时，利用好社会资源，整合各级各类面向基层的公共文化资源和服务，采取与开发商共建的形式，保证建设好符合要求的社区文化活动中心。

B.14
八里唐文化创意产业园调研报告

秦 华*

摘 要： 文化创意产业园是文化创意产业集聚化发展的重要依托和载体。建设文化创意产业园有利于文化创意产业的集群发展、企业孵化、品牌塑造、人才吸纳，对推动文化创意产业可持续发展具有重要的意义。本报告围绕八里唐文化创意产业园"工厂改造+园区集聚+会展经济"的发展模式，从创新业态、链条发展、融合创新、人才建设等路径对园区的未来发展提出了相应的对策建议。

关键词： 八里唐 文化创意产业 发展特色 发展展望

近年来，洛阳市紧紧围绕"四高一强一率先"奋斗目标，以建设中原经济区文化示范区的总体目标，深入挖掘和提升传统文化资源优势，坚持以文化产业园区为载体，以重大产业项目和文化品牌为支撑，以市场化运作为主导，以改革开放和创新驱动为动力，强力实施创新融合，全市文化产业呈现出总量不断扩大、结构逐步改善、速度显著提升的良好态势。八里唐文化创意产业园作为河南省文化重点投资项目和洛阳市重点项目，以洛阳深厚的历史文化底蕴为依托，通过改造企业的老厂房、整合文创企业资源，现已发展成为河南省第一家集文化艺术、旅游、创意创业以及体育运动休闲产业为一体的综合性文化创意产业园区。经过一年多的运营，八里唐文化创意产业园已经发展成为洛阳乃至河南省文化创意行业的新地标。

---

* 秦华，洛阳市委党校市情研究部讲师，主要研究方向为文化产业。

一 八里唐文化创意产业园概况

八里唐文化创意产业园位于洛阳市洛龙区关林办事处八里堂村关林东路182号（龙门大道与伊洛路交叉口往东300米处）。园区北面是焦枝线铁路，南面是郑西高铁线，八里唐文化创意产业园坐落在两条铁路干线之间，整个园区以长条形贯穿其中。园区通过对原有老厂房建筑的改造加固，使其演变成为一个老工业文明与当代文化艺术相交融的综合体，就像园区两侧的铁路线，一个代表旧工业时代，另一个代表新的工业文明。

八里唐文化创意产业园于2015年5月30日正式开园。八里唐文化创意产业园区占地610亩，由洛阳梦园文化传播有限公司投资5亿元，在借鉴北京798艺术街区成功经验的基础上，由4位洛阳本土海归人士精心打造，以满富沧桑的老厂房、老车间为文化创意载体，对原洛阳明花洗涤剂股份有限公司的闲置厂房进行开发建设，通过艺术改造和再利用，将园区打造为洛阳市唯一多元化LOFT文化街区。园区内汇集了国内外知名餐饮、主题文化酒店、创意酒吧咖啡厅、个性工作室、小剧场、书店、艺术展会等业态，形成了洛阳最富有人文气息的文化创意聚落。

八里唐文化创意产业园以洛阳文化展示为核心，分为"一心"（河洛文化艺术交流中心）、"三轴"（运动休闲轴、文化创意轴、旅游集散轴）、"五区"（艺术区、餐饮酒吧区、创意工作区、公益健身馆、创业孵化区），分两期建设。其中，一期项目占地150亩，分为A、B两期进行阶段式开发，A期分为文创艺术展示区、餐饮酒吧区、艺术创意区及运动休闲区四个项目区域；B期工程分为B2C产业孵化区和休闲商业区域，可同时容纳300户文化创意等中小型企业。园区内现已入住小微企业56家，包括酒吧、书店、画廊、摄影棚、陶艺室、摩托店等业态[①]。2015年5月30日一期A期正式开园；B期2016年3月动工，2016年底改造完毕。截止到2016年底，

---

① 姜明明：《让小微企业"创"出新天地》，《洛阳日报》2017年3月29日。

一期工程建设已经基本完毕。二期项目位于产业园的东侧，总占地460亩，将建成综合体验式公园，包括火车餐厅、集装箱小镇、越野拓展运动场所、房车基地、汽车影院等休闲体验项目，二期项目正在持续施工中。

二 八里唐文化创意产业园发展特色

八里唐文化创意产业园以文化和运动休闲为主轴，创新创意为理念，结合商业管理模式，结合自身的资源优势和区位优势，在发展中逐渐形成了自身的文化特色和品牌。

（一）园区规划明晰，产业集群发展

洛阳八里唐文化创意产业园以"文创小镇"为前瞻性的时尚设计理念，结合洛阳九朝古都的历史文化基础，打造具有洛阳本土特色，集创意文化艺术，运动休闲为一体的多业态综合体。园区在有效保留国有资产的基础上，通过对旧厂区进行深化改造和艺术创意开发，挖掘本土民间艺术资源，带动了文化全产业链发展，对推动洛阳文化旅游产业的发展起到了重要的带头和示范作用。

洛阳八里唐文化创意产业园是以文化创意、旅游集散、创业培训、运动休闲为主题定位，以建设以洛阳文化展示为核心，集商业、观光、休闲、民俗、运动、创意、创业等于一体的文化休闲园区为其功能定位。具体有如下几点。第一，加强战略新型文创产业发展，引导创业。围绕洛阳当地文化创意产业，引进创新型人才，拓宽业务领域，扶持"互联网＋"文创企业发展，引导创业，提升洛阳文化领域创新力和生产力。第二，建设洛阳乃至全省最大文创产业孵化基地。通过打造市场化、专业化、集成化、网络化的文创平台，实现文化创新；通过线上与线下、孵化与投资相结合，为小微型文创企业提供低成本、便利化、全要素、保姆式综合服务。第三，扶持中小型文创企业"二次创业"。通过加强文化产业引导，创新指导、重点扶持，借助资本的力量帮助中小型文创企业转型升级，连点成线，全面发展。

园区项目建设分为两期工程规划。一期工程占地150亩，分为A，B两

期进行阶段式开发。A 期改造面积为 90 亩，投资 5000 万元，包括多功能会展中心一处，多功能会议室 3 个，休闲广场 3 处。A 期划分为文创艺术展示，餐饮酒吧酒店配套，艺术创意及运动休闲四个项目区域。文化艺术区围绕传统艺术，打造艺术创作与艺术展示集聚地；餐饮酒吧区打造特色餐饮酒吧一条街，满足入园游客各项需求；创意办公区聚集各种中小型创意工作室，引领洛阳乃至中部地区文化创意产业发展；运动休闲区围绕弗兰克机车小镇，打造运动和休闲文化区，未来与二期建设连为一体。A 期园区内绿化面积达到 40%，可使用面积约为 36000 平方米，可容纳近 200 户文化创意等小微型企业入驻，容纳员工近 1500 人，园区内企业年产值预计达到 1 亿元。B 期工程分为 B2C 产业孵化和休闲商业区域，包括主题酒店、文创超市、旅游餐厅、青年旅社、小剧场等多个板块设置，改造面积为 60 亩，投资 3000 万元。园区内绿化面积达到 35%，可使用面积约为 26000 平方米，拟引进奥特莱斯等休闲商业及物流配套企业入驻。

一期功能区预留两栋楼作为 Oasis 创意办公区，联合郑州 UFO 众创空间共同打造文化创意产业平台项目，定向招商，吸引小微型文创产业入驻，创立创客苗圃孵化基地、协作式联合办公室等。通过提供市场化、专业化、集成化、网络化的创业平台，为小微文化创意企业提供低成本、便利化、全要素、保姆式的综合服务，以便建立八里唐文创孵化平台，后期打算与洛阳创意产业孵化器、建业嵩云科技和郑州 UFO 众创空间等共同打造洛阳最大文创孵化基地。通过推广文化创意及文化产品，从而让洛阳历史的悠久及文化的魅力得到更广泛的传承和发扬。

二期项目地块位于原明花洗涤剂厂东侧至环城东路，为八里唐文化创意产业园区配套用地，拟投资 4000 万人民币打造综合性体验式大型公园。其中包括火车餐厅、集装箱小镇、运动小镇、卡丁车、越野拓展运动场地、房车基地、汽车影院等休闲体验项目。项目整体建成后可为社会提供就业岗位近 2000 个，其中安排下岗职工再就业 500 人，提供大学生就业岗位 1500 个。开放式的园区环境有利于改善和提高周边地区的居民文化生活水平，同时满足群众性运动休闲活动对城市绿地及广场的需求。

八里唐文化创意产业园通过创意平台的搭建吸引了众多中小微文化企业的进驻。园区进驻的企业包括：文化创意型企业，如最具代表性的文化知名企业郭爱和三彩艺、李学武牡丹瓷等；体验型创意企业，如"这礼是"洛阳商贸公司，体验型创意企业"爱创客"等；大学生创意企业，中部青年创意孵化基地（通过学园祭、大学生创意比赛寻找优秀创业种子进行孵化）。园区通过对这些创意企业的培育孵化，由公司通过八里唐品牌的整合带动，借助一年一度的洛阳牡丹文化节、河洛文化节等节会平台，把这些优秀创意产品推向全国乃至全世界，从而推动洛阳历史文化的传播与传承。园区入驻企业不仅涵盖了文化旅游产业中的六大行业要素和核心的文化创新要素，而且带动了旅游地产、艺术创作、建筑设计、文化教育等相关产业的发展，进一步促进了旅游的发展与科技、文化、艺术、生态等多个领域的产业要素有机整合。众多文创企业通过在园区这个特定的文化地理空间的功能集聚，促进了园区产业的规模效应和综合竞争力的提升，有利于发挥园区文化产业发展的优势与潜力，促进企业间协同创新和全链条产业发展。同时，园区通过创造"一站式体验"来吸引消费者，使游客入园后"吃住行游购娱"所有需求都能够得到满足，进一步挖掘了园区文化消费的市场和潜力。

（二）区位优势明显，文化氛围浓厚

洛阳是具有悠久历史文化的十三朝古都，也是中外驰名的历史文化旅游胜地，民间文化艺术根源深厚。八里唐文化创意产业园文化优势和地理区位优势明显。园区处于洛阳市政府所在地洛龙区，洛龙区是洛阳的行政文化中心，该区域内涵盖了河南科技大学大学城、世界文化遗产国家5A级景区龙门石窟和国家4A级旅游景区关林庙。定鼎门、薰衣草庄园、建业正平坊仿古商业区、泉舜购物中心、宝龙城市广场等商业综合体都在园区周边3公里范围内。园区南面紧挨建业八里槐生态社区，背靠伊河文化长廊。园区处在洛阳文化示范基地的龙头位置，具有较好的文化基础和丰富的旅游资源。同时，园区位于城市主干道龙门大道和伊洛路交会处以东300米，周边的龙门高铁站以及二广高速新区站，更为本市和外地文化爱好者和游客提供了高效便捷的交通。

八里唐文化创意产业园被称为洛阳的"798"艺术街区。园区内各种风格的艺术氛围浓厚，废弃的框架结构厂房、老式的火车、富有年代感的标语和宣传画、充满艺术气息的涂鸦……各种带有洛阳时代特质和新潮流的文化艺术气息在园区内交织碰撞，成为吸引"创客"和游客的独特特质。园区倾力投入生态环境和建筑改造的艺术性，在建筑特色上保留了老厂房的外观结构，根据其遗留的空间及建筑群特性对原老厂房等废弃建筑群进行非拆除性全面加固和综合性艺术改造，通过对部分墙体、电线杆进行艺术化处理，使整个园区呈现出浓浓的"艺术范儿"。在八里唐文化创意产业园一期小广场旁的红砖楼体上有一幅高10米、宽40米的代表性彩绘壁画。该幅壁画由洛阳本土的无形彩绘墙体彩绘工作室打造，以时间为主题，以洛阳龙门石窟最具代表的卢舍那大佛为原型，取"大佛历览千年帝都，八里再塑盛世唐塘"之意，以与时间相关的钟表和齿轮为素材，以平构和色构设计与大佛形象结合设计形成新氛围新感觉的大佛壁画。该壁画已成为园区内特有的景观和文化精髓所在，众多摄影机构、小剧场、参观的游客都以壁画为背景进行主题活动和拍照留念。

八里唐园区立足于一线新兴艺术的推动与本土文化的熔融，通过推动各类创意设计产业的融合发展，培育了更多的文化新兴业态，陆续打造成一个集文化创作生产、创意作品展示、文创项目衍生、影视演艺、餐饮服务、旅游观光等为一体的多功能文化品牌。园区内进驻的文化艺术机构众多，常态化、艺术化、小众化主题活动和展览活动的举办，提升了园区的文艺气息，凝聚了人气，为文化活动开展和文化交流提供了良好的载体和平台。在园区的文创艺术展示区，设有暨元空间、梧桐画吧、想象艺术空间等画廊，碑廊、遇见美术馆、向楠艺术空间、泥窝工作室、想象书店、家合影像、视界影像等机构和设施，为各种展览、文化活动的开展提供了展示的平台。

暨元空间是园区第一家入驻的艺术机构，由洛阳市知名画家侯震主理。侯震现为洛阳市油画院院长、研究员，中国美术家协会会员、河南省美术家协会理事、河南省美协油画艺术委员会副主任、河南中国人物画艺委会

委员、新加坡国立大学艺术顾问、洛阳市美术家协会副主席,其油画作品多次入选全国美展并获奖。暨元空间主办的"迹·象"中国南方油画家作品邀请展,邀请了浙江省油画协会主席杨参军和陈义丰、李昆仑等十几位国内著名油画家,共展出作品50多幅,用纯粹的技术语言,从内容到形式,从空间到本体,带给观赏者极其鲜活的视觉感受。侯震的"33×33×33 浮沉"水墨画展,展出的51幅作品,通过最传统的水墨勾勒出戏剧式的雕塑图式,通过中国水墨的大片渲染烘托出混沌的氛围,抽象的韵律营造出"佛陀"般真实的情境。

想象艺术空间主办的"青林垂影,绿水为文——景色·2016 张建京作品年度展",更是创新了展览的形式和内涵。张建京现为洛阳画院副院长、洛阳市美术家协会副主席兼秘书长、洛阳美术馆馆长助理、河南省美术家协会理事、河南省中国画学会副会长、中国美术家协会会员、中国书法家协会会员。多年来,他把山水画创作作为艺术创作的主要方向,多次荣获国内书画大奖。想象艺术空间在展期一个月的张建京作品年度展中,穿插融合举办了包括伊洛正声——大观琴社新年小型民乐会演奏会,花香雅乐——翰章华道与弘艺国乐的诉说,墨香琴音诗书情——想象艺术空间·想象书店上元雅集等8场文化艺术活动,画展与各种文化、艺术元素的融合和交织,为多元文化的交流提供了很好的尝试和借鉴。国内和洛阳本土知名画家画展的常态化举办,一方面推动了洛阳油画、水墨画的发展和市民文化艺术修养的提升,另一方面画展中举办的相关文化活动为艺术家、文化机构举办交流活动起到了示范作用。

（三）节会活动多元,助推品牌塑造

八里唐文化创意产业园自2015年运营以来,始终以节会和庆典活动来树立和强化自身品牌,每年策展50余场会展活动。洛阳市首届"校园小创客"展、儿童艺术嘉年华、2016洛阳首届糖·Town（唐）音乐节、国际热气球节、八里唐主题婚礼等节会活动的开展,使八里唐园区成为常态的文化热点区域,各种文化活动的举办和倡导,树立了园区的文化品牌和洛阳良好的城市文化形象。

2016年4月30日至5月2日，八里唐园区承办了"2016洛阳首届糖·Town（唐）音乐节"，音乐节邀请了许巍、帕尔哈提、谢天笑、GALA乐队等国内知名音乐人和音乐团队，为广大市民和游客奉献了为期3天充满激情的演出，吸引了洛阳本地及周边城市10万人次现场观看。园区通过举办国内一流水准的品牌音乐节，既吸引了青年群体参与，又让更多市民和游客感受了古都"夜经济"的新魅力；既提升了洛阳市城市形象和文化发展水平，又有效拉动了洛阳文化相关产业的发展。

　　"糖·Town（唐）音乐节"是第34届中国洛阳牡丹文化节的主体活动之一，由洛阳旅游发展集团有限公司主办，八里唐文化创意产业园和唐936洛阳音乐广播共同承办。音乐节通过深挖文化内涵，创新文化消费方式，为音乐节年度性常态化举办探索了路径、积累了经验。一方面，音乐节主题内涵寓意深远。"糖"，洛阳素有"洛阳牡丹甲天下"之称，被誉为牡丹花城，每年4月牡丹文化节期间，牡丹花全城盛放，空气中处处散发着甜蜜的味道，体现了"甜蜜城市"的意义。"唐"，既昭示着洛阳是大唐盛世时期丝绸之路的东方起点，又暗中点题音乐节的承办方是八里唐和唐·936洛阳音乐广播两家专业机构。另一方面，品牌音乐节常态化的举办以及"体验式推介"助力了文化产业的发展，提升了古都洛阳的城市魅力。洛阳市作为第一批历史文化名城，在国内享有很高的知名度。近几年，洛阳市正在努力构建文化传承创新体系，大力发展文化产业、旅游产业，打造国际文化旅游名城。国内一流水准、个性化音乐节等时尚节会活动来洛举办，成为极具号召力的品牌资源和旅游资源，吸引了八方宾客感受和体验洛阳的城市文化，从而转变和升华洛阳以往在人们印象中的古都形象。"糖·Town（唐）音乐节"的举办，把洛阳打造成为"时尚之都、浪漫之城"，有效地带动了洛阳市旅游产业的发展和城市文化形象的树立，对带动区域消费能力、促进区域经济发展、繁荣区域文化发展具有里程碑的意义。①

---

① 杨佳琦、陈西坤：《洛阳糖·Town（唐）音乐节圆满落幕》，《洛阳日报》2016年5月3日。

三 八里唐文化创意产业园发展中存在的问题

八里唐文化创意产业园在园区规划、节会举办、品牌塑造等方面为洛阳市文化产业发展提供了有益的借鉴，但园区在发展过程中还存在一些不足。

（一）配套设施有待完善

八里唐文化创意产业园对园区内部的老旧厂房仓库、配套设施及绿化都进行了整体格局的改造和再利用，使园区的建筑风格、艺术气息、文化氛围都有了质的转变，但是园区外的周边环境和配套设施还需进一步协调和完善。八里唐园区地处龙门大道与伊洛路交叉口以东300米，园区正门到伊洛路距离大概50米，途中有火车道涵洞，园区外围地块行政隶属关林镇八里堂村。园区外围虽然用钢架结构竖立了"八里唐"的艺术性标识，但与未经硬化的临时停车场、陈旧的涵洞、杂乱无章的民房、坑洼不平的路面等在一起，场面显得极不协调，整体上拉低了八里唐园区的外部文化艺术形象。此外，园区周边的公共交通亟须改进。伊洛路是洛阳市城市区建设的东西向城市主干道，道路规划红线宽度60米，双向6车道，由于道路没有全线贯通（伊洛路王城大道与龙门大道段已建成），沿线亮化、绿化、美化、公交等配套设施还未配建到位。虽然园区开展音乐节期间，市区有免费的接送大巴，但对于日常和节假日市民和外地游客来说到园区参观非常不便。

（二）政策支持有待提升

八里唐文化创意产业园虽然是省市文化领域重点项目，有一定的政策支持、奖励及补贴，洛龙区政府就曾奖励园区100万元资金。但园区在筹建过程中，由于前期园区改造投资巨大，资金一度紧张。2016年8月洛阳市旅游发展集团通过注资融资使园区走出低谷，园区一期建设有了进一步的发展。园区内进驻的企业有留学生创业的LAPUTA互联网创客餐吧，以及泥窝DIY工作室、Flight Logs手工皮具店等大学生自主创业项目，还有具有公共文化服务和社会服务功能的书店和画廊。虽然政府对于大学生创业项目、文化创意项目、实体书店建设出台了诸多支持和鼓励的政策条款，诸如洛阳市颁布的《关于进一步激发社会活力支持大众创业万众创新的实施意见》（洛发〔2015〕13号）、《洛阳市小微企业创业创新专项资金管理办法》，11部委颁布的《关于支持实体书店发展的指导意见》，洛阳市按照"突出特色、以点带面、全域拓展、全市覆盖"原则，实施的"636行动计划"，以推动"重微共振"工程，但是这些政策的实施，大多是针对众创空间、孵化基地、公共服务平台的建设。八里唐园区内虽然有众多自主创业项目和团队，但园区目前还不是文创产业孵化基地，部分扶持政策无法得到有效落实。

（三）文化消费有待挖掘

八里唐园区在每年中国洛阳牡丹文化节、河洛文化节期间承办的大型节会和展览活动，吸引了大批本市和外地游客参观游览。譬如"糖·Town（唐）音乐节"期间，3天吸引了10万参观者，"儿童艺术嘉年华"期间，5天吸引了5万入园游客。园区内入驻的企业和机构经常在周末举办文化沙龙活动，同时，园区特有的建筑风格和艺术气息，使园区成为文艺青年、学生群体、摄影团体、骑行户外团体等小众人群周末和假期经常光顾的游览地。园区以节会活动树立了品牌、提升了知名度、燃爆了假日经济，但园区地理位置较为偏僻，非假日期间入园游客寥寥无几，园区日常经营鲜有起色。虽然部分企业通过互联网平台、微信圈、私人订制等方式开拓市场，但园区内假日经济的繁荣与日常经营的寥落形成强烈反差，对入驻机构和企业的长期经营和发展，以及文化消费市场的培育形成一定的压力。

四 八里唐文化创意产业园发展展望

洛阳市在"十三五"规划中明确指出，洛阳在建设中原经济区文化中心和国际文化旅游名城中，要着力发挥文化引领作用，增强文化产业整体实

力。2016年,洛阳市成功荣获郑洛新国家自主创新示范区、国家小微企业创业创新基地城市,入选为第一批国家文化消费试点城市。2016年,洛阳市政府出台了《关于加快我市文化产业发展的实施方案》,明确指出"到2020年,洛阳市文化及相关产业成为国民经济支柱性产业","以文化旅游产业园区建设为重点,以市场化运作为主导,以改革开放和创新驱动为动力,以重大产业项目和文化品牌为支撑,推动文化产业结构优化升级,形成重点突出、布局合理、链条完整、效益显著的文化产业发展格局"。①《洛阳市小微企业创业创新基地城市示范工作推进方案(2016~2018)的通知》中明确指出,"要围绕文化产业、科技服务等特色产业,规划建设华夏文明传承创新核心区、洛阳工业文化遗产创意产业区、洛阳牡丹瓷文化产业园等一批文化创意产业园"。一系列文化产业政策的出台,在一定程度上为文化创意产业的发展指明了方向,给予了支持。八里唐文化创意产业园在今后的发展中,要立足于洛阳本土文化特色,通过文化策划、文化创意、文化传播,把洛阳原生态的文化资源开发成有市场价值的文化产品和文化品牌,以文化和创意引领城市建设和发展。

(一)创新商业模式,打造特色文化产业链

随着国民生活水平的改善和收入水平的提高,人们对文化消费的需求呈现个性化、特色化、体验式的趋势。文化企业的发展需要遵循文化消费需求的导向,在现有文化资源及文化产业的基础上,以特色产业为主体,以产业融合拓展创新领域,通过产业集聚、品牌先行的模式,挖掘潜在价值,产生联动效应,实现全产业链条化发展。八里唐文化创意产业园是以文化创意、运动休闲为主旨的多业态综合体,结合洛阳古都文化资源的优势和园区特有的建筑风格,在发展中逐渐塑造了自身的文化特色和品牌。随着园区项目的持续推进,可通过"文化+互联网""文化+科技""文化+旅游""文

---

① 常书香:《我市出台文化产业发展实施方案 实施六大工程 发展文化产业》,《洛阳日报》2016年11月25日。

化+体验"等融合发展,通过丰富文化创意产品的内涵、核心文创产品的链条开发、拓宽文化传播渠道、提升文化体验等模式,来满足人们日益增长的精神文化需求,进而突破文创企业传统经营的实体模式局限,呈现"线下极致体验+云端智能互联"的消费体验,促进文化产业的集聚集约发展和园区的特色化、品牌化、链条化发展。

(二)申建孵化基地,构建公共服务平台

洛阳市政府在构建郑洛新自主创新示范区、小微企业创业创新基地示范城市过程中,针对大学生、转业军人、自谋职业者等自主创业人员,尤其是进入孵化基地和众创空间的创业人员和小微企业,在就业创业培训、小额贷款担保、创业补助、运营、社会保险、就业见习等方面有诸多奖励补助和扶持政策。八里唐文化创意产业园入驻的企业以文化创意小微企业为主,尤其需要各种政策的指导和支持。八里唐文化创意产业园在园区规划中,预留了大量的空间拟建设孵化基地,园区应积极并加速申建省市级文化创意孵化基地,通过孵化基地的建设,为入驻的文化小微企业提供创业咨询、创业项目推介、创业培训、创业融资、人力资源和社会保障等综合性公共服务。通过完善"创业苗圃–孵化器–加速器"的孵化链条,以及公共服务平台的搭建,一方面园区可以为入驻企业落实各种创业扶持政策,实现小微企业市场化、专业化、集成化、网络化、规模化运营,另一方面,可以通过园区职能的扩充,承接各种政策扶持和利好,树立良好的企业形象和声誉。公共服务平台在建设过程中要遵循"市场化运作、专业化服务"的原则,既要提高社会参与程度,又要结合园区内文创产业的特性,将基地建设和会展经济融合发展,进而激发全社会的创新创业活力,不断探索创新创业经营模式。

(三)强化会展经济,提升文化品牌效应

随着文化产业的发展,文化园区的建设如火如荼。为了避免文化园区建设中的同质化发展,八里唐文化创意产业园可以通过年度性节会的持续承办,强化自身的比较优势,促使园区品牌成为重要标识和核心竞争力。八里

唐文化创意产业园在 2016 年成功举办了首届"糖·Town（唐）音乐节"、首届"校园小创客"展、儿童艺术嘉年华、"迹·象"中国南方油画家作品邀请展等会展活动。会展活动吸引了周边城市大批民众的参与，使园区成为文化热点区域，建立了园区良好的文化品牌，树立了企业形象。会展活动的开展，赋予了园区更多的文化内涵，塑造了园区的个性气质，提升了园区的知名度和曝光率。园区文化特质在获得消费者关注和认同的情况下，进一步提升了文化消费者的忠诚度和园区的竞争力。由此，在借鉴其他成功品牌园区经验的基础上，八里唐园区可以结合洛阳本土文化资源和园区建筑特色，深度开发园区的文化内核，通过内容整合、形式创新、链条延伸，以及年度性、品牌性会展活动的开展，提升园区的磁场效应、聚合效应和推介效应，促进文化资源转化为提升文化品位、打造园区品牌、带动文化消费的文化生产力和文化名片。

（四）优化外部环境，强化人才队伍建设

文化创意产业是文化、知识和技术高度关联的产业，创意产业的每一个生产、交换、分配及消费环节，都需要相关专业人才的智力支持。文化创意产业的可持续发展与竞争优势在很大程度上取决于创意人才的数量和质量，因此，人才是创意产业最核心的生产要素。根据文化创意产业的发展要求，洛阳市应深化实施"河洛英才"计划、"河洛工匠"培育计划、"玉洛汇"计划，通过引进人才、培育人才，打造一批具有较高科学和文化素养的文化创造性、创意型、经营性、实用性和复合型人才。通过文化创意领域的产学研合作，构建以文创企业和园区为主体，以高等院校和培训机构为依托，以市场为导向，多种途径发展，立体化、多层次的文创产业人才队伍引进、培育和发展体系。同时，充分利用网络、报纸、电视等媒体资源，积极宣传创业创新相关政策和举措，为文化创意产业人才队伍建设积极营造"尊重人才、尊重创造"的社会舆论氛围。

B.15
里外文化创意产业园发展报告

洛阳文化产业园区建设课题组*

摘　要： 文化创意产业园作为工业遗址改造再利用的主流形式，在延续城市历史风貌、集聚产业发展、提升经济活力等方面起到了良好的示范效应。里外文化创意产业园是以工业遗址展示、创意产业孵化为特色，具有LOFT风格的园区。通过对里外文化创意产业园运营发展状况的剖析，针对园区发展中存在的问题从特色化、集群化、链条化发展等方面为园区竞争力的提升提出了相应的对策和建议。

关键词： 工业遗产保护　产业孵化　文化创意产业　里外

在经济新常态的背景下，文化创意产业以文化艺术创意和科技创新为驱动力，逐渐发展为引领经济发展和经济转型的重要动力。近年来，洛阳市通过构建文化传承创新体系和现代创新体系，大力扶持和推进文化业态创新，促进文化与科技、信息、金融、旅游等产业的融合发展，促使一批有亮点、有特色、有潜力的文化创意产业和园区涌现。洛阳市里外文化创意产业园作为洛阳首个旧厂房改造的文化创意产业聚集地，经过探索和实践，形成了以文化创意产业和创业孵化为重点，以工业遗址展示为特色的文化创意园区，为洛阳市推进文化创意产业规模化、集约化、专业化发展，探索了一套可供借鉴的发展模式。

---

* 课题组组长：秦华，洛阳市委党校市情研究部讲师，主要研究方向为文化产业。课题组成员：陈文娣、李晓涵、余洁。

一 洛阳市里外文化创业产业园的发展概况

洛阳市里外文化创意产业园，坐落于洛阳市涧西区建设路与唐宫路交会处，建筑总面积近9000平方米。该创意产业园2014年8月开始改造和筹建，由里外文化发展有限公司投资与洛阳市力源创业孵化有限公司合作，通过对原洛阳铜加工集团下属的一个废旧车间进行适应性升级改造、设计装修，使之成为具有LOFT风格的创意园区。

里外文化创意产业园于2015年开始正式运营，园区内拥有为进驻机构提供有偿使用的创意办公空间（大约有30个办公室，每个办公室的面积从50平方米到500平方米）和供青年创业者免费使用的"创业苗圃"40个。该创意园对进驻的机构有严格的筛选，文创类自主创新型项目和团队、文创相关的平面设计、产品设计、建筑设计、摄影团体、IT公司、文化公司及媒体机构等创业项目和团队优先入驻，大学生以及符合条件的创业者优先签约，目前，入驻企业的类型75%为创意产业，25%为配套服务行业，进驻园区的创业者和机构达到90%。2015年7月里外文化创意产业园被认定为洛阳市创业孵化基地，2016年3月被认定为河南省创业孵化基地。随着各种文创交流活动的开展以及园区配套的逐步完善，里外文化创意产业园的品牌影响力和社会效应得到了显著的提升。

里外文化创意产业园经过两年多的运营，形成了独特的运营风格和模式，成为洛阳文化产业园区中的领跑者。

（一）工业遗产的展示厅

里外文化产业园所处的建设路工业遗产街区是中国历史文化名街中唯一的"工业遗产街"。洛阳是新中国第一批工业城市，在"一五"时期，国家在洛阳布局了七项大型工业项目，建设路沿线从东到西规划有铜加工厂、轴承厂、拖拉机制造厂、矿山机器制造厂等厂矿。各大厂矿苏式建筑结构的厂房和车间形成的"苏式建筑群"连绵5公里多，构成了洛阳工业区最重要的老工业基地核心建筑群,形成了一个完整的工业遗产建筑带。

随着时代的发展,这些承载历史变迁的老旧工业建筑面临转型。现实中,老工业基地的搬迁改造和工业遗产保护,对城市规划和建设带来了诸多挑战。一方面,地处城市核心地带的厂房车间长期闲置,既影响城市形象又造成了极大的资源浪费;另一方面,拆除旧厂房将会造成工业建筑历史的毁损和缺失,同时拆除厂房会产生严重的灰尘等污染,以及产生30%的城市工业垃圾和建筑垃圾。针对工业遗产的保护和再利用,当下最流行的模式就是构建文化创意产业园区。通过创意产业园区的建设将工业遗址的保护与文化艺术展示、商务办公、文化旅游等有机结合,既有利于工业遗址文化的保护和弘扬,又有利于打造城市文化品牌,促进文化经济的发展。

里外文化产业园坐落于洛阳市涧西区建设路的东起点,原址是洛阳铜加工集团的小管车间。洛阳里外文化发展有限公司通过全面设计、改造和运营,结合"将原生态的工业文化资源开发成有市场价值的文化产业"的理念,在保留老厂房的风格、骨骼、历史记忆的基础上,通过合理的空间设计和技术处理,对铜加工集团毗邻建设路长期闲置的厂房车间进行适应性的升级改造,改造总建筑面积近9000平方米。经过改造后的老旧厂房车间现已转变为全新的LOFT创意空间。

里外文化创意产业园在园区的设计规划中,保留了原有厂房建筑的主体结构和空间特点,通过对原有建筑的内外部拆除、改建、创意装修、绿化、公共配套等一些技巧处理,合理规划采光、通透性空间利用率等功能,促使新旧文化在空间里融合、交织,实现了文化旧脉向创意新区转型,焕发了工业建筑新生命。在改造过程中,园区本着环保、自主创新、艺术化的改造理念,在改建过程中保留了厂房原有的骨架结构,根据其区域空间高低、长宽不同的特点,进行了三跨分隔改造模式的空间优化,形成了风格独特的"SOHO式艺术聚落"和"LOFT生活方式"的开放式文化创意办公空间。

为了保留工业建筑的精髓,展现苏式建筑的特色,园区保留了原建筑标志性的红砖墙、30根牛腿柱、横跨15.5米的巨型钢筋混凝土屋架、4米宽100米长的回形走廊、7.3米高的挑空空间、横跨6米的天井、玻璃钢构的天窗、保留了有时间记忆和年代感的清水砖墙……这些建筑遗存在展现历史记忆的同时，为园区营造了独特的人文氛围，成为吸引文创企业入驻和游客参观的独特亮点。

为了适应现代办公和文化活动开展，园区在改造中最大限度地增加采光面积和自然通风面积，利用自有的高大空间优势打造出工业范儿的LOFT结构，提高旧厂房的空间利用率。量身定制的大面积玻璃为空间做分隔，使得空间分割更加合理充分，在节能的同时大大地增加了空间的通透性和开放性。园区内完备的公共配套设施，从多方面满足了创意团队的个性化和多元化的需求。透明化的办公模式、400平方米的多功能秀场、1000平方米的回廊形公共艺术展厅，构成了独特的园区设施环境，为艺术展览、文化交流、话剧展演、音乐会、时装秀场、商务会议、品牌推介、公司活动、主题年会、创意市集等文创活动的开展提供了载体和平台。园区内建造的开放式图书馆、茶社、咖啡厅、里外餐厅、百兆网络Wi-Fi全覆盖、24小时安防和管家式物业等商务配套，为入驻机构提供便捷和专属的客户服务，增加了园区的交流性和互动性。艺术改造后的园区现已发展成为办公空间和艺术活动的视窗性共享平台，既满足了遗产保护、商务办公、文化交流的需要，又为工业遗存的活化注入了新思想、新力量，使得文化、艺术、公益、商业通过交融、碰撞和升华，成为集文化交流、影视传媒、艺术创作等于一体的文化综合体。里外文化创意产业园经过两年多的运营，已发展成为洛阳文化发展的新兴业态和特色品牌。

（二）文创产业的孵化基地

为加快洛阳市创业孵化基地建设，提高创业者初次创业成功率，多渠道促进高校毕业生等重点群体就业、创业，实现以创业带动就业的倍增效应。2014年12月里外文化发展有限公司与洛阳市人力资源和社会保障局下属的洛阳市就业技能培训中心签订合作协议，联合开办了洛阳市力源创业孵化基地里外文化创意产业园，为自主创业的大学生、退伍军人等创业人员提供联合办公场地和经验交流的平台。

里外文化创意产业园区定位于文化创意产业和创新创业综合体,强调主题文化或文化因素依靠个人(团队),通过科学技术、创意和产业化的方式开发、营销知识产权的行业,主要包括广播影视、动漫、音像、传媒、视觉艺术、表演艺术、文艺与设计、软件和计算机服务等方面的创意群体。园区作为孵化基地以来始终以公益性、专业性为主要特征,积极培育小微企业,以创业带动就业。园区可容纳孵化商位30家,创业孵化苗圃40个,内设400平方米创业孵化指导服务活动区、电子大屏、交流活动中心、创业指导办公室,可解决600~1000人就业,年产值3000万~5000万元,税收200万~400万元。园区已经发展成为集创业孵化、创业培训、创业补助、创业服务为一体的综合性创业带动就业的孵化服务平台。

里外文化创意产业园作为文创产业的孵化基地,为自主创业人员提供完备便捷的"保姆一站式"综合化创业服务。洛阳里外文化发展有限公司、洛阳市力源创业孵化有限公司(洛阳市力源创业孵化有限公司于2014年8月筹建,隶属于洛阳市创业服务指导中心)联合成立了领导组织机构,即洛阳市力源创业孵化基地里外文化创意产业园服务中心,内设综合财务部、政策外联部、物业管理部,负责创业孵化基地的管理和运行。服务中心由里外文化发展有限公司和力源创业孵化有限公司共同配合,采取开放式共同办公,在提供服务上实现无缝对接。服务中心建立完整的服务体系和流程,从人力资源服务、创新服务、政策服务、知识分享服务、资源共享服务、创业服务、基础服务等方面,为孵化企业提供全方位的一站式服务。在具体分工方面,力源创业孵化有限公司负责园区入孵企业资金筹集、优惠政策落实、创业培训、创业指导等工作,里外文化发展有限公司负责入孵企业管理、企业运营、物业管理等方面的服务。[①] 目前,园区已帮助20余个创业项目完成落地及工商税务的办理工作,已协助7家创业团队完成创业扶持资金的申报工作,对4个创业团队进行了不同形式、不同力度的投资整合。

---

① 刘玉柱:《与创业者一起成长——洛阳市就业技能培训中心开办创业孵化基地纪实》,时代青年网,2016年8月3日。

园区在实际运营中为入孵企业提供的专业化特色服务主要有以下几点。第一，以文化创意、电子商务和设计策划型中小企业和大学生为服务对象，为在孵企业和创业者提供创意研发、经营所需的场地和办公方面的共享设施，提供政策、法律、管理、财务、融资和培训等方面的服务，以降低企业的创业风险和创业成本，提高企业的成活率和成功率。第二，整合社会各类资源为在孵企业和创业者提供办公场所和文化产业方面的公共技术平台；提供优惠政策服务，落实国家和省、市高新技术产业化及非公有制经济发展等政策；提供孵化资金筹集、信贷担保、风险资本咨询、引导和产权交易服务，以及政策、法律、管理、财务、人力资源服务等方面的咨询和代理。第三，根据在孵企业发展需要，开展创业培训、创业引导，提高创业成功率，营造创业文化氛围，帮助创业者提高科技创业能力，坚持诚信创业。引导创业企业通过制度创新、管理创新、技术创新做强做大，维护创业者和创业企业的劳动成果、合法权益和应有的社会地位。园区创意空间运营两年来已入驻15家企业，56个团队，其中，洛阳华文智道房地产营销策划有限公司是洛阳本土知名的品牌服务机构。Merci独立设计师品牌网络作为国内设计师新锐力量，提供从线下到线上的全方位互动服务体验，满足大众对衣着个性魅力的展现需求。洛阳活动网作为新媒体团队，充分整合渠道资源，线上线下成功举办了上百场文化活动。墨本空间设计工作室一直致力于研究室内设计的原创和独立为发展方向。随着园区入孵企业的增加和成长，诸如精酿生活、恩耐健身、尚之嘉家居美饰、龙鼎智连数码体验馆、友名堂、莫客蛋糕、顶尖街舞、三木摄影、卓腾影视、戈麦动漫、仙德瑞拉美妆造型、欧工软装等一批小微企业加盟，促使园区发展成为"有特色、聚人气、可持续"的文化创业者的根据地。经过两年多的创业孵化运营，园区在运营方面积极调整思路，进一步优化和调整孵化空间、出入园管理制度，筹划建立投资基金，为创业者提供更加切实有效的办公场地及相关服务，为萌芽期的创业项目和成长中的创业团队提供包括办公空间、办公配套、创业培训、工商法务服务、投融资服务等，为种子期、初创期、成长期等不同阶段的创业者、企业提供低成本、便利化、全要素、开放式的全周期产业孵化平台。

（三）文化交流的聚集地

里外文化创意产业园地理位置优越，紧邻城市主干道，交通极为便利，周边学校、公园、影院等文化、休闲、商业等综合体凝聚了人气和文化氛围。园区所处的工业遗址街涵盖了各种苏式建筑结构的类型，风格迥异独具特色的园区环境，满足了有品质、有个性、有情怀的"创客"们的个性化办公需求，也成为文艺青年和小众群体的驻扎地。"文化交流"成为园区特有的属性和重要价值，园区内拥有的建筑设计事务所、室内设计、文化传媒、数码体验馆、服装设计培训、私人收藏等业态，把各有特色的文化创意产业聚集在一起，使得不同的行业中具有共同文化创意偏好的脑力工作者相互为邻，通过产业园的秀场、公共配套空间交互式的体验，传播自己的理念，碰撞出更多的创意灵感，使得创意和艺术更贴近创客和百姓的日常生活。园区轻松包容的环境不仅吸引创客中的佼佼者，而且为有想法有干劲的优秀大学生、有经验想创业的各类人才，以及海归和从一线城市回乡发展的人才提供了交流的平台和学习提升的机会。随着园区入驻机构的增加，以及多样化文化活动的开展，园区逐渐成为文化创意产业的共享平台和交流活动的聚集地，实现了经济、文化、信息、人才等方面的互利共赢。

里外文化创意产业园区自运营以来，承办了众多的文化交流、艺术展览、音乐会、品牌推介等活动，各项活动的开展不断提升园区的影响力。为了更好地搭建创业服务平台，营造良好的创业环境，园区携手洛阳市人社局、洛阳广播电视台等单位举办了第三届创业大赛暨首届创客大赛。大赛以"创业成就梦想，创新改变未来"为主题，设置了"初创组"和"成长组"两个组别。"成长组"选手均为具有创新能力和较强成长潜力的中小微企业或个体工商户，"初创组"选手则是尚未进行工商登记注册、拥有科技创新成果或创业项目的团队。[1] 参赛的278家企业，历时三个月，经过报名、初赛、复赛、半决赛、决赛、项目推介及成果展示六个阶段的严格筛选，最终"成长组"

---

① 李迎博：《洛阳市第三届创业大赛暨首届创客大赛启动》，《洛阳日报》2015年9月6日。

和"初创组"产生一、二、三等奖和优胜奖若干名。里外文化创意产业园通过创客比赛活动的开展,为众多小微企业提供了展示的平台,也使得有较高技术含量及发展前景良好的企业能够与园区携手,通过创业孵化和资源整合成长为园区的品牌企业。在此次创客大赛中,里外文化创意产业园的在孵企业众创客网取得了"初创组"第三名的好成绩。获奖企业和项目在获得荣誉的同时,还能获得比赛奖金和小额担保贷款、省级创业资金、创业(开业)补贴、运营费补贴等政策支持。园区平台的搭建和政策的扶持,更激发了创客们"大众创业、万众创新"的信心和热情。

纵观2016年,里外秀场共举办大小型活动16场,累计到场10000余人次,园区内5家商户获得河南省大众创业扶持资金奖励,完成开业补贴13家、运营补贴6家的申报。年度内"岁墨丹青"名家书画篆刻展、《洛阳创客》四地联展、何浩然个人雕塑展——熠象、《游山》80后青年画家——赵明洋作品展等文化展览活动在一定程度上提升了园区的知名度和文化品位。IBD街舞挑战赛、尧十三——北纬30°以北全国巡演、W.I.B河南赛区季前赛、马融全国百城巡演洛阳站——赤脚的孤儿、《助纣为乐》纣王老胡《友谊胡同》全国巡演洛阳站、泰玛吉他现场演奏会、烯烯EP《A Grain Of Sand》2016全国巡演洛阳站、顶尖街舞成果展演、卢家宏全国巡演音乐会洛阳站等众多音乐会和比赛更是燃爆了里外创意产业园。

此外,里外文化创意产业园积极构建交流合作平台,成功与猪八戒网、UFO众创空间达成战略合作协议,为创客们提供了更为广阔的发展空间和舞台。猪八戒网作为国内威客第一平台,拥有500万家中外雇主,1000万家服务商,交易平台交易额超过75亿元。2016年猪八戒网洛阳分站正式成立。园区与猪八戒网本着共享共赢的宗旨,打破运营边界,达成战略合作,为入驻商户提供定制化空间及平台优质服务,在办公空间、品牌设计、营销推广、电商服务、动画视频、文案策划、影视制作、装修服务等方面开展业务合作。未来还将进一步在人才平台、联合办公、园区运营等方面展开更多元更深入的合作。UFO众创空间作为河南省首家众创空间,布局全省8个城市,服务团队超过150家。2016年里外与UFO达成战略投资合作,着力在河南省发展联合办公、青年公寓、投融资服务等科创项目。2016年12月，UFO获得毛大庆优客工场2000万元投资。里外将与UFO及创客工场进一步打破空间载体，以共享办公空间为载体，配备导师服务、投资服务、财务服务、法律服务和银行服务等优质服务，致力于成为城市创新业态的提供者和领跑者。

二 里外文化产业园发展中存在的问题

里外文化创意产业园区作为洛阳首家文化创意类产业园区，以其建筑风格的独特、文创平台的搭建、优质服务的提供，以及优越的地理位置和便捷的交通，吸引了众多艺术爱好者和创意设计企业入驻园区。经过两年多的运营，里外虽然取得了显著的成绩，但是园区在发展中还存在一些问题和不足。

（一）产业集群有待提升

文化创意产业作为一种新兴的产业形态，是以知识为依托，创新为基础的产业集群。文化创意产业园理应以发展成为文化创意产业集聚区为目标，在众多相关创意型企业入驻园区，通过产业链条的延伸和协同产业的拓展，形成专门化的分工协作，触发集群的协同效应，使园区获得竞争优势，进而促进园区的可持续发展。里外文化创意产业园目前虽然入驻了较多文化创意企业，但入驻企业以小微企业为主，企业之间缺乏明显的关联性，缺乏龙头企业、核心企业的引领和带动，产业的融合发展和创新能力仍显不足，文化创意产业链条尚未有效形成。园区内文化展演活动的举办在小众圈子内虽然有良好的口碑，但是举办活动的时间多以周末为主且活动频率不高，导致社会公众的参与度不高，园区的活力不足，不利于提升整个园区的文化品牌度。同时，围绕展演活动展开的凸显本地文化特色和创意内涵的下游产品开发非常有限，在开发文化消费市场获取更大的经济效益方面，需要积极行动起来。

（二）周边环境亟待治理

里外文化创意产业园地处洛阳的工业遗产街，居于城市核心地带，交通

便捷，周边商圈密集，人流量较高。园区承租改造的仅为洛铜集团临街旧厂房的二层，园区的一层厂房和周边是洛阳市发展较为成熟的电动车专卖市场，周边环境的嘈杂和繁乱与园区的艺术格局和文化氛围格格不入，导致很多市民只耳闻过园区的名字，却根本不知晓园区的具体位置。受周边环境的限制，园区内机构在接待客户时，就连停车区域都难以妥善设置。此外，园区内受空间所限，不仅入驻机构几近饱和，而且公共活动空间占比较小，缺乏必要的休闲娱乐设施和交流场所，在吸引机构入驻和社会公众参观游览方面，还需要进行空间开发和规划设计。

（三）政策支持力度有限

文化创意产业的发展离不开政府的支持和扶持。洛阳市出台的《关于实施战略性新兴产业培育工程》（洛发〔2015〕18号）中，把文化创意产业作为八大重点发展领域之一。洛阳市实施的"重微共振"工程，把专业化的众创空间和文化创意产业园作为重要的创业创新空间载体。这些政策和文件的出台从宏观层面，为文化创意产业的发展提供了发展的动力，但从微观层面，支撑和激发文化创意产业发展的政策体系还有待完善和健全。融资难尤其困扰着文化创意产业的发展。一方面，园区内的企业以小微企业和初创业者为主，他们共同特点是规模小、现金流不稳定、生命周期短、缺乏可用于抵押担保的资产，整体信用体系不完善等，这些企业在初创期的关键节点一旦缺乏资金很难从银行融资。同时，在吸引民间资本和外资进入的限制较多，门槛也较高。另一方面，园区作为创业孵化基地，虽然有一定的财税优惠政策扶持，但支持力度有限，创业补助每户仅为5000元，运营补贴年最高限额为1万元，就业见习补贴每人每月700元[①]，提供的小额担保贷款也难以满足企业发展的实际需要。

（四）创新人才缺乏

文化创意产业作为高附加值和高智力产业，其竞争优势在很大程度上取

---

① 《洛阳市支持创业孵化基地扶持创业实体发展暂行办法》（洛人社就业〔2014〕1号）。

决于创意人才的数量和质量，以及创造性才能和创造性思维的发挥。园区在发展过程中，存在高端创意人才和文化管理人才数量不足、结构不合理、培养机制不健全的现象。洛阳市政府近年实施的"河洛英才"计划、"河洛工匠"计划，为引进创新创意人才营造了良好的环境，吸引了一批高层次人才来洛发展。但是，政策重点扶持的都是领军型、高层次、紧缺型的高层次人才，能够真正投入文化艺术创作的创意人才相对欠缺，尤其缺乏既掌握文化创意理论知识，又具有创新能力和经营能力的高端运营策划、品牌推广、文案设计的复合型人才。此外，园区的企业以初创企业和小微企业为主，企业在市场化运作、企业运营管理、知识产权保护等方面存在众多的短板，需要专业化的管理人才理顺管理体制，科学谋划企业发展方向。

三 洛阳市里外文化创意产业园发展的对策和建议

文化创意产业园区作为文化创意产业发展的重要载体和依托，为文化创意产业的发展不仅集聚了文创企业、研发机构、服务机构，而且凝聚了创意产业发展所需的各种资讯、人才、政策、平台，有力地推动了文化创意产业的优化、提升。洛阳市里外文化创意产业园在未来的发展中，应重视自身存在的问题和短板，明确园区的特色和功能定位，通过特色化、差异化、集群化发展，促进要素集聚与产业链条的分工协作，在交互融合发展中不断提升园区的竞争力和影响力。

（一）强化优势，实施特色品牌战略

里外文化创意产业园在特色化发展方面具有得天独厚的优势，一方面园区拥有的工业遗产具有唯一性和很高的辨识度，另一方面园区是洛阳市为数不多的以文化为特色的省市级创业孵化基地。里外文化创意产业园应充分发挥工业遗产和孵化基地的特色优势，通过精心谋划与运作，深入挖掘洛阳市涧西区工业遗产街区的文化效应和孵化基地的平台载体，将原生态的文化资源开发成有市场价值的文化产业，形成独特的具有辨识度的文化品牌，真正

把文化资源转化成经济价值，转化成城市发展的推动力。

园区在特色品牌发展过程中应强化工业遗产的文化效应。第一，拓展功能。在充分保护和利用原有工业历史风貌的基础上，园区可以对工业工艺的历史、技术、流程、人物，以及工业精神等无形的非物质文化遗产进行挖掘，利用闲置厂房活化再生工业遗产的历史感与真实感。通过博物馆或者展览馆的形式，突出园区的公共文化服务功能，增强市民与园区的互动和提升市民对园区的文化认同度。第二，协同发展。园区所处的工业遗产街区，拥有诸如国学剧院、东方红农耕博物馆等相关文化产业，可以通过展演活动或者平台构建，共同打造工业遗产街的特色文化，通过"文化+旅游"的融合发展模式，打造洛阳的工业旅游特色街区。第三，培育核心企业。园区在入驻企业选择过程中，严把审核关，突出文化创意特色，通过孵化和培育，打造具有品牌个性的园区明星企业，通过特色企业强势品牌的打造，提升园区的美誉度和竞争力，以及消费群体的忠诚度。

（二）优化链条，集聚产业竞争优势

里外文化创意产业园自运营以来，通过文化创意要素的集聚，形成了产业规模效应，有效地节约了交易成本，强化了协同发展，扩大了产业影响。里外文化创意产业园从最初的起步到现在的成熟发展，必须逐步从注重规模化发展向注重质量提升、集约化方向转变，从地理空间意义上的集聚，向产业关联的集聚转型。在运营过程中应始终围绕自身的发展定位——文化创意产业，及其主导业务展开业务活动打造产业链经济，使园区内入驻企业既多元发展，又分工合作，避免无谓的内耗和无序竞争。通过管理机制和中介组织高效的整合共享资源，以产业链条形成高度专业化的分工和合作，有效地提升了创新能力和创新网络。通过对现有入驻企业进行整理、引导、优化、升级，形成文创产品设计、产品体验、私人定制、文化消费、文化展览、专业秀场、传媒推广、商务营销、创意商业等全产业链发展。同时，推进文化相关产业融合发展，通过与科技、互联网、旅游等产业融合发展，培育和引进文化要素凸显、创新能力强的新兴业态企业，提升园区文化产业集聚优势

和产业链竞争力。通过完善平台建设，加强专业性的创业服务。通过加强创业信息资源整合，完善专业化、网络化服务体系，打造集政策咨询服务、创业培训、项目辅导、投融资服务、知识产权保护服务等公共服务平台，大力优化园区政策、服务和人文环境，为园区入驻机构和企业提供高效、便捷的服务。

（三）空间拓展，提升园区整体形象

里外文化创意产业园地处工业遗产街区，是洛阳具有LOFT风格的创意园区。独特的建筑风格和艺术氛围本应该是园区吸引企业入驻和游客观光体验的品牌特色，但园区受到内部空间限制和外部环境干扰，园区形象提升方面陷入困境。为转变这种局面，里外文化创意产业园可以与政府相关部门或者工业遗产街区相关企业沟通协调，实施空间破局，为园区的规模化发展和园区品牌打造提供有力的支撑。一方面园区可以通过与政府部门协调，将园区周边现有的电动车销售市场外迁，把外迁后的土地划拨为园区的二期发展用地，通过环境整治和艺术改造，形成洛阳市涧西区特有的工业建筑文化园区。另一方面，园区可以通过与洛铜集团以及工业遗产街区范围内的各家企业集团进行协商，将建设路沿线的更多临街闲置厂房进行整体艺术改造和开发，形成以建设路为主线，以多个专业化特色化文化创意园分馆为主体，以工业建筑遗产为特色，打造集文化创意、遗址展示、观光旅游为一体的特色街区和文创产业集聚带。

（四）政策扶持，完善投融资渠道

文创产业属于知识密集型和资金密集型产业，文化创意企业规模普遍不大，大多是中小企业，在一定程度上存在缺乏资金、信息、管理经验、业务渠道，独立生存能力不强等短板。政府部门应不断加大对文化创意产业的扶持力度和政策法规，涵盖综合政策、行业政策、财税政策、投融资政策、知识产权政策在内的政策体系支持。通过"政府引导、市场主导、企业主体"的模式，以政策和资金为引领，激发民众"大众创业、万众创新"的活力，

推动文创产业和园区健康快速地发展。在企业关注的投融资领域，在健全和落实政府扶持和奖励资金的基础上，可以建立文创企业信用评价体系和无形资产评估体系，完善信用担保制度。鼓励社会民间担保公司与担保机构开展针对文创企业的一站式、系统化融资服务；引导和鼓励文创企业通过众筹、天使投资等方式拓展融资渠道。

（五）广纳贤士，强化人才智力支撑

人才是文化创意产业发展的核心要素，直接决定文化创意企业的创新能力。文化创意产业的发展离不开对人力资源的投入，园区在建设文化人才高地中可以通过高层次人才的引进、个性化人才的培养，以及人才平台的构建，为产业园区发展提供智力支撑。第一，创新人才引进机制。秉承"不为所有，但为所用"的原则，用优惠政策吸引国内外优秀文化创意人才特别是高科技、复合型领军人物进驻园区，构建园区的人才集聚阵地。第二，重视创新型人才培养。引导高等院校、社会培训机构、科研院所与文化企业进行合作，深化产学研合作机制，联合建设文化创意产业人才培养基地，有针对性地培养专业化、实践性文化人才。第三，搭建人才信息平台。通过构建文化创意产业人才信息平台，促进文化创意产业人才合理配置、高效流动。通过定期开展文化创意设计评奖活动，遴选优秀的创意人才纳入创业创意人才库。通过展示展演和研讨会的模式，开展文化创意企业间人才的交流和合作，形成集聚人才、提升人才素质、促进相互交流的良性发展途径，满足文创企业对复合型、个性化人才的需要。

B.16
上阳宫文化园发展报告

涂洪樱子*

摘　要： 近年来，作为重要旅游资源类型的主题公园在各地旅游业发展中的作用越来越显著，作为主题公园发展中的后起之秀——历史文化主题公园，以其独特魅力占据一定市场份额。上阳宫文化园就是洛阳新增的一个以盛唐武周时代为核心的历史文化主题公园景区，是河南省重点旅游文化项目，是洛阳市委、市政府打造国际文化旅游名城的重点项目之一。本报告在对上阳宫文化园基本情况介绍的基础上，分析目前发展中存在的问题，提出可行性的对策建议。

关键词： 上阳宫　旅游文化　文化体验　对策建议

唐代诗人王建在《上阳宫》中曾用"上阳花木不曾秋，洛水穿宫处处流"描绘上阳宫一年四季的如画美景。穿越历史烟雨，千余年前这座雕梁画栋、规模宏大的唐代东都洛阳的代表性宫殿——上阳宫文化园呈现在市民和游客面前。作为洛阳旅游发展集团旗下城区四大文化战略支点之一，上阳宫文化园致力于挖掘河洛文化精髓，打造盛唐文化精品，融传统现代于一体，形成一个集观光、休闲、娱乐于一体的特色旅游带。

---

* 涂洪樱子，洛阳市委党校管理教研部讲师，研究方向为行政管理、文化建设。

一 上阳宫文化园概况

历史文化主题公园是围绕一个或多个特定的历史文化主题，由模拟或再现景观和园林环境为载体的人造休闲娱乐活动空间，是游乐园发展到一定阶段同历史文化相结合而产生的一种新型旅游地。它是典型寓教于乐，让游客在游玩过程中体验其文化内涵，发扬传承各国文化。我国一直大力支持历史文化主题公园的发展[①]。

为盘活上阳宫的历史文化资源、弘扬河洛文化、丰富洛阳园林景观，打造可见、可体验的唐文化传播平台，2013年6月上阳宫文化园项目开工建设，2017年4月修葺一新的上阳宫文化园免费向游客开放，位于洛浦公园彩虹桥东滨河北路与上阳路交会处，面朝洛水，依傍洛浦公园景观带，总建筑面积7000多平方米，占地面积5万平方米，整体工程总投资2.5亿元，是洛浦公园整体提升改造项目的重要内容。

上阳宫文化园是在原上阳宫遗址之上进行的仿建，致力于挖掘河洛文化精髓，打造唐文化传播平台，重现唐代东都洛阳代表性宫殿建筑和文化成就，因此，在建筑风格的选择上依照文献资料记载，遵循原上阳宫设计理念，在建筑风格的设计上秉承通过建筑彰显大唐文化，通过大唐文化支撑建筑的基本原则，整个园区由54种植物覆盖，园区采用仿唐建筑风格，初步复原再现了古上阳宫水流环绕、水域丰盈、植被茂密的园林景象，复原了古代上阳宫最具代表性的四个建筑组团：观风殿、甘露殿、客省院、洞元堂。其中，观风殿是景区的核心建筑，能容纳400人，是上阳宫文化园重点打造的集诗歌画、民间艺与一体的唐代宫殿。通过全新视角，再现大唐武皇盛世的灿烂文明。

上阳宫文化园通过生态、文化、休闲、水面、绿化五个方面，展示上阳

---

① 黄华乾、任亚琴：《历史文化主题公园旅游发展研究——以开封清明上河园为例》，《中南林业科技大学学报》（社会科学版）2016年10月。

宫历史文化盛景，是洛阳第一个全方位展示唐代风貌的园林式主题文化园区，规划有唐文化体验、歌舞演艺、宫廷娱乐项目、皇家游船、唐代宫廷餐饮、禅意文化客房等板块，是融文化创意和洛阳的历史文化于一体，塑造大型文化旅游特色街区的风采的遗址公园。项目功能以展览为主，主要展示洛阳丰富的历史文化资源。

二 上阳宫文化园发展优势分析

上阳宫文化园是洛阳市的重点文化项目，是将文化创意和洛阳的历史文化相结合，意在重现唐代东都洛阳代表性宫殿建筑和文化成就，因此历史积淀深厚、建筑风格、园林景观极具特色、文化展览资源丰富，是其发展的重要优势。

（一）历史文化深厚

千秋华夏，最是盛唐，神都洛阳，有宫上阳。从各种典籍中可知，洛阳这个城市的标志建筑不在少数，上阳宫便是其中之一。历史上的上阳宫是唐代大型宫殿建筑群，始建于唐高宗李治在位时期，是唐高宗、武则天、唐玄宗等唐朝几代君主执政和居住的主要场所，是供唐王朝宫室后妃居住和朝廷及宫室人游赏、离居的地方，唐代皇家贵族的后花园，是唐代繁荣昌盛时期的重要象征。

《新唐书·地理志二》中记载："上阳宫在禁苑之东，东接皇城之西南隅，上元中置，高宗之季常居以听政。"因此，上阳宫原为唐东都洛阳宫城以西的一处行宫，南临洛水，北连禁苑，地处洛阳皇城西南、禁苑（隋朝的西苑）之东，上元年间，上阳宫深得唐高宗喜爱，上阳宫成为其处理朝政的重要场所。

公元690年，武则天自立为帝，将国号改为周，洛阳也改名为神都。武则天对上阳宫更是钟爱有加，上阳宫是武则天晚年日常处理朝政的场所，705年，武则天被逼退位后仍旧居住在上阳宫。虽然武则天死后，唐朝恢复了国号，长安也重新成为都城，但洛阳及上阳宫在唐代的帝国政治生活之中仍位居显赫，尤其是唐玄宗李隆基对上阳宫也很青睐，他十分喜爱上阳宫建筑园林的如画美景，他在洛阳居住期间，处理朝政和举行宴会时经常选择上阳宫，曾有十日一朝于上阳西宫的惯例，并曾在上阳宫中举行观灯，赐宴百官及院考等各种活动。安史之乱中，洛阳惨遭沦陷，上阳宫也饱受战火的摧残，破坏十分严重。元稹诗"御马南奔胡马蹙，宫女三千合宫弃。宫门一闭不复开，上阳花草青苔地。月夜闲闻洛水声，秋池暗度风荷气"，所描写的正是宫人弃上阳宫南逃时仓皇凄凉的景象。随后几年，由于上阳宫屡屡遭受水灾的侵害，上阳宫日渐荒废，到了唐德宗时期上阳宫最终被废弃。宋代时，上阳宫已经没有地面遗迹可寻，宋昇表奏唐代洛阳形制时，提到的上阳宫也只能从唐代遗留的《洛阳图》中做考证。

（二）建筑景观极具特色

1989～1993年，中国社会科学院考古研究所洛阳唐城队发现上阳宫遗址，遗址位于隋唐洛阳城皇城西南方向，随后结合《大唐六典》和《元河南志》等相关历史记载，采用考古学手段揭示了上阳宫原来的面貌。通过考古发现，历史上的上阳宫内水池、假山、廊房、水榭以及石子路等建筑设计构思十分巧妙、建筑布局结构严谨规范，各处建筑皆自成一体，形成一个个相对独立的院落单元，充分展示了唐代高超的园林艺术。这座宫殿历史上究竟有多美，在《文苑英华》卷四载李庚《东都赋》中的记载可见一斑："上阳别宫，丹粉多状。鸳瓦鳞翠，虹梁叠壮。横延百堵，高量十丈。出地标图，临流写障。霄倚霞连，屹屹言言。翼太和而耸观，侧宾曜而疏轩。"[①] 大意是，远远望去上阳宫这座宫殿群的主色调应该是粉墙多叠、深浅不一的红色，一色的翠色鸳鸯瓦斜铺屋顶，远远望去给人有飞桥横架空中，状如彩虹的气势。与此同时，在上阳宫遗址内还发现并出土了大量的黄绿釉琉璃瓦、螭首等建筑构件，足以反映其建筑雕梁画栋、美轮美奂，堪称人间仙境。

---

① 李昉等：《文苑英华》，中华书局，2003。

上阳宫文化园的建筑景观布局的设计理念遵循宋代李格非《洛阳名园记》中"湖园"的理念进行设计，园区内建筑景观空间形态极具特色，塑造出了具有独特魅力的动与静相结合的园林意境。园区内整体风格自然生态，园内建筑、水系、园林相互渗透、和谐共融，亭台楼榭、小桥流水相映成趣，青草动、林荫合，水静而鱼动，塑造出了木落而群峰出、因时而变的园林艺术效果。

（三）文化展览资源丰富

1. 唐文化专题博物馆

上阳宫文化园可展出唐代及与其年代相近的200余件精品文物，展出类别涵盖陶器、瓷器、金银器、木器、石器、玉器、漆器、壁画等。

2. 传统文化展示

上阳宫文化园依托上阳宫古典韵味，定期在园区内开展传统文化节庆活动和传统文化培训。传统文化节庆活动有庙会、灯会、相亲大会、赏月会等，还有"教坊百戏"等非遗传统节目、演艺剧目。传统文化培训包括国学培训、画展笔会、美学讲座、举办成人礼等活动。

3. 演艺表演活动

（1）常态化、国际化经典剧目展演。观风殿演艺大厅、观风门内广场，上演大型历史情景剧《上阳武则天》《丝路上阳》《上阳宫曲》等歌舞剧，先进的声、光、电科技手段和舞台背景，独特的演绎剧目，呈现别样大唐盛世，极具视觉体验和心灵震撼。

（2）"教坊百戏"民间非遗节目。为弘扬传统文化，保护文化多样性，维护文化生态平衡，园区内定期表演国家级非物质文化遗产节目。包括：洛河龙舟，可以水上行舟；唐文化展示，主要是重修上阳宫记碑、涧水碑、石刻等，唐诗林、红叶题诗处、李谟偷曲处等人文景观，同时设有唐文化专题博物馆、三彩镇墓兽、官定执壶、雕花胭脂盒、千年银杏木雕观音大像等珍贵唐代文物；宫廷娱乐、射箭、蒙彩、斗鸡、簸钱、投壶、双陆等丰富多彩的唐代宫廷娱乐项目；禅茶养心，欣赏宫廷茶道表演，品鉴美茶，参悟佛

道；文创礼品，深度挖掘河洛文化、大唐文化元素，结合市场需求，开发文化创意系列产品，将上阳宫打造成为洛阳伴手礼中心；唐代美食烧尾宴；唐式婚礼文化展示等展出项目①。

三 上阳宫文化园发展存在的问题

上阳宫文化园因地制宜，突出特色，将洛阳的历史文化元素融入艺术创作和园区建设，融入群众精神文化需求和市场需要，精心塑造项目形象，但同时也存在一些有待改进的问题。

（一）品牌知名度较低、宣传力度不足

上阳宫文化园是洛阳旅游发展集团旗下城区四大文化战略支点之一，是洛阳市第一个全方位展示唐代风貌的园林式主题文化园区；但整体来看，围绕上阳宫文化园项目品牌的对外宣传和推销力度小，方法、手段不够丰富，宣传力度不足，导致项目品牌的知名度仍然较低。目前，上阳宫文化园的客源主要以洛阳市内居民为主，为地缘性客源。大部分市外的游客对上阳宫文化园了解甚少，导致景区发展缺乏大量游客的支持。

（二）旅游产品参与性、体验性不强

游客在体验旅游产品时的满足程度是其评价景区质量的重要因素，因此为游客制造难忘的旅游体验是文化主题公园的中心任务。但是，上阳宫文化园目前在开发体验性旅游产品上比较欠缺，推出的旅游产品多是些观赏层面的人造景观或节目，园内的游憩活动也多以观赏为主，只能游览景致或欣赏歌舞，种类略显单一，例如杂耍特技、魔术手彩、唐宫乐舞等这些旅游产品，并不能充分地使游客参与其中，体验性不强。

---

① 张扬：《河洛文化节来洛阳要去上阳宫领略盛唐文化》，http：//news.dahe.cn/2016/09 - 22/107519455.html。

（三）文化特色不突出，文化内涵不丰富

主题公园就是把某种文化浓缩在某个区间内，满足游客的需求。虽然上阳宫文化园致力于挖掘河洛文化精髓，打造盛唐文化精品，融传统现代于一体，形成一个集观光、休闲、娱乐于一体的特色旅游带。但是，作为古代唐朝都城的西安，也有众多的唐代历史文化主题公园，与之相比上阳宫文化园没有充分地挖掘洛阳本地文化优势，文化特色突出不明显，文化内涵挖掘不够丰富，旅游产品趋同化明显，导致洛阳本地游客不能获得本土文化价值的认同感，洛阳本地以外的游客游玩后并不能充分体验到文化的差异性。

（四）园区内配套设施和公共服务有待提升

园区内配套设施和公共服务有待提升，主要表现为以下几点。第一，园区宣传介绍资料不够充分，缺乏关于景区特色及唐代文化内涵的详细介绍。上阳宫文化园作为历史文化主题公园，景区特色是根植于上阳宫深厚的历史文化，历史文化的内涵是抽象的，如果没有对景区来龙去脉的详细文字介绍，大部分游客游园后只是看看表象，依旧对上阳宫文化园所展现的历史文化了解甚少，因此不易被游客尤其是外地游客接受。第二，唐服没有得到充分利用。园区内的一大特色就是工作人员身着唐服，但园区内工作人员未能充分利用唐服宣扬及传播文化内涵以营造唐文化氛围。第三，"吃、住、行、游、购、娱"设施功能配套不足，比如停车位不足，不能满足游客的相应需要。

（五）演艺节目缺文化内涵，特色纪念品缺失

大型历史情景剧《上阳武则天》作为园内唐文化演艺节目过于商业化，表演技能缺文化精髓及表演态度过于随意，表演形式与国内很多景区相似。目前，大部分游客在游玩时不仅心情放松、欣赏美景、拓展视野，更倾向于带些极具旅游地特色的礼物送给亲朋好友，以分享自己的旅游体验和经历。但园区内的旅游购物品散、杂、档次不高、特色不强、缺乏文

化内涵，全区内缺乏针对景区特色设计的旅游纪念品，在售纪念品缺乏人文意义和收藏价值。

四 上阳宫文化园发展对策建议

针对上阳宫文化园目前发展中存在的问题，提出如下建议。

（一）加大园区宣传推介和项目营销力度

1. 加大园区宣传推介

加大宣传投入，融合传统媒体和新兴媒体平台，一是充分利用广播、电视、报纸、杂志等传统媒体通过植入广告或参加文化旅游综艺节目等方式，详细介绍上阳宫文化园的景区特色，进行营销宣传。二是引入"互联网+"宣传模式，联合知名网络平台打造洛阳智慧景区示范项目，快速推广品牌，提高知名度。如通过拍摄微电影、开通微信公众号，在新浪、优酷等平台设置专题栏目等方式宣传上阳宫文化园旅游形象，多形式、广途径宣传文化园的主题特色，吸引游客。同时，开发景区手机APP、手机支付等功能，制作景区宣传片，在旅游大巴电视媒体、旅行社、旅游网站、旅游手机端APP、腾讯智慧旅游平台（美团、拉手等）相关媒体上进行播放。

2. 加大项目营销力度

再好的项目如果不能成功营销、不能吸引游客，就无法变成真金白银，无法摆脱"养在深闺人未识"的尴尬。为此，要加大营销力度，综合运用各种手段，提升上阳宫文化园的知名度、美誉度，更好地吸引全国乃至世界的目光。一要印制各种宣传上阳宫文化园的大型画册，拍摄制作宣传片投放在中央电视台的宣传平台，同时开通网络对外宣传平台，多视角、全方位对上阳宫文化园进行全方位介绍。二要借鉴类似历史文化主题园区成功的营销经验，精心策划、广泛开展各类营销活动，借助牡丹文化节、河洛文化旅游节等重要节会平台，游客入洛观光、群众热情参与之际，积极做好旅游项目推介、形象宣传工作。

（二）深入挖掘文化内涵

历史文化主题公园景区要围绕历史文化主题、突出历史文化主题，才能凸显特色、扩大影响、打响品牌。上阳宫作为一个以展现中国唐文化为主题的文化公园，深厚的文化展示是其旅游活动的内涵所在。因此，上阳宫文化园应丰富现有资源，以"走进大唐历史，感受大唐文化，体验大唐生活"为背景，深入挖掘上阳宫的历史文化内涵，强推文化旅游项目开发，走"文化+旅游+城市"的发展之路。

在主题选择上应主打历史文化牌，充分利用洛阳丰富的历史文化资源，在旅游产品的开发设计上融文化欣赏、娱乐休闲、亲身参与于一体，做到寓教于乐、寓学于游，提高园区的文化品位和教育功能。例如，历代文人墨客留下的关于上阳宫的诗词有上百首，可将这上百首诗歌转化成可触、可观、可品的旅游产品，让游客既深入又直观地感受到上阳宫的历史文化内涵。历史的上阳宫里不仅有唐史上记载的浪漫故事——"红叶题诗"，还有引人入胜的故事"李谟偷曲"，这些内容在史书上都有明晰的记载，也都可对其进行挖掘并开发。

（三）提升旅游产品参与性、体验性

目前，随着体验经济时代的到来，人们的旅游需求也日益的个性化、多样化，走马观花式的观光型旅游产品已经不能满足人们的旅游需求，人们更希望在旅游过程中提升自身人文内涵，希望景区能为游客提供参与性、体验性强的旅游产品，由此新型旅游产品"文化体验游"就应运而生，目前运作较好的一些"文化体验游"产品已经产生了一定的经济效益和知名度。

作为历史文化主题公园的上阳宫文化园应策划设计适合游客体验的、具有上阳宫品质的"文化体验游"旅游产品，在挖掘景区的自然资源和历史文化的基础上，强化游客在导游系统、购物系统、表演系统等方面的认同。比如，景区所有工作人员及游客均着唐代服装，使游客完全置身于唐文化的空间，产生一种穿越历史的感受；设置游客唐文化生活体验区，聘请制作技艺高超的民间艺术家亲自传授民俗文化的基本知识和一些民俗品的简单制作方法；充分利用码头开发水上游乐项目，增加游客在景区的体验时间；利用传统节日举办庆祝活动，通过节庆活动提高景区的文化及艺术魅力等。

（四）完善服务设施，提升服务水平

能否使游客乐不思蜀、多做停留，一定程度上取决于景区服务水平的高低，优质的服务是增强景区吸引力、提升景区重游率的有效方式之一，只有使游客感受到了高质量的服务才能赢得游客的信赖。

提高上阳宫文化园的服务水平，就要围绕"吃、住、行、游、购、娱"旅游六要素不断提升服务水平。景区服务分为"软服务"和"硬服务"。"软服务"是指景区工作人员的服务水平，比如对老年人、孕妇、儿童、残疾人等特殊群体的服务，上阳宫文化园对特殊群体的服务可以考虑吸收青年志愿者参加，成立特殊服务小分队，有针对性地开展"一对一"和个性化服务，满足游客需求。在提升软服务方面，上阳宫文化园还应根据景区经营管理需要，引进旅游专业人才，并向游客聚集点增派工作人员，维护安全秩序以防意外情况发生。及时换洗、更新及增添唐朝服饰，创新唐服租赁管理模式等。"硬服务"指的是景区内外的景区基础设施配备，在园区内建筑设施、演艺舞台等景点设置相应的详细解说系统，让游客深入了解其历史渊源及文化内涵以弘扬上阳宫文化。在园区内添置旅游信息咨询机，形成完善的旅游信息咨询网络，方便游客咨询。在园区外规范停车场，充足停车位等，努力使上阳宫文化园成为广大游客向往的旅游目的地。

（五）开发特色化演艺节目

特色化演艺节目是旅游景区吸引游客的一种重要手段，是文化表演和旅游市场相结合的产物。目前，特色化演艺节目已经成为我国文化产业和旅游产业领域的一大亮点。作为历史文化主题公园应开发相应的演艺节目在园区内演出，演艺节目在创作上应深度挖掘当地丰厚的历史文化，以景区实景为演出背景，以当地本土文化、著名历史人物、知名事件等为创作蓝本，为景

区量身打造一台标志性旅游演艺节目。同时，演艺节目的编排要注意内容与形式的深度结合，让游客既能体会到当地文化的厚重感，又能借助演艺节目所呈现的精彩内容真正有效地将当地人文资源进行推广。

因此，上阳宫文化园在特色化演艺节目的开发上要因地制宜，接地气，将上阳宫的历史人文特色融入演艺作品，创作的演艺品牌作品要以传统文化精髓为基础，以大唐盛世为背景，采用视听结合、雅俗共赏的舞台表现形式，演绎唐代传奇故事，以精心编排的剧目，设计恢宏的场景，全古装的演出阵容，高科技的灯光舞美，再现大唐繁盛之景。第一，选择场景是历史类旅游演艺节目的前提。以目前已经创作的大型历史情景剧《上阳武则天》为例，实景演出的背景布置就要彰显唐风，要尽量与周围自然环境、演出内容相融合，打造"天人合一"的效果。第二，对历史类旅游演艺节目来说，确定主题尤为重要。旅游演艺节目时间有限，在有限的时间里聚焦主题，就要避免出现内容编排上的"眉毛胡子一把抓"问题。比如，著名的"红叶题诗"故事就发生在上阳宫，上阳宫文化园可以对此故事主题进行影视演绎。对历史人物武则天进行演绎，武则天的历史故事往往有众多侧面，对武则天的评价也往往有不同的角度，因此创作与武则天相关的演艺节目内容选择上就要删繁就简，《上阳武则天》的创作更应聚焦上阳宫的历史背景，演绎一代女皇武则天在上阳宫内主持朝政时的跌宕起伏的传奇人生。第三，艺术表现是历史类旅游演艺节目的关键。好的艺术表现，首先需要有好的歌舞等艺术载体，可以创作与主题故事情节相吻合的主题歌曲，编排一些经典的舞蹈场景，在舞台的设计上要充分考虑到观众对于视听结合的要求，运用现代的声、光、电等技术，灵活地表现出主题内容的艺术情景，以对五感刺激强化上阳宫的大唐体验。

（六）开发极具地方特色的纪念品

在景区买些纪念品是人们的乐趣所在，据统计，在我国旅游消费的比重中，旅游纪念品的消费所占的比重越来越大，成为景区创收的重要来源。但是，目前我国各地的旅游纪念品同质化明显、低端化现象严重，千百个景区都在卖同样的"地方特产",弱化了旅游纪念品吸引力,很难激发游客购买的兴趣,且随着电子商务和物流业的快速发展,大部分旅游纪念品在异地超市或网上购物平台均有销售,给旅游纪念品设计带来严峻的挑战。

开发极具上阳宫文化园区特色的旅游纪念品,不仅能为游客提供体验回忆,而且能增加旅游收入及间接提高景区知名度、吸引力和竞争力。与上阳宫文化园历史主题相关的旅游纪念品的开发要注意产品的主题性和地方特色、区域特色的融合,同时在设计上还要充分考虑结合现代人的生活理念,将洛阳的文化基因和现代人的喜好、购买习惯充分结合,开发出高品质、有特色的旅游纪念品。比如展示上阳宫的观风殿、甘露殿、客省院、洞元堂等建筑雕梁画栋的比例模型,反映上阳宫厚重历史的文化书籍、《红叶题诗》的图册、历朝历代著名诗人关于上阳宫的诗词集等,让众多游客感受到别具一格的"上阳宫味道",真正使游客把对上阳宫的喜爱之情通过旅游纪念品带回家。

B.17
新安函谷关文化发展报告

新安函谷关文化研究课题组*

摘　要： 新安函谷关始建于西汉汉武帝元鼎三年（公元前114年），后经多次重修，现存关楼遗址为1923年所修，2014年6月，新安函谷关被联合国确定为"世界文化遗产"。目前，新安县正在规划建设汉关遗产城，致力于把新安函谷关建设成为集历史、文化、旅游、娱乐为一体的文化产业园。

关键词： 新安函谷关　文化发展　发展规划

　　新安函谷关位于河南省洛阳市新安县城东500米的城关镇东关村，北距黄河25公里，西邻镇区，东距洛阳市区23公里。据《汉书·武帝纪》中记载："西汉元鼎三年（公元前114年）冬，徙函谷关于新安，以故关为弘农县。"2013年3月5日，新安函谷关遗址被国务院列为第七批全国重点文物保护单位，2014年6月22日，中国、哈萨克斯坦和吉尔吉斯斯坦三国联合申报的"丝绸之路：长安—天山廊道的路网"项目成功入选《世界遗产名录》，新安函谷关遗址为该项目33处系列申报点之一。目前，《新安汉函谷关遗址管理规划》已编制完成并颁布实施，同时详细划定了遗产的保护范围，保护区划总面积为562.18公顷（其中遗产区面积为98.77公顷，缓冲区面积为463.41公顷）。

---

* 课题组组长：王洪超，新安县函谷关管理所所长，研究方向为文化遗产保护。课题组成员：李留拽，中共新安县委党校纪委书记、讲师，研究方向为历史文化、廉政文化、宗教文化；李妙云，新安县文物局纪检组长，研究方向为文物保护；刘巧红，新安函谷关研究院管理员，研究方向为历史文化。

一 新安函谷关概况

（一）新安函谷关地理环境

新安函谷关地势险要，因"关在谷中，深险如函"而得名。其北依凤凰山，南眺青龙山，西有奎楼山，东望八陡山，四山环绕，皂涧河环绕遗址西部、南部，在遗址东部与涧河交汇折向东流，形成了"四面青山三面水，一层紫气万层烟"的雄伟气势。如今北侧的凤凰山上陇海铁路轰鸣而过，南侧的青龙山下310国道川流不息，古今的交通要道在此交会，也彰显着其地理位置的重要性。新安函谷关遗存主要包括东西向坐落的关楼、南北两侧的夯土关墙和阙台遗迹，关墙外向南北延伸的长墙遗迹，以及关楼遗址东西两侧发现的总长约400米的古代道路遗迹以及东侧发现1处建筑基址。在函谷关东200米处北侧，发现了古道路遗迹及几处石刻题记。

新安函谷关遗址不仅是公元前2世纪～公元3世纪汉帝国设立在中原地区的防卫关隘，还是洛阳作为东汉都城时自丝路起点都城西行必经的重要关隘遗存。新安函谷关遗址位于秦岭东段余脉涧河河谷，控制着洛阳盆地及关中盆地之间的交通，见证了汉帝国大型交通保障体系中的交通管理制度、防御制度及其对丝绸之路长距离交通和交流的保障。

（二）新安函谷关遗址保护现状

据史料记载，两千多年来，汉关屡遭破坏，也经历了多次重修。最后一次重修为民国初期，重修时力仿旧制，关洞下半部分尽用古关基石，汉函谷关坐西向东，关楼正中有一拱形门洞宽约4米。

自2012年6月22日至2013年12月12日基本完成了汉函谷关遗址考古调查勘探工作，同时亦对青龙山及凤凰山进行了局部较为细致的考古调查勘探工作。钻探总面积达139510平方米，其中函谷关面积73158平方米，青龙山面积52866平方米，凤凰山面积13486平方米，基本搞清了汉函谷关遗址的大致轮廓。

新安函谷关遗址的遗产本体为各历史时期积累形成的函谷关格局和人工建造的夯土遗存、道路遗存、关楼遗址等全部遗迹遗存，包括关城遗址区、未确定遗存分布区、长墙遗址区、窑场遗址区等。

关楼遗址，历史上多次重修，历经千年的演变，最终形成今天的格局。狭长的"H"走廊，走廊的中心及主体建筑，是明清时期的砖石结构关楼，现存关楼曾于1923年重修。关楼分两层：下层是砖石构筑的敌台，拱券形门洞，上层为"十"字形二层砖木混合结构的敌楼。敌楼底层砖券结构，四门洞开，正顶十字交缝，每室各嵌"无字碑"两通，地面铺灰陶方砖。四面门洞初均有对联，今佚失。敌楼二层已坍塌。敌台三面由青砖包砌，正中设拱形门洞，洞内墙壁基石上刻有"一尺二寸""七寸"等文字，中部有安装木质城门的轴眼。门洞东西两侧均有石刻对联。东侧楹联为："功始将梁今附骥，我为尹喜谁骑牛。"西侧楹联为"胜迹漫询周柱史，雄关重睹汉楼船"，上额为"汉函谷关"四字，为清末政治家、学者、书法家康有为所题。

南、北两阙台遗址，关楼百米处左右分别筑有"鸡鸣""望气"二台，它们为函谷关阙楼，有壮势扬威的作用，是保护关隘的重要军事设施。鸡鸣台位于古道北侧，残高15米，东西残长约30米，南北残宽约20米。望气台位于古道南侧，残高约15米，东西残长约30米，南北残宽约25米。今两台虽已坍毁，但汉代夯土遗存依然清晰可辨，其结构致密，夯层分明，层厚7~8厘米，可见当时建筑技术之高超。

烽火台遗址，坐落于关南青龙山半坡处，此处居高临下，周围动态一目可达，是观察关外情况和传送消息的最佳位置。该烽火台建于城墙之上，与关隘相连，残高2米，东西残长20米，南北残宽10米，为夯土打筑。1997年因310国道扩建，该遗址由洛阳市文物部门进行了发掘。

仓储遗址位于新安县仓头乡盐东村，与黄河垂直距离约600米。遗址整体呈长方形，主要由城垣、函道、柱础石、路面等遗址组成。仓储遗址于1998年被评为全国十大考古新发现之一。

窑场遗址位于汉函谷关关楼西北方向约 200 米处。文物勘探人员在此发现汉代窑场遗址 19 座，遗址内存有大量的板瓦、筒瓦残片，这里曾经是汉函谷关建筑以及维修时的专用窑场。

古道路遗址，经考古人员较为详细的勘探，基本探明了函谷关周围古道路的走向和分布。在关楼的西边和东边各发掘一条古道。关楼西边的这条道路是汉代建关以后修筑的，从西汉一直沿用到现代，历经 2000 多年。道路最宽处达到 10~15 米，汉代道路宽度为 4~6 米。汉代道路位于距现在地表 2.7~4.9 米处，汉代道路陷入黄土之中 2.4 米，加上各个时期的破坏可能高度更高。在关楼的东边也有一条古道路，是汉代建关以前已经使用的，宽 10~14 米，叠压于关城墙下，西汉建关以后，为了便于管理和防御，修筑高墙，将其阻断，改走关城中间。

城墙遗迹主要分为函谷关夯土城垣、关墙基址、附属城墙遗址三部分。夯土城垣共有两道，均为东西走向，经由关楼分别连接望气台、鸡鸣台。其中，南侧墙垣残长约 154 米，北侧墙垣残长约 148 米，两道城垣的夯土均为汉代所筑，至今夯土层依然层次分明。关墙基址在鸡鸣台南侧，呈南北走向，残长约 50 米。附属城墙遗址有南、北城墙各一段，分别位于南北二山上，呈"八"字形向南北方向延伸。

（三）新安函谷关遗址出土文物

新安函谷关遗址出土了大量珍贵的文物，其中包括世所稀有的"关"字瓦当和唐三彩等物，具有很高的历史价值和文化价值。

1. 汉关瓦当

瓦当又称"瓦头""瓦裳"，是古代建筑的重要构件，其样式主要有圆形和半圆形两种，具有保护木制屋檐和美化屋面轮廓的作用。汉代是瓦当工艺发展的鼎盛时期，尤其是装饰有篆体文字的瓦当，字体排列紧凑，布局讲究，显示出汉代质朴浑厚的艺术风格。其中"关"字瓦当久负盛名，是我国古代瓦当艺术中的精品。"关"字瓦当一般为圆形，直径在 13.5~14 厘米，厚约 2 厘米，呈灰色，质地坚硬，瓦当正面"关"字多有装饰和变化。

"关"自然是指关隘,然汉代"关"非一处,其他关隘并未见"关"字瓦当,可见"关"特指函谷关,且不需冠以"函谷"二字。正如王木铎先生所说:"函谷关已是公认的天下第一关,非函谷莫独称作关者。"

2. 唐三彩

新安函谷关作为丝绸之路第一关,见证丝路的兴衰起落,并留下了许多重要的文物遗存。在历年的考古发掘中,出土了大量与丝绸之路有关的文物,有独具西域特色的牵驼俑、武士俑、胡俑以及唐三彩骆驼、马等。

二 新安函谷关遗址的文化价值

因政治经济需要而建的新安函谷关,耸立于丝绸之路上,历经数代不废,见证并推动了丝绸之路东西方文化的交流。同时,它精巧的建筑艺术、历代文人墨客留下的名联石刻诗赋文章,共同组成了浓厚的人文景观,形成了一种内涵丰富的独特文化——汉函谷关文化。

(一)新安函谷关的历史价值

1. 新安函谷关的管理方略、选址技术、建筑艺术

管理方略。国家设置关津,目的在于增强军事防御能力,维护社会治安。主管函谷关事务的官吏,周秦时代称为司关、关令或关尹。汉代称为关都尉,都尉在当时是仅次于将军的重要职位,可见汉代统治者对关隘的重视程度。汉政府设置"五关",实行关禁制度,制定津关令,严格控制马匹、黄金、铜等战略物资流入关东地区,防止中央控制下的编户齐民叛逃到地方诸侯国。另外,函谷关的"禁关"与"除关"也是当时社会安定与否的晴雨表。楚汉之际,刘邦占据函谷关,秦王子婴等即放弃抵抗而投降。及至西汉,天下一统,函谷关一直有重兵把守。直到汉武帝时,认为对函谷关严格按照惯例管理只会给商贾旅人带来不便,因此下令"除关",解除了函谷关的禁令,不再驻兵把守,皆因当时社会歌舞升平,人民安居乐业。

选址技术。汉函谷关作为中原地区的古关要塞,其选址适当,布局合

理，设计精确，建筑宏伟，体现了汉代决策者的科学建筑理念和军事观念，以及工匠们的高超技艺，对研究汉代建筑和军事制度具有极大的实证意义。对今人来说，它也是一笔极为珍贵的人文历史遗产。

建筑艺术。函谷关不仅是一座关楼，还代表南至宜阳，北达黄河的关墙防线。该防线在两汉时期，对关中和关东的社会治安和生活发展具有重要的保障作用，特别是战乱时期，更是洛阳都城的保护伞。在新安县黄河南岸盐东村发现一座函谷关盐仓遗址，该遗址是一处与函谷关关墙防线为一体的仓库建筑遗址，既为漕运物资中转之用，又带有浓厚的军事色彩。从现存关城遗址可以看出，鸡鸣、望气二台为关阙，涧河皂涧河为护城河，共同保卫着关楼，在具体形状上，关楼一层有城门可供出入，而二楼的十字对称拱形窑洞建筑形式，方便行动，利于藏身，是古代战争中的攻守利器，体现了成熟的战争防守意识和建筑艺术。

2. 新安函谷关与儒道文化

自汉代以来，新安函谷关地区儒学兴盛。汉武帝时期大力弘扬"罢黜百家、独尊儒术"，使儒家思想深入各个阶层，上至国家对官员的提拔任用，如"非刘姓不王、非关内民不候"，下至人们生活居住的地域都有了高低贵贱之分，如时人以关中人为荣，因此而有了"杨仆徙关"。由此看来，函谷关不仅是重要的军事关隘，而且是当时封建等级观念的一个明证和缩影，它对研究我国汉代思想文化传统观念具有重要的物证价值。

新安函谷关不仅具有浓厚的儒家文化思想，而且与我国道家具有不解之缘，《道德经》相传就是老子归隐时路过函谷关所作，虽成书于秦函谷关，但其与汉函谷关的联系极为密切。首先汉关是将秦关从灵宝迁徙至新安，可以说是一关二名。在历史上人们常常对两者均以函谷关相称，所以在历史文献和历史典故中我们经常可以看到秦汉两个函谷关如水映月、如影随形那样难解难分，故在历史的记忆里，汉关与秦关一样与道家思想有着密不可分的关系，汉关同样起着弘扬道家文化的历史作用。其次汉函谷关和秦关一样，在关前筑有"鸡鸣""望气"二台，因此"二台"的历史典故在函谷关一带可以说是家喻户晓，居住在此地的人们大多从儿时就常听到"紫气东来"

"鸡鸣狗盗"等神秘又动听的历史故事,所以,《道德经》虽成书于秦关,但发扬于汉关。

(二)新安函谷关与丝绸之路

公元73年,东汉班超受命从东都洛阳出使西域,"重开丝路,经营丝绸"后,丝绸之路自然向东延伸到洛阳。

东汉、曹魏、西晋、北魏时期的洛阳城,文化昌盛、经贸繁荣,是当时东方乃至世界的文化经济中心之一,是当时朝会、贡赋、交通和商业的中心,是沿丝绸之路西行的主要出发地和沿丝绸之路东来的主要目的地,是当时丝绸之路的东方起点。公元64年,汉明帝派遣使者沿丝绸之路赴西域拜佛取法,归来后在洛阳创建了白马寺,在东汉、曹魏、西晋、北魏先后四代以洛阳为都的330多年里,由于不同的动机、目的而从当时的国都洛阳出发,沿丝绸之路向西而进行的政治、军事、经济、文化、宗教等活动,曾经发生过多次。其中,以东汉时的"永平求法"和"班超通西域"意义最为重大。

汉函谷关历为京畿之地,又是洛阳西行第一关,同时贵为"洛阳八关"之首,因此它对洛阳的政治、军事、经济等方面都具有重大的影响。洛阳既然是丝绸之路的东起点,又对丝绸之路的形成、发展和繁荣发挥了极其重要的作用,那么函谷关自然就是丝绸之路的第一关。"上罗三关,下列九门,会外国之玉帛,徕百蛮之贡琛。冠盖纷其云合,车马动而雷奔",东汉兰台令史李尤在《函谷关赋》中这样生动描写了当时外国远方使节和各方达官贵人、富商巨贾携带奇珍异宝、各色特产,云集函谷关前,进行商贸交往的盛景以及车马人员喧嚣繁荣的场面。《文苑英华》第五百四十五卷载有《恩赐绫锦出关判》一文,讲述了时任中书舍人的刘穆之对一外国使者莫贺携带违禁货物绫锦出关被禁止的判文。此记载,充分说明了汉函谷关是丝绸之路上东西方商贸交流的一处重要关口,并对丝绸之路的商贸交流起重要的保障作用。另外,据史书记载,函谷关一带植桑养蚕的历史悠久,说明其本身就是丝绸的重要生产基地。

从以上考证可以看出，汉函谷关是古代丝绸之路上一个举足轻重的关隘，不仅为华夏文明的延续提供了特殊的见证，而且也揭示出了不同文明间的交流、冲突、兼容与融合的对话过程。

（三）新安函谷关文学与人文景观

1. 函谷关文学

新安函谷关作为历史名关，是文人墨客游历之地，人行其地不仅浏览风光，且多感慨兴叹，留下了大量的诗赋戏剧小说，构成了厚重的函谷关文化。从现存的有关函谷关的古代文集诗赋来看，可谓是汗牛充栋。就其数量来说，据不完全统计有1000多篇；就其文章体裁来说，除赋、铭、箴、诗之外，又有章、表、檄、移，还有文、史、论、颂、志、书、传、墓志，其他杂文尚有歌行、案判等十余种之多；就其时间跨度来看，上讫西汉，下延民国，直至现代。

历代以诗这一体裁来描述函谷关的学者，可谓层出不穷，世代不绝。比如唐代较为著名的有张九龄的《奉和圣制经函谷关》，罗邺的《春过函谷关》《新安城》，罗隐的《早登新安城楼》，白居易的《出关路》，李白的《奔亡道中》，杜甫的《新安吏》等三十余首。宋代有晁补之的《守蒲次新安先寄府教授之道弟》。元代有王士祯的《新函谷关》一首，直接描写汉函谷关。明代李昌祺的《新安谣》最能反映函谷关、新安驿以及函谷关对新安百姓的影响。

以函谷关为题的赋体，首见于汉代李尤的《函谷关赋》，杜笃的《论都赋》，记述了汉光武帝刘秀于建武十八年二月十四日由洛阳出发，经过函谷关、渑池等处至长安巡行的史实，魏晋时期著名文学家潘安的《西征赋》是考证新安故城遗址的重要资料。汉李尤作《函谷关铭》以叙述汉武帝移函谷关于新安事，唐独孤及的《古函谷关铭》则论起秦函谷关之历史以及唐开元年间于老子旧宅得宝录事。清代吕谦恒的《函谷讴》则是反映百姓服役的状况。

在新安函谷关主体建筑关楼处，许多文人墨客在此留下石刻名联，具有极高的观赏价值和研究价值。西门额为"汉函谷关",旁注小字"孔子二千四百七十四年癸亥秋南海康有为书"。一层通道西门联为"胜迹漫寻周柱史,雄关重睹汉楼船",旁注小字"由升堂撰书";一层通道东门的对联是"功始将梁今附骥,我为尹喜谁骑牛","县令葛邦炳题"。二层东门的石刻额为楷体书写的"紫气东来",对联为"四面青山三面水,一层紫气万层烟",监修龚士杰书。南门额为楷书"中州屏翰",对联为"紫气犹存贤令尹,青牛重渡古函关",附"监修吕光裕题"。北门额为篆刻"晓月楼台",对联为隶书"巍乎直同百二险,焕然重筑一丸泥",小字书写"关内逸民许文田书"。西门额为楷书书写"西望崤岭",对联为"夹其皇涧,弘我汉京",旁注"张钫撰书"。

汉函谷关威武雄壮,更有四时美景,春夏秋冬各有不同风韵,两千多年的漫长岁月,来往于两京的文人墨客对汉函谷关多有题咏,他们登临寄兴,流连忘返,留下了许多优美的篇章。

孟迟《新安故关》曰:"汉武英雄重武材,崇山险处凿门开。"罗邺《新安城》:"若算防边久远名,新安岂更胜长城。"李世民《入潼关》:"崤函称险地,襟带壮两京。"陈子昂《落第西还别刘祭酒高明府》:"地连崤函塞,川接广阳城。望迥楼台出,途遥烟雾生。"胡宿《函谷关》:"天开函谷壮关中,万古惊尘向此空。"骆宾王《帝京篇》:"皇居帝里崤函谷,鹑野龙山侯甸服。"这些诗篇都极言函谷关的险要形胜、雄伟壮丽。东汉兰台令史李尤《函谷关赋》曰:"上罗三关,下列九门,会万国之玉帛,徕百蛮之贡琛。"记载了当时汉函谷关的繁荣景象和在丝绸之路上所起的历史作用。

春天的函谷关草长莺飞,醉杨嫩柳,迎来了诸多文人雅士登临题咏。张九龄《登总持阁寺》:"山从函谷断,川向斗城回。林里春容变,天边客思催。登临信为美,怀远独悠哉。"罗隐《早登新安县楼》:"关城树色齐,往事未全迷","草浓延蝶舞,花密教莺啼。若以鸣为德,鸾皇不及鸡"。宋之问《登禅定寺阁》:"函谷青山外,昆池落日边。东京扬柳陌,少别已经年。"

秋天是函谷关最美的季节,登此关,见大雁南飞,白露为霜,几多感怀，潜入心中。杜甫《重题郑氏东亭》："华亭入翠微，秋日乱清晖。"韦应物《西楼》："烟尘拥函谷，秋雁过来稀。"白居易《出关路》："山川函谷路，尘土游子颜。萧条去国意，秋风生故关。"

冬天游览函谷关，飞雪漫故关，腊梅报春知，几多美景都展现在大唐才子的诗篇里。王维《冬日游览》："步出城东门，试骋千里目。青山横苍林，赤日团平陆。渭北走邯郸，关东出函谷。"罗隐《人日新安道中见梅花（其年以徐寇停举）》："长途酒醒腊春寒，嫩蕊香英扑马鞍。"苏颋《景龙观送裴士曹》："雨雪长疑向函谷，山泉直似到流沙。"

2. 函关晓月与皇家园林

新安函谷关点缀在崤函古道之上，镶嵌于幽深峡谷之间，环抱于四面青山之中，缠绕于三面绿水之畔。鸟瞰函谷关城墙像一条巨龙，横卧于河洛大地，蜿蜒逶迤，美丽无比；远眺汉关楼，映衬于青山绿水之下，更显得奇拔俊俏，雄伟壮观；函关晓月的奇绝美景令人神往，皇家园林的雄伟壮丽令人赞叹。新安函谷关不仅是兵家必争的军事重地、丝绸之路的第一关隘，也是一个闻名遐迩的休闲胜地。

"函关晓月"是旧时新安八景之一，主要指的是月亮一年四季的阴晴圆缺，配以函谷关沧桑的历史背景，加上游人们的怀古思幽的心情，共同形成对自然和生活衍生出的妙不可言、无可名状的意境。或在春天皎月里感悟河洛大地的勃勃生机；或在夏季皓月中欣赏起伏绵延的大好河山；或在中秋满月里祝福远在故乡的亲朋好友；或在冬夜冷月下悲叹过关旅客的人生艰辛。

面对"函关晓月"美景，诗人们更是情思萌动，诗兴大发，不能自已，历代新安县志中录有诸多以"函关晓月"为题的诗作，其中不乏名家名作，至今散发着对人生的万古幽思和对函谷关的万般感慨。

不管诗人以怎样的心情吟咏"函谷"，抒发胸臆，其共同点都是面对沧然史迹，以诗的审美情怀感悟自然宇宙之美，并融入深沉的社会人际内容和旷达的历史感悟，此即"名景"的社会美育效应。

函谷关附近的自然风光引人入胜，山幽水秀，自古便是皇家宫苑园林的首选地，隋朝的西苑就是以汉函谷关为重要标志建立的皇家园林。西苑是隋炀帝杨广的宫苑之一，又称会通苑，跨函谷关修建。大业元年，公元605年，隋炀帝营建东都洛阳的同时，修筑西苑。西苑由宫苑园林和苑囿园林两部分组成，宫苑园林的位置是在宫城以西，与皇城毗连，大体在今天洛河以北、邙山以南、涧河以东这个近似矩形的空间内，苑囿园林是指宫苑园林以外西苑内的广大范围。苑内青山秀水之处，还修建了大量皇家离宫，供皇帝郊猎时休息以及盛夏时避暑游玩。

神都苑是唐代洛阳的皇家园林，在隋朝西苑基础上修建，唐初改为芳华苑，唐高宗李治在位，改为东都苑，武则天时定名神都苑。神都苑继承了隋代西苑的规模基础，修建有大量的离宫别馆，也是一座大型郊野型皇家园林。

在汉函谷关附近，因为其独特的自然山川美景和洛阳深厚的历史文化底蕴，各个朝代均修建了众多离宫。例如：汉光武帝刘秀在建武十九年（公元43年）为方便宠妃游幸而修建的"大驾宫"；隋炀帝大业元年（公元605年）为博取宠妃欢心而修建的"显仁宫"；唐高宗显庆五年（公元660年）为替武则天避嫌而专门避开长安，选择在洛阳修建了"合璧宫"。

三 新安函谷关文化发展规划

在"丝绸之路经济带"思想的指导下，新安县借函谷关申遗成功之东风，根据"旅游富民"的县域发展战略，提出了"汉关遗产城"的保护开发理念，打造一个以汉函谷关为核心的复合遗产保护网络，且以丝路关隘文化为特色，以老城复兴为目标，集世界遗产观光、非物质文化体验、文化休闲旅游、新丝路驿站服务于一体的——汉关遗产城。

汉关遗产城已被列入新安县今后的重点发展项目之一，2015年，县规划局已与北京土人景观和建筑规划设计研究院签订了"汉关遗产城概念规划"编制协议，其遗产城旅游发展规划范围为944.69公顷，目前，该概念规划方案已基本完成，待进一步审查论证后完成定稿。并且县规划局已组织完成了汉关遗产城控制性详细规划项目的招标工作，详规的编制工作正在进

行，预计在2017年5月完成。

汉关遗产城规划将构建"一主体、三片区、一网络"的文化旅游格局。

"一主体"是以关城遗址文化（函谷关遗址本体）为主体，汉函谷关遗址作为遗产城最重要的历史文化资源，是遗产城旅游发展的核心吸引力，着力提升函谷关遗址本体是遗产城发展的引擎。

"三片区"集中是一个园区和两个片区，一个园区指新安函谷关遗址公园，以函谷关关楼复建、函谷关城池灯光复原、汉函谷关遗址楼台体验、考古坑窑址体验等为宗旨，借助现代全息影像技术手段，在对遗产不会造成任何破坏的基础上，还原真实的函谷关场景，效果震撼，具有较好的旅游吸引力和旅游宣传效应。其中体现"两带""多点"的休闲体验："两带"即函谷关丝路体验带（函谷关博物馆、函谷关印象场景演出、丝路文化游线、入关古道骑马体验）、涧河滨水休闲带（函谷关外涧河自然风光、涧河湿地、汉关农田、花田桑园）；"多点"即函谷关文化体验点民俗村庄、军事文化展示、国学文化展示、农耕文化展示等。

"两个片区"为关城一体发展片区。包括：新安老城生活体验区、火虫驿丝路旅游度假区、老城传统商业街、民俗手工艺大师传习、手工艺展馆、手工艺工坊、创意工艺品商店、创意工艺品定制、创意酒吧、特色咖啡店、民俗工艺商街。丝路文化小镇、丝路微缩景观主题商街、火虫主题园、火虫生态湿地、儿童科普馆、儿童水上乐园、荷塘假日酒店。

"一个网络"为以丝绸之路为主要线路，申报丝绸之路国家绿道，填补西北区域绿道建设空白，同时以汉函谷关绿道建设为标准，为整条丝绸之路国家绿道的建设做示范（丝路绿道网络包括丝路市集、丝路山水、丝路关隘、丝路田园、丝路古道、丝路驿站）。在遗产城核心区内，结合城区内部的绿道结构，率先建设串联老城区、函谷关文化核心区以及火虫驿休闲片区的绿道系统，未来连接洛阳城市绿道系统，重拾丝绸之路的多城市连续与交流的作用，从功能上重现丝绸之路，打造丝绸之路旅游绿道，并将之作为样板进行推广。

案例篇
Case Report

B.18
洛阳牡丹瓷文化产业发展报告

刘俊月*

摘 要： 牡丹是洛阳的名片，唐白瓷烧制技术是中国传统陶瓷技艺重要组成部分，洛阳牡丹瓷很好地实现了洛阳传统牡丹文化与唐白瓷技艺的有机结合，成为文化传承创新的典范。本报告对洛阳牡丹瓷进行全面、深入、系统的分析，为未来洛阳市文化产业发展提供借鉴。

关键词： 洛阳牡丹瓷 文化产业 发展问题 发展对策

洛阳市提出，到2020年，全市文化及相关产业发展成为国民经济支柱

---

* 刘俊月，洛阳市委党校法律与科技文化教研部副教授，研究方向为地方文化建设。

性产业。大力发展文化产业是满足群众精神文化需求、加快经济发展方式转型的重要途径，也是提高城市软实力、增强城市文化竞争力的重要举措。当前，洛阳正在加快建设国际文化旅游名城，迫切需要一批有特色、有品牌、有竞争力的文化产业项目来引领和支撑。洛阳牡丹瓷股份有限公司作为中国目前最大的牡丹瓷特色工艺美术品企业，很好地实现了传统与现代的结合，已经成为洛阳文化产业发展的突出代表。

一　洛阳牡丹瓷文化产业形成

（一）洛阳牡丹瓷的诞生

洛阳牡丹瓷，是采用全手工制作，融合手绘、浮雕、镂空、雕刻、捏花、釉上、釉下、釉中等工艺，从平面到立体的一种全新的艺术陶瓷类型。因其重要部分使用唐白瓷技艺烧制，形成了"红玉瓣、黄金蕊、琥珀枝、翡翠叶"这一独有的洛阳牡丹瓷形态。

李学武是河南省洛阳市"唐代白瓷烧制技艺"非物质文化遗产传承人，洛阳牡丹瓷的创始人。作为唐代白瓷传承人的李学武，自幼就深受来自祖辈白瓷工艺的浸润，对中国传统陶瓷技艺产生了浓厚兴趣，且打下了坚实基础。起源于隋唐时期的牡丹文化，在洛阳孕育发展已有上千年的历史，自古有"洛阳牡丹甲天下"之说，受此影响，李学武对牡丹情有独钟。牡丹高贵雍容，色彩瑰丽，是花中仙子，但是牡丹盛开期很短，花开花落二十日，这为喜爱牡丹的人们留下些许遗憾。为了弥补这一遗憾，让牡丹花永恒绽放，李学武大胆地提出一个新构想：能否将典雅的牡丹文化元素与悠久的唐代白瓷传统技艺合二为一，能否创造出永不凋谢的牡丹花瓷。

2007年，李学武开始了艰难探索之路。虽然李学武出身于唐白瓷传承世家，具有传统陶瓷工艺深厚的理论功底和扎实的技术技能，但依托传统陶瓷工艺，立体地展现洛阳牡丹花的美妙风姿，具有始创意义，是前人没有尝试过的开创性的事业。这不仅要突破传统陶瓷工艺的技术瓶颈，还要面临许多新的技术难题。面对困难和挑战，李学武没有退缩，凭着自己对传统陶瓷艺术的酷爱，以及自己作为非物质文化传承人的责任担当，同时也为了实现梦想，在以后的三年时间内，他的足迹踏遍祖国的大江南北，多次往返于江西景德镇、湖南醴陵、福建德化三大瓷都，多番流连于河南禹州、河北曲阳等五大官窑。为了学习，他遍访各处名窑、博物馆和陶瓷艺术展览馆等；为了研究，他参加各种产品博览会、学术交流会，遍寻名师，四处求艺。经过潜心研究，他初步了解和掌握各大名窑不同的胎质特征、施釉工艺及窑变特点。在探寻各大名窑坯料、施釉、窑变等关键环节独具特色的科学机理的过程中，他先后整理出20余万字的学研笔记。同时，为吸取雕塑中的镂空雕花等技艺，李学武还不辞辛苦多次深入浙江东阳、福建仙游和河南南阳等地学习研究木雕、玉雕技艺。李学武一边研究揣摩，一边大胆实验，在充分继承发展唐白瓷烧制传统技艺的基础上，融入各家工艺之长，历经上百次不断试验、上千次改进创新之后，他终于在白釉瓷器的坯料制作、釉药配制、雕塑制作、施釉、干燥、烧制等环节，探索出一套相对成熟的工艺。在此基础上，2009年底，李学武成功研制出了集各家各派传统陶瓷技艺之长、兼容现代雕塑技艺、极具现代气息和艺术审美的一种新派艺术陶瓷——洛阳牡丹瓷。

（二）牡丹瓷产业的初步形成

牡丹瓷是以洛阳出土且有牡丹纹饰的陶瓷器为载体、以牡丹名贵品种为依托、纯手工制作的新型牡丹文化艺术品。其独具匠心的造型、美轮美奂的装饰、浮翠流丹的色彩，博得业界一致好评。这一蕴含我国传统文化元素的新派艺术品，一经问世，备受业界专业人士的关注和青睐。为了规模化、产业化地发展牡丹瓷，李学武创办了洛阳牡丹瓷股份有限公司。

公司创立伊始，李学武对企业未来的发展定位是传统文化艺术产业。众所周知，文化产业的根本是文化元素，文化产业的灵魂是创意，如果说文化是文化产业的关键生产要素，那么创意就是最具活力的生产力。就文化来说，任何文化脉络都有渊源，都有传承基因，都有地域和民族特色，事实证明，文化产品只有赋予特定的文化内涵才能彰显特色，突出个性；文化产品也只有突出个性才能有生命力，才能得到市场认可。当然，文化产品不是简单的文化符号的复制，它应当是文化创意和设计，一定意义上讲是艺术品。基于这样的认识，李学武和他的团队在企业起步阶段主要是抓好三件事。一是植根文化搞创意。洛阳作为十三朝古都，国家首批公布的历史文化名城，文化底蕴深厚，牡丹文化是洛阳特有的文化元素。企业创作团队紧紧围绕洛阳特色，结合国家发展战略，不断进行艺术创意，陆续研发、设计、生产出了李学武牡丹瓷系列、东方妞妞、"一带一路"表现系列、新三彩系列、卢舍那精品、牡丹灯具系列、日用品系列、特别定制等具有河洛文化特色的白瓷工艺作品，共计一千余个文化艺术品种。二是精工细作出精品。文化艺术品贵在精，粗制滥造不仅会破坏商品的应有价值，同时也会对产业造成伤害。洛阳唐三彩就是典型代表。李学武创始的牡丹瓷从一开始就致力于做精品，每一道工序都力求精益求精。从粉彩、烧制到釉色，他们尽力汲取我国"五大官窑"之精华，融合各家之长，博采诸家雕塑艺术之优，烧制出来的牡丹瓷，最薄的花瓣不到0.1毫米。作品色彩鲜明亮丽，造型多变，有的薄如纸张，有的剔透如玉，有的艳若桃李，有的如绣球似皇冠，有的如台阁似伞盖，惟妙惟肖，栩栩如生，有很高的艺术审美价值。三是借助展览搞营销。为了扩大产品知名度、品牌影响力，企业不断在各类展览会上积极亮相，北京国际旅游商品博览会、中国国际服务贸易博览会、中国国际景德镇陶瓷博览会等。通过参展博览会，让更多的人认识了牡丹瓷、了解了牡丹瓷、爱上了牡丹瓷。2017年6月15日，在北京奥林匹克博览会上，《吉祥五环，花开五洲》系列花盘被奥组委永久收藏。同时，企业还不断参与各类赛事，并多次获得殊荣。通过这些奖项，李学武的牡丹瓷系列产品声名鹊起，为今后企业发展奠定了坚实基础。

二　洛阳牡丹瓷产业发展经验

洛阳牡丹瓷从2008年开发研制到如今发展成为国礼品牌，分别经历了初期研发阶段、快速发展阶段和创新研发阶段。企业在近十年的发展过程中积累了丰富的经验。

（一）广揽八方人才，研发创意优先

在经历了艰难的初创阶段，为使洛阳牡丹瓷文化创意产业迅速发展，进而成为洛阳乃至河南省具有影响力的文化品牌企业，关键是产品能够不断推陈出新，以适应不同审美需求的客户群，不断扩大市场规模，使企业走向良性发展的轨道。基于此，李学武重点着眼于新产品的研发，搞研发就要有人才，对于一个年轻的小企业来说，人才匮乏正是其短板，为弥补人才不足，李学武想到"借船出海"，即利用现有产品优势和竞争力，吸引外部人才资源搞合作研发。2011年1月，李学武依托其公司，成立了洛阳牡丹瓷研究院，借助这一招牌，经过不懈努力，洛阳牡丹瓷艺术价值和市场前景，很快得到工艺美术界大师的认可。公司先后聘请了7位国家级知名专家教授，并分别与清华美院、复旦大学等签署合作协议，负责牡丹瓷的全面研发工作。这为牡丹瓷产业化发展提供了可靠的人才保障，同时也为企业长远快速发展奠定了强有力的科研基础。

为了培育基础性人才，形成自己的人才储备力量，同时也是为了响应国家大众创业、万众创新的号召，牡丹瓷公司依托老城区丽景门景点，策划成立了"河洛汇"创客空间。这个创客空间占地2000平方米，主要服务在校大学生和创客，为他们提供一个作品展示以及价值转化的平台，帮助大学生实现创新创业。

为迎接全域旅游时代的到来，牡丹瓷公司大力实施"旅游+"工程，着力实现产业和旅游的结合。目前已经形成集产品研发、设计、展示、制作、体验、鉴赏、旅游、艺术交流于一体的牡丹瓷文化创意产业基地。未来公司的发展目标是将所在地建成国家3A级景区。在牡丹宫和老城区丽景门牡丹瓷艺术馆设立了"DIY"体验专区，是专门为中小学生和喜爱牡丹瓷的游客提供牡丹瓷制作体验的理想场所，为促进我国传统文化技艺的弘扬和传承做出表率。

（二）制定行业标准，促行业发展

行业规范是行业持续健康发展的生命线，而行业规范就是行业标准。缺少行业标准，不仅带来行业的无序竞争，同时也会对产业造成破坏，对消费者造成伤害。牡丹瓷作为一种新型陶瓷产品，从初始研发到系列化产品，企业一直处于不断探索发展过程中。由于一直没有行业标准，市场上开始大量出现简单模仿、粗制滥造的产品，甚至有假冒伪劣产品出现，严重损害了洛阳牡丹瓷的品牌价值。面对市场混乱的状况，李学武深深意识到制定行业标准的重要性，2013年5月31日，由牡丹瓷公司起草的《洛阳牡丹瓷河南地方标准》顺利通过专家评审。此项标准定义牡丹瓷为工艺美术新品种。行业标准的出台和实施，有效规范了生产经营秩序，也大大提升了牡丹瓷的质量和品质，从而也奠定了洛阳牡丹瓷知名品牌地位。

为了进一步扩大洛阳牡丹瓷的影响力，并进一步形成行业竞争优势，2011年8月，洛阳市又成立了工艺美术学会。洛阳市工艺美术学会由洛阳市工艺美术企业和个人爱好者组成，主要开展行业交流和行业合作，并进行自身的行业管理，共同推动洛阳工业美术业发展。

2011年10月，洛阳牡丹瓷博物馆成立，其主要展示洛阳牡丹瓷的艺术风采和发展成果，既是牡丹瓷文化艺术产品展示的窗口，也是洛阳牡丹瓷科研和教学的一个基地，为牡丹瓷文化产品的传承发展与创新开辟了新的途径。随着洛阳牡丹瓷产业的快速发展，李学武成为洛阳牡丹瓷文化产业的领军人物。

（三）塑国瓷国花品牌，展中原文化形象

洛阳牡丹瓷既有国花牡丹的华贵，又有唐白瓷的纯白、细腻、精巧；既有传统的传承，又有现代的创新。牡丹瓷不仅是优秀的旅游商品，同时也是中原文化的形象载体。如今，洛阳牡丹瓷已入选外交部"国礼"系列，在多个外交场合，成为赠送各国贵宾的首选。同时，牡丹瓷也成为国内外重大

场合的最佳礼品。2012年7月，在纪念香港回归15周年颁奖大典上，牡丹瓷股份有限公司为香港繁荣稳定和发展做出突出贡献的董建华、曾宪梓、刘德华等16位功勋获奖人物设计定做了"牡丹紫荆花瓷盘"，经举办方审定，该作品被顺利选作唯一定制颁奖奖品，作品美轮美奂的艺术审美价值，得到了社会各界的交口称赞。

2013年5月，中国中部投资贸易博览会在郑州召开，牡丹瓷股份有限公司参展的4幅牡丹瓷屏风，受到了来自乌克兰贵宾的高度赞赏。屏风并不售卖，但异国他乡的客人又非常喜爱，因此为了满足来自远方客人的收藏心愿，公司打破惯例，特意安排工人为他们加班赶制了4幅同样的牡丹瓷屏风。李学武牡丹瓷精美的烧制技艺和美妙的艺术展现力，不久就被辗转推荐给了外交部。随后，外交部即派专人来到洛阳对牡丹瓷工艺进行了实地考察，随后，洛阳牡丹瓷被确定为国家对外交往礼品，进入"国礼"殿堂。

2014年9月，洛阳牡丹瓷亮相天津"达沃斯"论坛会场。2015年12月，牡丹瓷花开上合会，精美的牡丹瓷受到各国领导人的青睐，大家纷纷感叹中原传统文化的艺术魅力。2016年3月洛阳牡丹瓷成为博鳌"亚洲论坛"的指定礼品，赠送与会的政商学界领袖。

经过多年的研发，目前，洛阳牡丹瓷已经形成了"河洛盛世"、精品"国礼"、"一带一路"、"东方妞妞"等多个系列，无论是作为国礼赠送，还是作为面向大众的旅游商品，牡丹瓷都受到大家的广泛好评。特别是近两年开展的"特别定制"业务，更是满足了不同消费者的个性需求，也带动了牡丹瓷技艺的快速发展。目前已经为中联部、外交部、中国烟草总公司、华为集团等设计生产过定制礼品。洛阳牡丹瓷作为永不凋谢的牡丹花，如今已经香飘海内外。

洛阳牡丹瓷在陶瓷艺术创新中之所以能够花开世界、独树一帜，一是得益于牡丹瓷不断创新、兼容并蓄、博采众长的开放意识；二是立足展现地方传统文化特色，注重融入具有时代特征的审美价值取向，形成个性独特的艺术珍品；三是与国家博物馆及高端企业合作，打造通向世界艺术巅

峰的最高平台。目前公司正在谋求推动多元发展，着力实现高端艺术品向艺术生活化、城市艺术、企业定制、家庭及办公饰品等领域的延伸，开发出更多具有功能性、实用性的牡丹瓷产品，真正让牡丹文化融入寻常百姓的日常生活。

三 洛阳牡丹瓷产业发展的问题

经过多年发展，洛阳牡丹瓷文化产业取得了不错的成绩，但目前产业发展业遇到了一定的困难。

（一）创新活力不足，产品规模化程度不够高

创新决定一个企业的兴衰成败。洛阳牡丹瓷因创新而兴，也在不断创新中发展壮大。目前创新不足主要表现如下。一是产品方面，主打产品单一，批量生产的产品种类不够多样化。二是营销方面，营销模式较为传统，营销渠道多样化不够，如电子商务平台、微商及电视购物等新的营销模式的开发利用还有很大发展空间。三是创新制度方面，激励机制还不够健全，创新的奖惩制度有些滞后。四是管理方面，科学化管理水平不高，需要融入新的现代管理理念。如果说创新是企业的生命力，那么规模就是一个企业实实在在的效益。目前，洛阳牡丹瓷作为洛阳的特色文化产品，虽然已开发上千个产品种类，但主打品牌是"河洛盛世"牡丹瓷系列，主打产品的单一性还比较突出，因此，能够规模化生产的产品种类不多，这也是当前和今后一个时期制约企业发展的主要问题所在。

（二）人才储备匮乏，品牌影响力不够大

洛阳牡丹瓷人才短缺主要表现如下。一是高端人才匮乏，如缺少一批国家级、省级工艺美术大师的支撑。二是各方面各环节基础性人才的水平参差不齐，整体水平不够坚实，且人员流出换岗较快。三是人才培养缺乏经常化、制度化保障。文化产品的灵魂在创意，创意靠的是人才，而人才的高端

与否又决定着企业品牌的影响力,洛阳牡丹瓷这一洛阳乃至河南省的文化品牌产业,要想走得更远,做得更大更强,就必须解决人才匮乏这一带有战略性的大问题,不断提升品牌影响力。

(三)服务体系不健全,不够个性化、差异化,服务有待提高

品牌就是服务。当今社会是一个追求差异彰显个性的时代,任何企业任何品牌,都不能忽视差异化服务的存在。充分挖掘利用互联网电商平台,建立差异化服务窗口,提供个性化服务,满足不同客户需求,这在当前互联网时代,对一个企业的发展至关重要。着眼长远,洛阳牡丹瓷虽然针对不同客户群体的不同需求,在提供差异化服务方面迈出了坚实一步,但还需要建立更加完善的服务体系。

四 洛阳牡丹瓷产业发展对策建议

洛阳牡丹瓷作为洛阳的知名品牌,在未来的发展中仍需不断创新突破,在实现企业自身发展壮大的同时,力争在洛阳国际文化旅游名城建设中发挥应有的作用。

(一)以开放的姿态经营企业,以不断创新发展企业

在世界日益扁平化的今天,开放经营是现代企业发展当中不可或缺的重要理念。开放才能交流,交流才有共享,共享促成合作,合作走向共赢。洛阳牡丹瓷一直秉承开放的理念经营管理企业,但开放程度还要进一步增强。一是要打破门户成见,寻求技术合作。要寻求相近行业甚至跨行业技术的支持与合作,实现技术领域的不断创新和关键领域的重大突破,提高企业技术门槛,建立和加固企业护城河,形成拥有核心竞争技术,促使产品向高端化、专业化、规模化方向逐步迈进,持续引领行业发展。二是寻求艺术领域多元合作,突出产品的精品化、个性化特色,提升产品的高水准和高层次艺术审美价值。三是着眼长远,寻求战略合作。就是要解放思想,大胆尝试,

引进国内外著名文化企业作为战略合伙人,利用其人才、技术、资金和强大影响力等优势,实现企业可持续飞跃式发展。

(二)建立健全人才培养、使用及创新激励机制,增强核心竞争力

人才是一个企业兴衰成败的根本。一个优秀的企业,一定有优秀的人才,优秀的人才需要有优良的环境,优良的环境取决于好的机制。好的机制能够吸引人激励人,能够促进创新,增强企业核心竞争力,能够切实提高效率和效益,能够提高企业生存能力。

针对洛阳牡丹瓷当前高端人才匮乏这一现状,目前较好的解决办法为:一是有选择地高薪聘请全国及省级知名工艺大师做兼职或顾问,暂时弥补高端人才短缺的现状;二是面向全国招录中高端人才,形成人才的梯次发展。

针对基础人才不稳这一现实,可以通过以下方法解决。一是通过激励机制稳定一批。公司发展需要人才,包括技术工人在内。而人才培养需要一个过程,要把基础人才队伍稳定下来,需要建立健全人才使用、培养长效机制,同时营造良好工作氛围,充分发挥人才主动性,激发潜在创造力,增强企业活力,真正做到人尽其才,才尽其用。二是可与洛阳地方高校合作,有计划地进行定向培养,为企业未来发展储备人才。近年来,河南科技大学、洛阳理工学院、洛阳师范学院都有较快发展,办学条件与办学水平不断提高,这为人才培养提供了较好的条件。牡丹瓷可依托洛阳地方高校培养更多本土的、了解地方文化的新生力量。

(三)实施差异化个性化服务,拓展发展空间

文化产品的市场竞争日趋激烈,同质化竞争市场前景不容乐观。为另辟蹊径,企业转而寻求差异化服务,以满足不同客户群的个性化需求。差异化服务关键是要发挥企业人才优势和产业优势,结合客户要求,量身打造具有个性特点的文化艺术产品。因其独特的个性需求,产品附加值就会远远高于同质化产品。就洛阳牡丹瓷来讲,一是尽快建立健全差异化服务

服务体系，通过互联网电商、微商等更好地挖掘市场潜力，推动产业向纵深发展。二是加强差异化服务，加快促进艺术瓷器向生活瓷器的转变，在提升产品附加值，提高产品竞争力和市场占有率的同时，拓宽产业发展路径，拓展产业发展空间。

（四）加大政府宣传扶持力度，提升品牌影响力

文化产业属绿色环保可持续发展的新兴战略性产业，好的文化品牌产业，不仅能够带来实实在在的经济和社会效益，而且还是一个城市亮丽的文化旅游名片。洛阳牡丹瓷是蕴含洛阳元素的特色文化产品，是洛阳文化产业名副其实的领军企业，龙头带动示范作用十分明显，目前企业产业又正处在努力做大做强，实现跨越发展的关键时期，洛阳地方政府应当加大扶持力度。一是要营造良好的从商环境，加强市场管理，规范市场竞争，特别要防止市场恶性无序竞争，避免洛阳唐三彩低门槛、地摊化现象的再发生。二是全方位加大推介宣传力度，把洛阳牡丹瓷作为洛阳市对外交往的官方馈赠礼品，把洛阳牡丹瓷塑造成洛阳乃至河南省地标产品，提高企业品牌影响力，使洛阳这张亮丽的文化旅游名片擦得更亮，走得更远，走出洛阳、走出河南、走出中原、走向全国，香飘世界。三是切实帮助企业克服各种困难，给予各种优惠政策，给予资金支持，帮助企业扩大生产规模。协调教育机构及办学单位，加快人才的合作培养等。

（五）主动对接，积极融入洛阳城市建设

当前，洛阳市正在打造和推进洛阳世界文化旅游城建设，牡丹瓷作为洛阳牡丹文化的标志性文化品牌产品，应当以此为契机，抓住机遇，乘势而上，力争把李学武牡丹瓷为代表的牡丹文化元素更多融入洛阳城市整体规划和建设中。一方面传承牡丹文化基因，扮靓古都城市形象，提高城市文化品位，突出洛阳城市发展的历史感、厚重感，凸显洛阳牡丹文化特色；另一方面突出宣传展示洛阳李学武牡丹瓷的艺术价值和品牌价值，突出其洛阳文化产业的龙头形象。

B.19
伊川仿古青铜器文化产业调研报告

伊川文化产业发展课题组*

摘　要： 青铜器是人类社会迈入文明社会最重要的时代标志之一，已成为中华民族优秀传统文化的瑰宝与感知瑰宝重要的史册载体。伊川县的仿古青铜器制作是当地一张文化名片，也是发展后劲巨大的一大特色文化产业。本报告是就该县仿古青铜器文化产业的发展特色、面临的发展瓶颈、瓶颈突破点以及产业发展业态与趋势等所做的调研与思考。

关键词： 青铜器　文化产业　产业转型　产业发展

青铜器是人类社会迈入文明社会最重要的时代标志之一，从传说中的黄帝铸鼎到禹铸九鼎，从考古发现中的各类青铜器物到青铜器物上美轮美奂的器物铭文，青铜器已然成为中华民族优秀传统文化的瑰宝与感知瑰宝重要的历史文化载体。作为中华文明重要发源地的洛阳，区域内有中国古代最早的青铜器铸造基地之一——伊川烟涧村。随着人们对青铜器器物的喜爱升温与市场需求的增长，仿古青铜器制作产业应时而兴，仿古青铜器制作为主要产业的伊川烟涧村已经成为豫西南一个闻名遐迩的重要基地。

伊川县的仿古青铜器制作是当地的一张文化名片，也是发展后劲巨大的

---

* 课题组组长：高永，洛阳市委党校图书信息处处长、副教授，研究方向为地方文化遗产保护。课题组成员：翟智高，洛阳烟云涧青铜工艺博物馆研究员；方长勋，洛阳烟云涧青铜工艺博物馆研究员；胡现民，伊川县委党校常务副校长；远利平，伊川县委党校讲师；执笔人，远利平。

一大特色文化产业。该县自2006年成立行业协会之后，积极谋划成立烟云涧（烟涧村）青铜文化园区，并于2010年12月8日建成青铜文化旅游市场，该市场属于河南省重点文化产业项目，建成使用后，由原来的全国最大的"青铜器生产加工基地"成为"全国最大的青铜器集散地"。随着工业化、城镇化、信息化和新型农业现代化的迅猛融合与发展，伊川县的仿古青铜器文化产业遇到了创新发展的新机遇，在文化产业发展中巩固既有优势，抓住新机遇，顺应改革潮流，积极谋划创新，同时，仿古青铜器产业作为植根农村的文化产业，在产业发展与推动美丽乡村建设中如何发挥文化产业优势作用，也需要进行明确定位。本报告就伊川县仿古青铜器文化产业的现状、发展中面临的瓶颈、未来的产业业态与趋势等进行了系统的分析和思考。

一 伊川仿古青铜器文化产业的发展特色

（一）历史遗存厚重

伊川的仿古青铜器制作核心地就位于该县东南的葛寨乡烟涧村。烟涧村古称为烟云涧，该村地处秦楚、晋楚古道咽喉，古道遗迹在今天的村落周围依稀可见，当年也是军事商旅东南入荆楚江浙、西北进秦晋甘青的必经之地。村南隔邻九皋山中段，此地有被传为"天室"[①]的神秘之境。相传古时该地为三涂山，帝王、诸侯常到九皋山天室宝地祭祀天神，香火旖旎萦绕，瑞霭盘旋，绵延经年。发源于天室山的明水、康水，好像自烟云中袅袅而下，于是有了"烟云涧"之名。

作为"天室"的近邻区域，又是古代帝王、诸侯祭祀天神的必经之地，烟涧村鼎盛时期成为古祭器、古礼器铸造业的繁盛区域就不足为奇。近年来

---

① "天室"出自《史记》：自洛汭延于伊汭，居易毋固，其有夏之居。我南望三涂，北望岳鄙，顾詹有河，粤詹雒、伊，毋远天室。

的考古发现中，烟涧村方圆三十公里文化遗址丰富，上皇古酒遗址、新石器土门遗址、杜康造酒遗址、白元遗址、南寨遗址、徐阳陆浑戎故都遗址等，祭天庙坡、伊尹祠、聚仙观、净土寺等古迹名胜也在周边。遗址中发掘的文物有陶器、青铜爵、青铜斝（jiǎ）酒器、"子申父己"①青铜鼎、青铜车、夔龙纹铜鼎、青铜制编钟等，名胜中发现的石刻、碑记等不仅佐证了传说中的杜康造酒地、诸侯争战地，还证实了《左传》记载的楚庄王伐陆浑之戎"问鼎中原"、晋国借到三涂天室祭天，顺便灭陆浑之戎是真实史事，进一步印证了此处为诸侯国东西交通咽喉，位于古丝绸之路之"秦楚古道"②。深埋于地下数代的青铜制品、散落于民间千年的铸造技艺若隐若现地经历着岁月的淘洗，在人们的传颂中成为传奇里的辉煌。

（二）产业初萌于仿制

烟涧村青铜器制造业由来已久。该村有800多户人家，方姓为村中大姓，据方氏家谱载，明清时期已有仿制制作，但未形成规模，仅以家族承继形式传承流传制作工艺。改革开放后，社会上民间手工艺制作的氛围越来越浓，村民就动起脑筋来，潜心琢磨多年乏人关注的青铜器制作技法，终于用传统手工艺成功复制出仿古青铜器件。那时候主要是仿古青铜器件，品类是13厘米和20厘米的青铜镜，还有15厘米左右的佛像等，当时的制作手法非常原始，每件器物的制作工期很漫长。

后来，学习仿古青铜器的制作成为多数村民们的选择，因为"干这行比种地强，能多少挣点钱"。当时的青铜器制作以仿古为主，产业的发展得益于20世纪中期开始的收藏热。因为收藏市场的推动，对仿古青铜器件的需求越来越大，带动了仿古手工制造业的发展，以一家一户为单元的家庭作

---

① "子申父己"：河南伊川出土商代子申父己鼎，典型的扁足小圆鼎，腹部一圈带状连续的知了纹，看起来很像墨鱼。
② 秦楚古道，即商於古道，是古代秦国通往楚国的一条驿道，是连接秦山楚水中国最早的"高速公路"，为发展华夏文明古国的政治、经济、文化和军事以及南北物资交流做出了巨大的贡献。

坊出现，相继开始了仿古青铜器的制作，仿古青铜器产业开始萌发。随着工具的发展，在传统工艺环节中加入现代电动工具，改进了制作精度，缩短了工期，仿古青铜器产业逐渐进入规模化发展时期。

（三）产业规模化发展

家族中数代的传承发展，历经古老的泥范工艺、石范工艺、失蜡铸造工艺。技艺的不断提升给青铜器手工制作卯足发展的后劲儿，正是借助于失蜡铸造工艺的传承与创新，促成了该村仿古青铜器手工制作的产业化、规模化发展。如今的村中，青铜器制作规模覆盖面大，制作环节也逐渐细分化，从原材料集散、刻制胚胎到上锈做旧、外包装设计与印制等，形成一条龙式环环相扣的制作模式。因为不同的制作者只需专注某一环节，各环节中工艺技巧与质量的提升很快，推动了器件整体的精良度得以提高。

村内随处可见户家墙壁、门店店头上"售卖、定制青铜器"的招牌，青铜器手工制件已成为这个村近年来的支柱产业之一。时至今日，仿古青铜器产品主要有各个历史时期文物复仿制品、人物造型、工艺品等系列千余种。据不完全统计，烟涧村800多户中，约有257户人家从事仿古青铜器加工，村内从业人员达900人。2015年实现销售收入1.2亿元，利税1900万元，拥有小微企业34家，配套包装企业5家，462家个体手工作坊，百万元产值以上的厂家店面18家，产业中的行业细分也逐渐清晰起来，有卖石蜡的，有收废铜的，有卖化学药品的，有专门做包装的，还有的则成为专门的供货商。此外还成立了伊川县青铜行业协会，建有洛阳烟云涧青铜工艺博物馆，形成了烟云涧青铜文化产业园。

（四）声名远播四海

在伊川青铜器行业协会的推动下，组织会员参加各级艺术品大赛，已有2人获得省级工艺美术大师的称号，11人获得省级高级工艺品雕刻工资格，有30多名青铜工匠师傅在国内各级艺术品设计大赛中获奖。2010年，经河南省文物部批准备案，成立国内首家以青铜工艺为主题的青铜工艺博物馆，

被河南省文化厅授予"河南省非物质文化遗产展示馆"称号。2011年,烟云涧青铜器制作工艺被收入河南省非物质文化遗产名录,先后荣获洛阳市优秀旅游商品奖、河南省"农村科技博览会"金奖、全国民间工艺大赛一等奖等。其中的洛阳鼎、天子驾六、莲鹤方壶等大型仿古青铜器已被全国许多大型企业作为镇厂之宝。

铸造精美的青铜器制品自2004年被央视报道后,多家媒体相继跟进,多年来不断以不同的视角观察伊川烟涧村的仿古青铜器制作产业。借助于媒体的传播,这些农民手里的一件件青铜手工副品,已销售到中国港澳台地区,在东南亚地区更是抢手,甚至影响到更远的美、英、日、加、法、德等国家,当地的商人也非常喜爱烟云涧村的仿古青铜器制品。在内地,伊川烟涧村的仿古青铜器制品至少被20家博物馆收藏或展出,全国众多景区、企业、单位的大型仿古青铜器雕塑,很多也出自烟涧村。

二 仿古青铜器产业发展中需要跨越的坡坎

(一)是"造假"还是"工艺",尴尬的身份

伊川烟涧村的青铜器制品,在目前可见的各类媒体报道中,不能回避的一点质疑或者争议就是:这些器具是"文物造假""工艺品创作",还是"传统技艺传承"。

回溯近代重拾制作技艺的源头,村内大范围的制作青铜器件,是缘于收藏市场的推动,出村的器物转手就进入了收藏市场,村内制作的产品被当作文物混杂在市场上。利润与成本之间的差距已经远远超出了正常市场的收益。所以,村内早期仿古青铜器最主要的市场诉求可能是文物仿真,在国家文物保护相关法律不完善的那个阶段,烟涧青铜器制作除了给制作者带去丰厚物质利益的同时,也出现了不少的问题,因此也就有了这是"文物造假"还是"工艺品创作"的异声出现。

不能不说这一质疑给烟云涧村内的仿古青铜器从业者带来了发展中的困扰，也给喜爱仿古青铜器制品的消费者带去了不小的困惑。所以，游走在高仿制品与工艺制品的临界地带，是今天依然不能彻底摆脱的尴尬。

随着对当地历史文化的发掘与整理，"传统技艺传承"成为村内制作者新的自觉，不过因为传说多于史料直接佐证的实况，使得这一自觉意识还没有成为共识。先前出现了多种版本、众说不一的制作技艺类别，不仅增加了烟涧从业者需要不断澄清与重新确认的负担，也使得村内该产业的发展不易形成应有的合力。

（二）产业中文化的式微不能回避的是对产业生命力的拷问

青铜器文化是仿古青铜器制品的生命力所在，而这一点却不是各制作商的最大关注点。在这里，每一个物件只是作为商品出现与出售，与器物所承载的文化意蕴已经极少牵连，器物的用途、造型的含义、纹饰的意指、铭文的历史等在价格面前毫无立锥之地，文化底蕴只是附属品，是购买者单方赋予这些商品的一些自以为是的修饰而已。

作为文化产业中的一类，对文化的自觉展示还没有成为趋势，在现有的青铜器制作企业中，仅有两家企业做了陈列展馆，展示介绍青铜器文化，只有一家企业纳入铸作工艺与行业发展等内容建成了综合性博物馆，对青铜器文化的魅力进行解读。走进该村的青铜器文化产业园区，尚不能充分感受到浓郁的青铜文化环境氛围，文化的式微势必影响文化产业生命力的持续发展。

（三）守株待兔还是另辟天地，产品发展中的迷茫

综合各家青铜制品的销售，订单销售是起源，特别是大物件，由客户提供产品图案、产品要求，按需定做。只要提供一张图片，就可以做出一模一样的实物来。在产品的制作上是"守株待兔"式的，所以大多数大件都是孤件，只有部分产品才大批量地生产，或者有些本就是尾单。

原创制品,根据设计创作出一个自主产权的物件,再通过宣传推广去形成市场占有,这样的情形在烟云涧村还没有出现。来样制作的效益尚为可观,没有必要去触动市场无常的风险,抱有这样的心理使得这里的青铜器制作者无意去做新产品的创新与市场开发的尝试,就目前来看,这里依然是买方市场。

(四)单飞还是协同,产业转型发展中对行业规范的呼唤

作为村内自发产生并发展起来的产业形态,延循农村自我管理、自我教育、自我发展的自治原则,观念原因与历史原因使该村仿古青铜器制作产业并未被纳入村务管理与乡镇行政指导。近年来,国家政策的扶持力度加大、政策红利彰显,社会管理中环保防污治污要求强化,社会信息的效益成效显著等,让这些分散单干的经营者们认识到谋求政府扶持、村集体与乡镇行政指导的益处。

在该村数百家青铜器制作企业中,规模比较大的企业占据比例不足10%,这些大户凭借自身工艺、技术、市场、资金等优势,依靠自身实力单打独斗完全可以抵抗市场的冲击,但是对于占据多数的中小型企业来说,没有更为突出的工艺、技术优势与资金实力,容易陷入市场行为上的恶意竞争。

恶意竞争主要表现在价格竞争上,除了私人订制件外,同类同质的产品要涉及数百类,是大多数中小企业的主打产品,这些产品可占据市场销售额五成以上,所以成为价格竞争的目标。相互之间的价格比拼使得各家的产品都出现了下跌,造成整个产业的低迷。由于挤压了既有的利润,形成了产业生存中的丛林法则,一些散户被逐步淘汰。

该村的青铜器制作产业都是家庭作坊式的,即便是一些大型的商家,在工商登记注册与税务管理方面手续都不够完善,产品品牌寥寥无几。

如何聚力发展、减少行业内耗;如何提升产业的美誉度与知名度,政府规范与行业自律是今后发展中应有的期待。

(五)"先富"能否带动"共富",美丽乡村建设中的社会担当

在个人先富的前提下,先富带动后富,扶贫济困,形成共富的发展势头是当前美丽乡村建设中的一大导向,也是一大批先富起来的人所引以为豪的社会担当。烟涧村的仿古青铜器产业已经形成清晰产业形态与产业优势,产生了一批先行富裕起来的村民,形成了许多新的就业岗位,当地村民足不出村便可找到务工处,但村落中公共设施稀无、公益互助氛围不浓。要实现在民富中出现村富,继而出实现共富的发展趋势,需要消弭广大村民个体中在社会责任担当上的漠然性。

(六)"曲径"再加"巷深",交通区位上的隐忧十分明显

伊川烟涧村距离城区 17 公里,与县城快速通道直线距离间又有伊河之隔,与周边主干道之间通道沿途村镇密布,烟涧村犹如曲曲弯弯深巷中的一颗明珠,不甚通达的交通成为这颗明珠上的薄尘。来村客户对交通问题的建议尤为集中。

综合以上,伊川仿古青铜器产业中面临明显的发展瓶颈,需要产业主体、政府与社会协同,解决瓶颈问题,开创产业发展新境。

三 爬坡过坎,仿古青铜器产业发展瓶颈中应有的突破点

(一)政府集体补位、加强管理服务

政府需做顶层设计,运用政策导向与税收杠杆,促使各作坊式商家愿意亮明身份,免除名分上的尴尬境地,自愿接受市场监管,能够最大限度地享受政策红利。

村集体的力量应适时介入,借助于乡镇行政政策性指导,对仿古青铜器的生产经营者、从业环境以及村落自然环境方面进行管理与服务,在助力村

内仿古青铜器发展的同时,统筹村落发展与产业发展,促成农业、农村、农民与文化产业多方共赢。

(二)营造文化氛围,提升产业内涵

作为文化产业,产品形式只是产品价值中的一个部分,文化内涵才是产品价值的魅力体现。如何让产品的文化内涵与产品价值契合、为产品价格服务,需要人自觉地去转化,这就既需要营销中的直接展示,同时也应当注重社会中青铜器文化氛围的营造。

伊川的青铜器制品在营销中应注重文化内涵的表述,在产品的说明与介绍中给予直观体现。一方面需要制作者丰富自身对青铜器文化的认识,另一方面需要政府引导与社会智力支持,深入挖掘当地青铜器文化历史与相关史料并自觉进行规范化整理。对于青铜器文化喜好氛围的培育既是提升产业内涵的一个途径,同时也是对产业发展前景的一个拓展和延伸。

(三)做强优势产品,谋求发展新境

文化产业中需要优势文化产品做内核,伊川青铜器文化产业的内核应当是独居精妙的青铜器制品,仿古制品的工艺、现代工艺品的理念等是产品的核心竞争力,技艺的传承与产品的创新应是手工艺品制作者的不懈追求,做精做独产品才是做强做大产业的基础。

文化产业发展不是各类产业发展中的孤岛,更不能成为区域发展中的独角戏。深居乡村的伊川青铜器文化产业,融入社会大发展中会得到更强大的助力。以青铜器文化为内核,以仿古青铜器制作为引擎,积极打造发展文化产业综合体。文化产业发展综合体的范围甚至可以不局限于一村,村落之间可以在县域统筹规划中实现互助合作,融入上皇古酒遗址、新石器土门遗址、杜康造酒遗址、白元遗址、徐阳陆浑戎故都遗址等,串联祭天庙坡、伊尹祠、聚仙观、净土寺等临近文化遗存,纳文化产业融入休闲农业、精细化服务业、观光旅游业,形成多产业融汇发展,谋求文化产业发展的大天地。

（四）求同存异共利，探讨行业新路

根据现实发展的需要，需进一步加强行业协会的作用，行业协会可借助于相关部门的政策指导，对青铜器的生产经营业务以及相关活动进行协调、规范，既要为会员提供宣传、咨询等基本服务，又要自觉维护正常的生产经营秩序，保护市场的公平竞争，提高青铜行业的经济效益和社会效益。

针对当前村内市场中已经出现的价格博弈，需要探索如何谋求共同利益的举措。或者可以选择大众产品价格指导化、透明化，部分特色产品价格根据市场需求确定，探讨形成求同存异的可行性操作办法，谋求规范、充满活力的市场格局，形成有序的市场秩序。

（五）激发社会责任担当，共建美丽乡村

多年的发展促成村内一大批人走在富裕的前列，身家百万、千万资产的不在少数，这一批人通过招工带动村内一部分人收入的增加，这种方式可称为劳资互助形式，是当前村内主要的协同发展方式。这种单一的劳动与报酬的交换基于个体盈利的需求，还停留在市场发展的初级阶段。市场中道德因素的强化使市场发展由个体盈利进步为群体盈利乃至社会共利阶段。这需要市场中从业者的社会责任意识和责任担当意识的自觉激发，在传统单一的互助合作发展形式的基础上，还可以寻求多样化的互助协同发展方式，比如扶持村集体经济发展促进个体发展，以社会公益促进自我发展，共建美丽村落促成共同受益发展等。

（六）借势借力打造便捷通道

要走出交通区位的困扰，需要结合村落方位创造条件做文章。烟涧村与洛栾快速通道仅有一河之隔，若能在全县统筹规划中修建伊河两岸直达桥路，对伊川烟涧村的文化产业发展将是如虎添翼。还可以积极联合临近村落，寻求部门、项目资金支持，募集社会力量支持，在现有交通设施的基础上提升绿化、加强美化，共同打造田园通道。

四 伊川仿古青铜器产业在下一步转型中的展望

（一）信息化营销

伊川青铜器文化产业的营销方式，已由坐等客户上门转变为借助电商走向信息化，把信息化营销作为产业发展中的翅膀。与阿里巴巴、河南省云书网、河南豫满全球跨境电商、全国供销e家、建行善融、农行E商管家、洛阳农超网、玩TA共享汇等电子商务合作，打造烟云涧电商总店平台，开展购物、运输、定制一站式服务。目前已成功入驻电商4家，到2018年，计划登记注册电商企业或经营户10家，电子商务交易额提高至8000万元以上。电商化将对伊川青铜器批发市场的盈利模式、产业升级和可持续发展将起到积极推动作用。

（二）"烟云涧青铜器文化小镇"创业创新基地

作为文化产业发展综合体，特色小镇是一种承载形式。伊川欲整合县域内青铜器产业资源，建设"烟云涧青铜器文化小镇"创业创新基地。依托伊川烟涧青铜器龙头企业，采取"公司+商户+互联网"进行市场化运作，建设国内最大的青铜文化5D多媒体展示厅。对原有青铜一条街、集贸市场、新型农村社区进行改造提升，规划建设基地配套设施，具体建设"一中心一基地一体系"，"一中心"是创意形成与创业培训中心，包括接待中心、创意形成中心、知识培训中心、成果展示中心、网络信息交流中心等建设功能分区。"一基地"是创业实训基地，包括青铜器研发（体验）中心、青铜器示范基地、文化小镇示范区。"一体系"是金融服务体系，建设融资平台，引入金融机构与风投公司，对基地创新团队进行可控的融资和投资。

到2018年，预计该基地入驻企业和个体工商户可达600家，从业人员5000人以上，实现产值2亿元以上，使仿古青铜器产业集群进一步扩大，带领周边农民一起创业，实现共同致富的梦想。

综上所述，结合伊川当地政府的规划蓝图，伊川青铜器文化产业的发展前景十分远大。若能顺利突破名分、文化、产品、行业、村落、交通等发展瓶颈，基于伊川烟涧村的区位特点，以"烟云涧青铜器文化小镇"特色小镇的形式打造文化产业发展综合体，将大有可为。一是发掘当地秦楚丝绸古道历史，一器一道、创新体验式休闲文化；二是治理村容村貌，提炼村落自有特色，保护村落自然风光，抓住乡村游民宿市场需求，拉伸产业链条、扩大文化产业的辐射范围。特色小镇建设的受益群体将是大范围的，若能联通伊河两岸，直接惠及葛寨乡与鸣皋镇，周边村镇间接得惠利，若借助现有通道，直接受益区域将可南达酒后，向西辐射鸣皋镇，北及白元、水寨两乡镇，对于伊川南部片区的整体发展将有极大的带动效应。

大事记
Memorabilia

B.20
洛阳文化发展大事记
（2016年1~12月）

陈 琪*

1月

1月3日 洛阳市实施的"河洛英才计划"，在中国人才杂志社等单位共同举办的全国人才工作创新案例评选活动中荣获"全国优秀奖"。

1月10日 2016洛阳"温泉养生文化旅游节"在洛阳凤翔温泉开幕。

1月11日 洛阳市成立市文物局大遗址办公室、汉魏故城遗址管理处和洛阳仓窖博物馆。

1月12日 "中国社会科学院考古学论坛·2015年中国考古新发现"

---

* 陈琪，洛阳市委党校助理馆员，研究方向为政治学。

在北京举办。汉魏洛阳城宫城太极殿遗址、海南东南部沿海地区新石器时代遗址、江苏兴化等地良渚文化遗址、陕西宝鸡周原遗址、江西南昌西汉海昏侯墓、辽宁"丹东一号"清代沉船遗址入选2015年中国六项考古新发现。

1月13日 豫剧《北魏孝文帝》在洛阳歌剧院举行汇报演出，该剧由洛阳豫剧院演艺有限公司创作完成。

1月21日 河南省首个公共文化研究中心在洛阳举行揭牌仪式。该中心立足洛阳，面向全省打造河南省公共文化研究的学术高地、政府决策咨询的高端智库、面向社会承担公共文化建设职能的服务平台。国家公共文化建设专家委员会主任李国新、省文化厅副厅长康洁、副市长魏险峰等出席揭牌仪式。

1月 洛阳契约文书博物馆主体工程完工。该博物馆建筑总面积6000余平方米，是国内首个契约文书博物馆，主要展示明朝永乐年间至新中国成立初期的近4万件各种契约文书珍品。

1月 国家旅游局公布了2015年全国优秀旅游新闻作品获奖名单，《洛阳日报》的长篇通讯《那山，那水，那沟，那碑》获三等奖，是全国地市级党报中唯一获奖作品。

1月 在郑州召开的第四届中原网络文化发展论坛暨2015年度政务新媒体峰会上，洛阳市新浪官方微博"微博洛阳"获评"2015年度河南十大政务微博影响力奖"，成为全省唯一获得此殊荣的地市级政务微博。

1月 河南省文化厅公布2015~2017年"河南省民间文化艺术之乡"名单，洛阳市孟津县平乐镇、嵩县田湖镇和老城区邙山镇入选。

1月 洛阳市孟津县朝阳镇南石山村、孟津县白鹤镇长秋村、孟津县城关镇水泉村、嵩县旧县镇西店村、栾川县城关镇大南沟村和瀍河回族区龙泉社区等6个村（社区）入选河南省文化厅2015~2016年度《河南省特色文化村（社区）》。

1月 《邵氏遗书五种》出版，该书由洛阳白河书斋藏书博物馆整理而成，中州古籍出版社发行。《邵氏遗书五种》是目前最全的邵雍文学著作、家族考证集本，该书的出版为研究北宋时期的历史提供了翔实的资料和基础。

1月 宜阳县赵保镇西赵村抢救性发掘出一座北宋砖雕壁画墓，这座墓为研究宋代佛教信俗及葬制葬俗等提供了重要的实物资料。

2月

2月2日 河南省非遗项目——苏羊竹马传承教育基地在宜阳县张坞镇苏羊村成立。竹马也称跑竹马或逗竹马，是一种古老的汉族民间舞蹈，相传来源于春秋时期的军事家孙武、吴起操练军队的阵法，后人为了纪念他们卓越的军事才能，将其用于作战的阵法融入民间传统的舞蹈，成为中原地区民间灶火的一种形式。

2月3日 河南省第七批文物保护单位名单公布，洛阳市共有38处文物保护单位名列其中，数量位居全省第一。至此，洛阳市的省级文物保护单位共计122处。

2月5日 河南省社会科学院与洛阳理工学院、偃师市等合作组建洛阳分院、偃师分院战略框架签约仪式在郑州举行。

2月6日 洛阳市社会科学院揭牌。省社科院党委书记魏一明、院长张占仓，市委常委、宣传部长杨炳旭等出席揭牌仪式。

2月10日 中原首家国际名人蜡像馆艺佰蜡像馆在洛阳国际会展中心开馆。该蜡像馆是洛阳旅游发展集团与国际顶尖雕塑团队联合打造的超写实蜡像馆，共展出爱因斯坦、憨豆等国际名人蜡像50余尊。

2月21日 2015年度全国十大考古新发现评选初评活动启动。洛阳市伊川徐阳春秋墓地、汉魏洛阳城太极殿遗址等两个考古项目入围初评。

2月22日 2016年第七届河洛文化新春庙会落下帷幕，民间特色表演成为本届庙会吸引游客的亮点。

2月28日 洛阳市隋唐史学会、中国武则天研究会洛阳分会在隋唐洛阳城国家遗址公园天堂、明堂景区挂牌。中国武则天研究会会长王双怀参加挂牌仪式。

2月26日 中宣部、中央文明办公布全国志愿服务"四个100"先进典型名单。洛阳市好人颂社区艺术团团长曹建淼获评最美志愿者,洛阳博物馆"文史讲解"公共文化志愿服务项目获评最佳志愿服务项目,市直机关党员志愿服务总队获评最佳志愿服务组织,涧西区重庆路办事处第二社区获评最美志愿服务社区。

3月

3月1日 洛阳烟云涧青铜工艺博物馆、洛阳平乐正骨博物馆、洛阳石画艺术博物馆、洛阳市洛阳铲博物馆、洛阳百年留声博物馆、洛阳九朝刻石文字博物馆、洛阳伊龙砖雕艺术博物馆等7家民办博物馆通过河南省文物局审批,加上之前通过审批的34家,洛阳市民办博物馆增至41家。

3月6日 白马寺在印度风格佛殿广场隆重举行中泰文化艺术交流展演。泰国文化部副部长、市宗教事务局副局长、中泰两国高僧贵宾等出席了本次活动,来自十方的信众及游客随缘观赏。中泰两国法师代表光临现场并先后做开示,共同祈愿风调雨顺,国泰民安。

3月7日 "深圳—洛阳"两地文化艺术交流活动在深圳盐田区文化展厅举行。这次展出的作品是洛阳市著名书画家宋笛、索铁山、高登峰三人历年来的精品,代表洛阳市牡丹画创作的最高水平。

3月8日 洛阳市剪纸艺术研究会在哈密市举办"中国梦·我的梦2016妙剪生花·豫哈情"剪纸展。

3月10日 洛阳龙门石窟"特窟"——看经寺,首度向公众开放,游客可置身窟内,近距离欣赏唐代石刻雕像的艺术神韵。

3月10日 第17届宜阳灵山文化庙会开幕。

3月10日至14日 三彩艺作品《"一带一路"中国梦》获中国工艺美术"金凤凰"创新设计大赛银奖。

3月11日至12日 中央电视台纪录片频道来洛采访拍摄互联网上网服务行业转型升级工作。洛阳市作为全国4个上网服务行业转型升级试点城市之一,转型升级工作被广泛认可,试点经验在全国范围内得到广泛传播。

3月15日 洛阳市召开新编现代戏《杨奎烈》专题研讨会。

3月17日 第34届中国洛阳牡丹文化节新闻发布会在郑州举行,河南省政府副秘书长万旭致发布词。省委宣传部副部长王仁海、省文化厅厅长杨丽萍及洛阳市领导鲍常勇、杨炳旭、魏险峰等出席新闻发布会。

3月20日 唐三彩工艺美术大师高水旺入选2015"河南文化年度人物"。

3月22日 陕西历史博物馆和洛阳博物馆主办的"泥火幻彩——唐两京三彩精华展"在陕西历史博物馆开展,这是西安和洛阳两地首次联合举办唐三彩文物展。该展览共展出文物131件(组),其中洛阳博物馆参展51件(组),用丰富的陈列方式解读了唐三彩的制作工艺、表现题材、发展与影响等内容。

3月24日 洛阳市召开"2016CCAG"第五届中部文创产品及动漫游戏博览会新闻发布会。该会致力于更好地服务于中部文创动漫和文化旅游的发展,该活动将在洛阳会展中心举行。

3月25日 "山水情缘·洛阳八老山水画作品展"在洛阳美术馆开展,共展出80余幅反映洛阳地区秀丽山川的书画作品。

3月28日 中美国际牡丹诗会在洛阳市艺术研究院举行,来自美国加东湾牡丹诗社的20多位诗人和本地诗人共吟牡丹诗歌,进行文化交流。

3月30日 2015年度河南省五大考古新发现评选结果揭晓,洛阳市伊川徐阳东周墓地、汉魏洛阳城太极殿遗址两个项目入选。

3月30日至31日 范军、刘小宝等参加在隋唐百戏城"笑满堂"曲艺社举办的河南省曲艺家协会艺术交流会。

4月

4月1日 第34届中国洛阳牡丹文化节赏花活动启动暨《丝路花都(第二组)》邮票发行仪式在中国国花园举行。市领导杨炳旭、魏险峰等参加启动仪式。

4月1日 2016中国（洛阳）赏石文化艺术展暨交易会在南关公园开幕。本届展会由中国观赏石协会主办，洛阳日报报业集团、市园林局等单位承办，旨在普及赏石知识、弘扬赏石文化、拓展赏石市场。

4月2日 首届洛阳阳光水世界洛神文化灯会在高新区举行。

4月8日 中国·平乐第六届农民画邀请展在孟津县平乐镇平乐牡丹画创意园区开幕。市委常委、宣传部部长杨炳旭等出席开幕式。

4月9日 第三届中国（洛阳）汉服文化节将在牡丹广场西侧广场举行。本届汉服文化节以"问礼中原、来仪神都"为主题，由洛阳市太学与汉服文化促进会、洛阳古典红木家具博物馆、洛阳汉知音华夏文化体验馆主办。

4月9日 台北市新闻记者公会访问团来洛访问，访问团由台湾广播公司、自由新闻社、《联合报》等新闻媒体的负责人组成。

4月9日 第27届洛阳"牡丹杯"全国门球邀请赛在西工体育场门球活动中心开赛，来自全国各地的90支代表队近千名选手参赛。

4月10日 2016中国农业产业化龙头企业协会名优产品博览会在洛阳会展中心举行。

4月10日 2016首届中国女性领导力论坛在隋唐洛阳城国家遗址公园天堂明堂景区举办。

4月11日 第26届河洛文化民俗庙会在洛阳民俗博物馆举行。

4月11日 第34届中国洛阳牡丹文化节"河洛欢歌·广场文化狂欢月"活动非遗展演专场开演。

4月14日 在全省文化产业发展工作会议上，洛报集团再次被省政府授予"河南省重点文化企业"称号。

4月15日 "写意中国"——2016中国国家画院美术作品展在洛阳美术馆开展。中国国家画院院长、中国美术家协会副主席杨晓阳，中国国家画院副院长张江舟，全国政协委员、中国画学会副会长何水法，省中国画学会会长马国强，省文联副主席张剑锋、刘杰，市领导王立林、杨炳旭等参加开展仪式。

4月18日 洛阳歌舞剧院原创舞剧《关公》在北京保利剧院上演。舞剧《关公》通过"桃园三结义""温酒斩华雄""华容道义释曹操""败走麦城"等故事,歌颂关公的"忠""勇""义""仁"。

4月18日 第二届魏碑圣地全国魏碑书法大赛暨魏碑书法论坛颁奖仪式在偃师市张海书法艺术馆举行。河南省人大常委会原副主任王明义、张世军、王菊梅、张程峰,中国书协副主席刘金凯、宋华平,省文联主席、省书协主席杨杰,市人大常委会副主任吴中阳,市委常委、宣传部部长杨炳旭等参加颁奖展览开幕式。

4月21日 第四届"中信置业杯"中国女子围棋甲级联赛开幕式在洛阳市举行。河南省政协副主席李英杰,国家体育总局棋牌运动管理中心党委书记杨俊安,中国围棋协会主席王汝南,洛阳市领导魏险峰、于建庄等出席开幕式。

4月22日 第二届国际牡丹文化产业交易博览会在洛阳会展中心一楼举行。此次博览会围绕"让世界发现你"这一主题,邀请国内外牡丹文化产业领军企业参展,展示牡丹文化产业特色成果,开展洽谈合作,同时还邀请国内外书画名家共绘牡丹。

4月22日 第四届中原智库论坛在洛阳举办。本届中原智库论坛的主题为"供给侧结构性改革与创新发展",河南省政府党组成员路国贤,中国社会科学院学部委员金碚,省社科院党委书记魏一明、院长张占仓,省政府发展研究中心主任谷建全,市委常委、宣传部部长杨炳旭等参加相关论坛。

4月25日至28日 文化部对洛阳市国家公共文化服务体系示范区创建工作进行实地查看验收。

4月27日 洛阳市8个文物考古项目入围中国考古学会2011~2015年"田野考古奖"。分别为:栾川县孙家洞旧石器遗址考古发掘项目、伊川县鸣皋镇徐阳墓地考古发掘项目、新安县汉函谷关遗址考古调查与发掘项目、孟津县平乐镇朱仓M722东汉陵园遗址考古发掘项目、瀍河回族区回洛仓遗址考古发掘项目、隋唐洛阳城宁人坊与定鼎门街遗址考古发掘项目、偃师市首阳山镇义井村沉船遗址考古发掘项目、孟津县平乐镇汉魏洛阳城北魏宫城四号建筑遗址考古发掘项目。

4月30日 第五届中部文化产品及动漫游戏博览会在洛阳会展中心举办。

4月30日 2016洛阳首届"糖·Town（唐）音乐节"在八里唐文化创意产业园开幕。

5月

5月6日 洛阳市2016年度"中原文化大舞台"活动启动仪式暨首场演出在市工人俱乐部举行。

5月7日 2016年全国"市长杯"武术太极拳比赛在洛阳市举行。"市长杯"武术太极拳比赛是国家体育总局武术运动管理中心推出的一项全国性重大武术比赛，此前已成功举办5届。

5月8日 "河洛之源 太极之巅"太极文化高峰论坛在洛阳举行，洛阳市副市长魏险峰等参加论坛。

5月12日 由洛阳市委宣传部、市文明办主办，洛阳日报报业集团、洛阳广播电视台承办的2015年度"最美洛阳人"十佳人物颁奖晚会举行，洛阳市委常委、宣传部部长杨炳旭等参加颁奖晚会。

5月13日 中国陶瓷艺术大师郭爱和被河南省文化厅授予"河南省传统工艺突出贡献奖"。

5月16日 汉魏洛阳城太极殿遗址入选2015年度全国十大考古新发现。

5月16日 2016年全国"最美家庭"和第十届全国五好文明家庭评选结果揭晓，洛阳市洛宁县赵玉峰家庭、老城区寇北锁家庭入选全国"最美家庭"，赵玉峰家庭同时当选全国五好文明家庭。这是自2014年全国"最美家庭"评选活动开展以来，洛阳市家庭首次入选。

5月19日 文化部党组成员、国家文物局局长刘玉珠率国家文物局调研组来洛调研大遗址保护工作。河南省副省长、洛阳市委书记李亚，河南省文物局局长陈爱兰，洛阳市领导鲍常勇、刘应安、杨廷俊、王琰君等分别参加调研。

5月20日 2016首届中国创投文化节洛阳峰会举行。洛阳市副市长魏险峰等参加会议。

5月21日 2016中国·洛阳（国际）创意产业博览会在洛阳会展中心举办。此次创博会以"重走丝路 洛阳启程"为主题，涵盖"三彩杯"创意设计大赛、主题展览、高峰论坛等多项活动。

5月23日 新编廉政历史剧《九品巡检暴式昭》在洛阳市职工活动中心上演。《九品巡检暴式昭》是由省纪委、省委宣传部、省委省直工委、省文化厅联合打造的一部廉政题材的精品剧目。副省长、市委书记李亚观看了演出。

5月28日 首届中国洛阳优秀人才博览会在洛阳市会展中心举行。

6月

6月6日 伊川县玄奘文化主题公园项目签约。

6月7日 全省佛教、道教活动所挂牌工作启动仪式，先后在白马寺、吕祖庙举行。洛阳市是此次全省佛教、道教活动场所挂牌工作启动城市，1个月内，全省所有依法登记的佛教、道教活动场所将悬挂河南省统一制作的"宗教活动场所"标识牌。

6月13日 2016洛阳"创业之星"大赛暨第五届中国创新创业大赛河南洛阳分赛区颁奖典礼在洛阳市隆重举行。

6月14日 联合国教科文组织国际陶艺学会主席雅克·考夫曼到郭爱和"三彩艺"工作室参观交流。

6月15日 巴基斯坦、阿富汗、乌克兰等10多个国家的驻华外交官、媒体记者及工作人员组成代表团来到洛阳，参加中国外交部组织的"外交官重走丝绸之路"活动。

6月17日 洛阳定鼎门遗址博物馆前广场举行新华社"一带一路全球

行"启动暨媒体车队出发活动。

6月19日 河南省儒学文化促进会二程邵雍研究专业委员会成立大会在洛举行，并举行学术研讨会。

6月22日 廉政戏剧《燕振昌》在洛阳市工人俱乐部上演。

6月22日 河南省话剧艺术中心话剧《红旗渠》在洛阳歌剧院上演。

6月28日 洛阳市入选第一批国家文化消费试点城市。全国共有26个城市上榜，洛阳市为河南省唯一入选城市。

6月29日 2016黄河小浪底观瀑节在小浪底风景区开幕。黄河小浪底观瀑节自2005年起已连续举办11届，成为洛阳市四大旅游节会之一。

7月

7月2日 北京市河北梆子剧团"传承之旅"巡回演出在洛阳市工人俱乐部开演。本次"传承之旅"巡回演出先后在杭州、南京、合肥进行了巡演，洛阳市为巡演第四站。

7月3日 《墨言洛阳》第三集（丙申册）发布大典和洛阳博物馆入馆仪式在洛阳博物馆举行。

7月5日 新华网发表关于洛阳市90后剪纸艺人畅杨杨传承、创新剪纸艺术的报道。6日，《人民日报》《河南日报》在重要位置也刊发了相关报道。

7月8日 河南省首家民办青铜器博物馆——洛阳钟鼎青铜艺术博物馆开馆。该博物馆位于高新区滨河北路，展厅面积约800平方米，藏品330余件，分为"夏商周璀璨青铜文化""中国青铜酒文化""找寻流失的记忆""博物馆复制精品"四个主题馆和一个文化科技展示厅。

7月11日 文化部人事司副司长张士军率队到洛阳市调研乡镇文化站建设工作。省文化厅副厅长康洁、副市长魏险峰等参加相关活动。

7月13日 河南歌舞演艺集团在洛阳歌剧院上演歌剧《蔡文姬》。

7月26日 2016"一带一路"媒体合作论坛在北京国家会议中心开幕。

本次论坛由人民日报社主办,主题"命运共同体,合作新格局",来自101个国家的212家媒体参加论坛。洛阳市获本次论坛"一带一路"建设案例奖。市委常委、宣传部部长杨炳旭应邀出席论坛开幕式。

8月

8月1日 第三届北大"培文杯"全国青少年创意写作大赛决赛暨颁奖典礼在北京大学举行,洛阳市共有5名学生获奖。

8月10日 在"相约玄奘故里 共筑丝绸之路"河洛集邮研讨会上,《玄奘故里》个性化邮票正式发行。

8月13日 龙门石窟创建国家旅游标准化试点单位工作通过验收。

8月24日 2016洛阳蓝皮书发布。2016洛阳蓝皮书包括《洛阳经济发展形势分析与预测(2016)》《洛阳社会发展形势分析与预测(2016)》《洛阳文化发展报告(2016)》《洛阳中小企业发展形势分析与预测(2016)》。

8月26日 集曲艺、戏剧、歌舞、杂技表演等为一体的多功能表演场所洛阳河洛剧院正式投入使用。

8月30日 中央电视台国际频道《走遍中国》栏目组到洛阳开展选题调研活动。

8月 洛阳市5个村庄入选第四批河南省传统村落名录。分别为:洛宁县罗岭乡皮坡村、偃师市山化镇游殿村、偃师市山化镇新明村、偃师市山化镇光明村、孟津县麻屯镇薄姬岭村。

8月 洛阳通过国家公共文化服务体系示范区验收。

8月 洛阳日报报业集团入选"全国报刊媒体融合创新案例30佳"名单,系河南唯一入选单位。

8月 洛龙区档案史志局编纂的《洛阳战争史话》由中州古籍出版社出版,全书按先秦、两汉、魏晋南北朝、隋代、唐代、五代、两宋、元代、明代、清代、民国11个时期,系统介绍了围绕洛阳发生的132次战争,共49万字。

9月

9月4日 《玄奘》特种邮票首发仪式在洛阳市举行。此次发行的《玄奘》特种邮票1套2枚，分别为《西行求法》和《东归译经》；小型张一枚，为《玄奘像》。全套邮票面值8.4元，由我国著名邮票设计家原艺珊和李云中共同设计。

9月9日 洛阳文创文化产业园在古城天街正式揭牌成立，标志着洛阳非物质文化遗产保护和文化创意旅游产业又添新亮点。

9月9日至11日 洛阳市首届"华夏杯"全国心意六合拳暨传统武术邀请赛在瀍河回族区举行，来自全国各地37支代表队400余名选手参加了此次比赛。心意六合拳起源于清朝康熙年间，为一代宗师马学礼在洛阳首创。

9月17日 河南省旅游局和洛阳市政府共同主办的2016洛阳河洛文化旅游节在新区体育中心广场开幕。河南省副省长张广智，河南省副省长、洛阳市委书记李亚，河南省旅游局局长寇武江，洛阳市领导刘宛康、袁永新、李少敏、杨炳旭、魏险峰、吉振华等出席开幕式。

9月17日 河南省副省长张广智一行到洛阳城市会客厅调研文化旅游产业发展情况。由洛阳旅游发展集团精心打造的洛阳城市会客厅是洛阳市首个集文化艺术交流、休闲娱乐、信息商务、旅游于一体的大型文化旅游综合体。

9月17日 2016洛阳河洛文化旅游节主体活动之一——"创意洛阳·追梦青春"洛阳第二届大学生旅游文化节系列活动启动。

9月20日 民革洛阳市委会、民革青岛市委会、民革西安市委会、民革龙岩市委会联合举办的"天下为公——四地民革纪念孙中山诞辰150周年书画联展"洛阳站活动在洛阳美术馆开幕。

9月21日 第十四届河洛文化研讨会在洛阳召开。本届河洛文化研讨会的主题是"河洛文化与华夏历史文明的传承及创新"。全国政协副主席、中国河洛文化研究会顾问卢展工出席并讲话。

9月22日 全国政协副主席卢展工、全国政协港澳台侨委员会原主任

杨崇汇、河南省政协主席叶冬松在洛阳市委副书记、代市长刘宛康等陪同下为中国三彩艺术馆开馆揭幕。中国三彩艺术馆开馆，展示了中国陶瓷艺术大师郭爱和30多年来创作的三彩作品及不同时期的"洛阳三彩"藏品。

9月23日 中国嵩县三涂山与夏文化学术研讨会在洛阳嵩县举行。

9月24日 全省首届"洛阳 老城杯"河洛大鼓争霸赛决赛在天堂明堂景区北侧广场举行，郑州市曲艺家协会选送的《战鼓催征》获得一等奖，洛阳市杂技曲艺家协会选送的《牡丹之歌》、南阳市西峡县艺术团选送的《忠与孝》获得二等奖。

9月25日 全国苏秦与战国纵横家学术研讨会在我市召开，宋镇豪、刘国忠、沈长云等40余名专家、学者参加了会议。

9月24日至25日 由中国现代史学会、中华民国史研究中心、山东社会科学院主办，洛阳市白马寺汉魏故城文管所协办的"第六届吴佩孚学术研讨会"在洛阳召开。来自北京、江苏、山东、辽宁、河南等地的专家、学者汇集洛阳西工兵营（吴佩孚司令部），中国现代史学会会长郭德宏致开幕词。

9月25日 2016中国洛阳关林国际朝圣大典暨第四届河洛文化庙会开幕。

9月27日 2016洛阳周公礼乐文化展示活动在洛阳周公庙开幕。该活动以"传承礼乐文明，提高国民素养"为主题，以礼乐文化展示活动为平台，弘扬周公精神，传承礼乐文明。

9月 《千品国宝》邮票珍藏册面向全国发行，这是洛阳市首次以邮票形式大规模展示洛阳馆藏文物。此次发行的首套2册共收录展示293件文物。

10月

10月1日 第九届金秋王城菊花艺术节开幕。

10月4日 洛阳市摄影家协会主席高均海的摄影作品展《丝路洛阳》在土耳其科尼亚举办。

10月6日 第十二届武则天国际学术研讨会在隋唐洛阳城国家遗址公园明堂景区开幕。陕西师范大学博士生导师、中国武则天研究会会长王双怀、中国人民大学教授、博士生导师、央视《百家讲坛》主讲人孟宪实等出席论坛并作主题演讲。

10月9日 2016"一带一路"全国围棋之乡业余联赛洛阳分站赛在洛阳市开赛。中国围棋协会主席王汝南、副市长魏险峰等参加开幕式。

10月13日 第18届中国上海国际艺术节演出交易会在沪开幕。洛阳舞剧《关公》亮相演出交易会。

10月20日 河南省第十五届中国画艺术展在洛阳美术馆开展。该画展由省美术家协会、省中国画学会主办，洛阳市中国画学会、洛阳画院、洛阳美术馆承办，共展出画作327幅。

10月20日 "醉花阴"——河南省花鸟画牡丹专题展在中国国家画院龙门美术中心开展。

10月21日 第四届河南创新驱动发展论坛在洛阳理工学院举行，省人大常委会原副主任张以祥、省政府发展研究中心主任谷建全、省社科院院长张占仓、市领导高义、安石柱等参加论坛。

10月21日 "魅力河南·丝路洛阳"两岸摄影家摄影展在台北开幕。此次摄影展由台北天使美术馆、河南省摄影家协会、台北中华摄影杂志共同举办，共展出河南、台湾两地28位优秀摄影家拍摄的38幅作品，展示了中原特色文化。

10月22日 "河洛同根，华夏同源"经贸高峰论坛开幕式暨全球董杨童第二十届恳亲大会在定鼎门遗址广场举行。

10月26日 2016中国图书馆年会在安徽铜陵举行，洛阳市被授牌成为第二批国家公共文化服务体系示范区。

10月 隋唐洛阳城应天门遗址保护展示工程开工。

11月

11月3日 河南省第七届中国人物画展在洛阳美术馆开展，该画展由省美术家协会主办、市美术家协会等承办，共展出人物画作116幅。

11月6日 第二届卓越女性论坛暨书香女性主题论坛在洛阳市举行。本届论坛由洛阳市女性协会、河南科技大学、洛阳商报社联合举办。全国妇联组织部原部长马延军、"书香三八"读书活动组委会秘书长金玮、河南科技大学副校长雷方等分别作了主题演讲。

11月7日 中共十八届中央纪委委员、全国政协文史和学习委员会副主任、中国民用航空局原局长李家祥带领全国政协调研组一行16人，到回落仓、含嘉仓遗址检查调研大运河遗址及文物保护和展示利用等工作，河南省政协副主席钱国玉、洛阳市政协副主席于建庄、洛阳市文物局副局长王献本等陪同。

11月13日 "谁调清管度新声"丝绸之路音乐文物展在洛阳博物馆开展。

11月15日 豫剧《抬花轿》"抬轿"一折在市实验中学上演，洛阳市"戏曲进校园"活动正式启动。

11月21日 河南当代最美建筑评选活动结果揭晓，洛阳博物馆获一等奖，并和二七纪念塔等其他9个建筑一同被评为"标志性建筑"。

11月24日 中国薰衣草庄园和恐龙谷漂流景区经过公示期，被批准为国家4A级旅游景区。目前，洛阳市已有国家5A级旅游景区5家、4A级旅游景区18家、3A级旅游景区13家、2A级旅游景区5家。

11月 《洛阳市非物质文化遗产保护条例》（以下简称《条例》）经河南省十二届人大常委会第二十五次会议审议批准。

11月 第十三届世界中医药大会在新西兰奥克兰举行，洛阳市老城区公园巷社区卫生服务站社区医生孙中受邀参加。

11月 洛阳古代艺术博物馆编纂的《砖画青史》出版。该书以宋金墓葬精美雕砖为主要内容，共收录了13座宋金墓葬中的200余组（件）砖雕，题材多样，内容丰富。

12月

12月6日 新编廉政历史剧《张伯行》在洛阳市工人俱乐部上演。

12月9日 洛阳三彩作品《良渚礼乐》在2016中国设计原创奖"传统

再造"陶瓷设计大赛上获得唯一金奖。

12月12日 洛阳广播电视台和中央电视台联合摄制的五集大型纪录片《鹤舞邙山》在央视纪录频道播出。

12月12日 第一届全国文明家庭表彰大会在北京举行,洛宁县教师赵玉峰家庭入选第一届全国文明家庭。习近平总书记接见了与会代表。

12月12日至13日 文化部文化市场司调研组来洛调研互联网上网服务行业转型升级工作,省文化厅副厅长曲径、副市长魏险峰等参加调研。

12月14日 第三届中国杂技艺术节在洛阳拉开帷幕。

12月14日 省委常委、宣传部部长赵素萍到洛阳牡丹瓷股份有限公司调研文化产业发展工作。赵素萍希望洛阳市及相关企业,要坚持市场导向,不断增强创新意识,加快产品创新步伐,打造更多具有洛阳特色的文化产品。

12月21日 洛阳市首张旅游音乐专辑《老家洛阳》主打歌《老城》首发仪式在洛阳文创文化产业园举行。

12月21日 文化部文化产业专家委员会专家组贾旭东教授等一行来洛考察指导文化消费试点城市工作。

12月 第二届广州国际文物博物馆版权交易博览会闭幕。洛阳博物馆通过独具特色的"辟邪系列"文创产品,获得"全国十大最佳文博传承奖"和"最佳人气奖"。

Abstract

This edited volume of *Annual Report on Development of Luoyang's Culture* (*2017*) was supported by the Party School of the Luoyang Municipal Party Committee as well as Luoyang Social Sciences Association. This book consists of five parts: General Report, Reports by Subject, Reports on Regional Culture, Case Reports, as well as Summary of Major Events. As a collection of latest studies undertaken by the Party School of the Luoyang Municipal Party Committee, Henan University of Science and Technology, and experts and scholars associated with the local governmental departments, this book depicts in a comprehensive way the cultural development of the city of Luoyang in 2016 and demonstrates the result of important research on the local culture. It aims to provide theoretical bases for the optimization of policy-makers' decision-making process and for the facilitation of the transmission of Luoyang culture through an innovative system.

As shown in the book, in Luoyang, the year of 2016 witnessed the successful establishment of the national system of public cultural services, the thriving of cultural and arts activities, the steady development of cultural undertakings, the efficient regulation of the cultural market, and the orderly advancement of the mass media industry. Besides these achievements, good signs of cultural construction could be found also in the following facts: Progress has been continuously made in the exhibition and preservation of the Great Historical Sites. New museums have been built. Cultural relics have been better utilized. New findings have emerged in archeological excavation projects. More efforts have been paid to the conservation of traditional villages and residences. Varieties of literary and artistic works embodied in new forms and with good quality were created by the local literati and artists and have been exhibiting to the public the cultural vigor of Luoyang.

Abstract

In 2017, Luoyang will consistently take new development concepts as guidance and the establishment of the innovation system for cultural transmission as the foothold. Great efforts will also be made to promote the development of culture industry, reinforce previously made achievements and make new ones, organize more public cultural activities, spark creativity of professional artists, improve supervision of cultural markets, further regulate the mass media industry, facilitate sound reform and innovation in cultural institutions, carry out the tasks of constructing an internationally noted cultural and tourist city and establishing the new system of cultural transmission by every means, and above all bring great development and prosperity to Luoyang's local culture.

Contents

I Main Report

B.1 Analysis of Luoyang's Cultural Development in 2016 and
Its Outlook for 2017   *Chen Qiming, Qin Hua* / 001

Abstract: In Luoyang, the year of 2016 witnessed the successful establishment of the national systemof public cultural services, the thriving of cultural and arts activities, the steady development of cultural undertakings, the efficient regulation of the cultural market, and the orderly advancement of the mass media industry, all of which are signs of progress in cultural construction. In 2017, Luoyang will consistently take new development concepts as guidance and the establishment of the innovation system for cultural transmission as the foothold. Great efforts will also be made to promote the advancement of culture industry, reinforce the previous achievements in the grass-root cultural construction, spark creativity of professional artists, improve supervision of cultural markets, further regulate the mass media industry, facilitate sound reform and innovation in cultural institutions, carry out the tasks of constructing an internationally noted cultural and tourist city and establishing the new system of cultural transmission by every means, and above all bring great development and prosperity to Luoyang's local culture.

Keywords: Luoyang; Cultural Undertakings; Cultural Industry; Cultural Development

Ⅱ Report on Subjects

B. 2　Study on Preservation of Heluo Culture and Exploitation
　　　of Its Culture Relics　　　　　　　　　　*Liu Zhenjiang* / 014

Abstract: This study analyzes preservation of Heluo culture and exploitation of its cultural relics in historical, scientific, artistic, sociocultural, practical and environmental terms. By doing so, it reveals that although Heluo culture enjoys rich resources and high historical value, so far its sociocultural and practical values are inadequately explored. Four factors should be held accountable for it: the absence of a sound legal and policy system, the inadequate funding, the lack of a reasonable human power structure, and the deficiency of a comprehensive assessment mechanism. All the above facts have handicapped the future preservation and exploitation of Heluo culture. To deal with this problem, attention and support from the Luoyang government are the core, a well-established legal system is the safety valve, and efforts to raise the public awareness on this issue are the route.

Keywords: Heluo Culture; Cultural Relics Preservation; Exploitation of Culture Relics; Use of Culture Relics

B. 3　Report on Preservation of Cultural Relics in Luoyang
　　　　　Cultural Relics Preservation Research Group of Luoyang / 026

Abstract: Luoyang is a city rich in cultural resources and where a large number of historical sites are located. The cultural undertakings of Luoyang have obtained remarkable achievements, as shown by the following facts: Progress has been continuously made in the exhibition and preservation of the Great Historical Sites. New museums have been built. Cultural relics have been better utilized. New

findings have emerged in archeological excavation projects. More efforts have been paid to the conservation of traditional villages and residences. In 2017, Luoyang will continue pushing forward all our works in order to establish the new system of cultural transmission and contribute to the construction of the Innovative Transmission of China's Civilization Zone.

Keywords: Cultural Relics Preservation; Cultural Relics Resource; Use of Resource

B.4 Report on Development of Luoyang's Religious Culture

Chen Yuan / 037

Abstract: Luoyang is a city with long-standing religious culture. The developing trajectories of the three major schools of thought in traditional China, that is Confucianism, Buddhism, and Daoism, are intertwined with Luoyang's history. This report focuses on the genesis and current situation of Luoyang's religious culture, and analyzes the deficiencies in the present-day culture building. In this way, it attempts to pave the way for its future development, shed new light on the construction of the Innovative Transmission of China's Civilization Zone and bring into full play the religious communities.

Keywords: Religion in Luoyang; Religious Culture; Cultural Development

B.5 Study on Transmission of Luoyang's Industrial Culture

Liu Rongli / 057

Abstract: The innovative transmission of the industrial culture has great significance for Luoyang. The current study first teases out cultural resources from Luoyang's industry at material, systematic, spiritual levels. And on this basis, it depicts the current situation of the innovative transmission of Luoyang's cultural industry, and analyzes its four routes: the principal route of upgrading manufacturing industry, the new route of industrial tourism, the special route of innovation zones, and the important route of theme parks. At the end of the study, the roles of educational institutions such as the professional schools, party schools, primary and secondary schools in the transmission process are stressed.

Keywords: Industrial Culture; Material Culture; System Culture; Innovative Transmission

B.6 "Singing for Heluo" as a Cultural Square Activity and
　　　Its Implications　　　　　　　　　　　　　*Zeng Qinghua* / 075

Abstract: The activity of "Sing for Heluo" is an important brand of square culture in Luoyang. Since 2007, it has been held annually for 10 years. With a mechanism to organize, encourage, guarantee, popularize, serve for and evaluate the event, a vivid pattern of cultural square activities has emerged. "Sing for Heluo" won the National Cultural Square Activity Award and the National Galaxy Award sponsored by the Ministry of Culture and has gained fame across the country. In order to promote the healthy development of this square culture activity, it is necessary to strengthen the construction of square culture, enrich its content, and innovate its existing mechanism.

Keywords: Square Culture; "Singing for Heluo"; Cultural Brand

B.7　Report on the Development of Luoyang's Exhibition Industry
　　　　　　　　　　　　　　　　　　　Chen Qiming, Sun Pengfei / 086

Abstract: As an important part of the third industry in modern times, the exhibition industry can influence the regional economy and improve performances of other industries. In 2016, Luoyang has successfully hosted the 34th Peony

Culture Day and Heluo Culture Day, as well as a series of other exhibition activities, all of which accelerated the development of the local exhibition industry. In 2017, Luoyang will strive to develop its exhibition economy by sticking to the idea of "government guidance, market operation, company cooperation, priority over the industry" and following the pattern of "systematic management, regular services, international brand and marketized operations". In this way, we aim to make the exhibition industry the pillar of Luoyang's modern industrial system and an important aspect of its service industry. In this way, we intend to turn this place into a city nationally renowned for its exhibitions.

Keywords: Industry Integration; Countermeasure; Suggestion; Exhibition Industry

B. 8　Report on Development of Luoyang's Literature and Art

Wang Luyu, Wang Dawei / 097

Abstract: In 2006, literature and art in Luoyang achieved general development, with the creation of quality literary and artistic works in various genres, innovative forms, showing this city's advantages in this field. This report by summarizing accomplishments made by Luoyang's litterateurs and artists, pointing out the shortcomings, and making feasible suggestions, intends to provide references for the improvement of Luoyang's art and literature.

Keywords: Development of Literature and Art; Folk Culture; Folk Literature and Art

B. 9　Report on Luoyang's Foods as Intangible Cultural Heritage

Yu Dongyan / 113

Abstract: As a famous historic and cultural city, Luoyang enjoys rich cultural resources that can be listed as intangible cultural heritage. Among them, many are foods with high cultural values. However, owing to the advancement of times and social changes, a variety of Luoyang's foods that can be counted as intangible cultural heritage have been negatively impacted. It is of vital importance nowadays to find out the right way to protect and inherit them. And this issue deserves more attentions from both the government and the public.

Keywords: Food as Intangible Cultural Heritage; IPR; Protection and Inheritance

B. 10   Report on Development of Luoyang Museums
Ren Chengyuan, Wang Jianhua / 127

Abstract: As a comprehensive museum, Luoyang Museum is a place for artifacts collection, scientific research, exhibition, social education and cultural exchanges, and is this city's cultural landmark. Although the development of the museum community is fast, Luoyang Museum also faces a number of risks and challenges. Therefore, it is necessary to deal with its major problems, improve its functions, facilitate the construction of public service system of culture in Luoyang, and meet the new cultural and spiritual demands by the public.

Keywords: Development of Museum; Preservation of Culture Relics; Culture Creativity; Management of Museum

B. 11   Study on Development of Luoyang' Cultural
        Creative Industries
Cultural Creative Industries Research Group of Luoyang / 141

Abstract: In 2016, Luoyang's cultural creative industries developed with sound momentum and made remarkable accomplishments. Faced with the

challenges brought by cultural industries, it is evident that only by carrying out in-depth research into their current situation and problems, seizing the opportunities to improve them, and taking every effective measure, can their scales and profits be expanded and the goal of making Luoyang an international-renowned cultural and tourist city be met.

Keywords: Cultural Creative Industry; Industrial Development; Opportunities; Suggestions

B.12 Report on Development of "One Village, One Cultural Brand" in Rural Areas of Luoyang

Rural Cultural Development Research Group of Luoyang / 150

Abstract: To implement President Xi Jinping's "Five Major Development Concepts", no one can ignore the importance of the most promising sunrise industry—cultural industry. The development of cultural industry not only brings to us divergent cultural products, but also updates the economic structure and promotes the comprehensive development of the society and economy. To carry forward the cultural industry of Luoyang, it is of great significance to have a grasp of the current situation in rural areas, analyze the problems in the enforcement of "one village, one cultural brand" policy, clarify the development concepts, implement cultural projects that enjoy their own features, help create new cultural brands, and design exemplary cultural industry parks that are consistent with the policy of "one village, one cultural brand" and "one county, one feature". To develop the traditional handicrafts and stimulate the consumption of cultural and leisure products in villages, it is particularly vital to regard the rural residents as principal part of cultural production in countryside with featured rich cultural and natural resources. In so doing, the industrial structure of villages and counties could be adjusted, construction of eco-civilization could be strengthened, income of both rural and urban residents could be enhanced, excellent traditional cultures could be better inherited, and primary-level cultural undertakings in villages could be improved.

Keywords: Cultural Industry Development; Rural Areas; "One Village; One Cultural Brand"; Development Concepts

Ⅲ Report on Regional Culture

B. 13 Study on Cultural Talent Team Building and
       Public Culture in Jianxi District   *Duan Qixu, Wu Ao* / 167

Abstract: A talent team in the field of public culture is necessary for the successful construction of the system of public cultural services. Since August 2014, Jianxi District has set the goal of establishing an exemplary system of public cultural services in Henan province, treated team building of grass-root public cultural talents as an essential task for ensuring people's livelihood, taken comprehensive measures to enhance the efficiency of cultural workers, improved the management of cultural volunteers to develop cultural characteristics, cooperated with large state-owned enterprises, and brought into full play the role of retired cadres in supervising cultural development. In this way, Jianxi District has made remarkable achievements in building cultural elite team in the field of public culture. In the future, Jianxi District should consistently strengthen the guarantee mechanism of cultivating grass-root cultural talents, solve problems by various means, and promote the standardization and equalization of local public services.

Keywords: Jianxi District; Public Culture; Talent Team Building; Suggestions

B. 14 Report on Balitang Cultural and Creative Park   *Qin Hua* / 188

Abstract: Cultural and creative parks are the essential supporting elements of concentration and development of cultural and creative industries. Construction of

cultural and creative parks facilitates cluster development, business incubation, business incubation, and talent recruitment. And it plays an important role in promoting the sustainable development of cultural and creative industries. This study focuses on the development mode of Balitang cultural and creative parks, which is factory renovation plus concentration of park areas plus exhibition economy, and offers suggestions for its future direction from the perspectives of innovative industry, chain-like development, integrated innovation and talent cultivation.

Keywords: Balitang; Cultural and Creative Industries; Features; Outlook

B.15 Report on Development of Liwai Cultural and Creative Park

Construction of Cultural and Creative
Parks Research Group of Luoyang / 201

Abstract: As a mainstream way to re-use industrial relics, the cultural and creative park has considerable demonstration effects in terms of a city's continuation of historical tradition, concentrated development of industries and economic invigoration. Famous for its exhibition of industrial relics and creative business incubation, Liwai Cultural and Creative Park is featured by its LOFT style. By analyzing the management and current operations of Liwai Cultural and Creative Park, and aimed at solving its problems, this report intends to provide suggestions for its characteristic, concentrated, and chained development mode.

Keywords: Industrial Relics Protection; Business Incubation; Cultural and Creative Park; Liwai

B.16 Report on Development of Shangyang Palace Cultural Park

Tu Hongyingzi / 215

Abstract: During recent years, theme parks have become important tourism resources and its role in the local tourism has become more and more evident. Though the development of historical and cultural theme park is comparatively late, the market shares it now enjoys cannot be ignored thanks to its unique charm. Shangyang Palace Cultural Park as a new key tourism project at the provincial level takes the golden days of Tang Dynasty and the Wuzhou Regime as its themes. It is part of the efforts by the municipal party committee and government of Luoyang to construct an internationally-renowned cultural and tourist city. This study first gives a general introduction to Shangyang Palace Cultural Park. Then, on this basis, it analyzes the problems in its current development stage and looks for solutions to them.

Keywords: Shangyang Palace; Tourism Culture; Cultural Experiences; Solutions and Suggestions

B.17 Report on Cultural Development of Xin'an Hangu Gate

Culture of Xin'an Hangu Gate Research Group / 227

Abstract: The construction of Xin'an Hangu Gate started in 114 B.E.C. in Western Han Dynasty. After reconstruction and refurbishment for several times, the existing relics were built in 1923. Since June 2014, it has been listed by the UN as a World Cultural Heritage site. Currently, the Xin'an County is planning to build a park for gates dating back to Han Dynasty, and attempted to develop Xin'an into a multifunctional park with high historical, cultural, tourism and recreational values.

Keywords: Xin'an Hangu Gate; Cultural Development; Development Planning

Ⅳ Case Report

B.18 Report on Development of Luoyang Peony Porcelain

Liu Junyue / 239

Abstract：The peony flower is Luoyang's important cultural brand. And the production of white porcelain dating back to Tang Dynasty plays an important role in the traditional techniques of ceramics and porcelain making. Therefore, Luoyang Peony Porcelain as the combination of the two is a good example of innovative inheritance of cultural traditions. This report aims to carry out a comprehensive, in-depth and systematic analysis into the Luoyang Peony Porcelain, and by this means to provide references for the future development of Luoyang's cultural industry.

Keywords：Peony Porcelain；Cultural Industry；Issues；Suggestions

B.19 Report on Development of Yichuan's Antique-Like Bronze Vessel Manufacturing

Yichuan's Cultural Industry Research Group / 250

Abstract：The making and use of bronze vessels is an important landmark of the history of social development and the greatest treasure of the traditional Chinese culture. The manufacturing of antique-like bronze vessels in Yichuan County is both a famous local cultural brand and a characteristic cultural industry with enormous potentials. This article therefore focuses on the features, bottlenecks, points of breakthrough, as well as the current situation and developing trend of this industry.

Keywords：Bronze Vessels；Cultural Industry；Transformation；Development

社会科学文献出版社　皮书系列

❖ 皮书起源 ❖

"皮书"起源于十七、十八世纪的英国，主要指官方或社会组织正式发表的重要文件或报告，多以"白皮书"命名。在中国，"皮书"这一概念被社会广泛接受，并被成功运作、发展成为一种全新的出版形态，则源于中国社会科学院社会科学文献出版社。

❖ 皮书定义 ❖

皮书是对中国与世界发展状况和热点问题进行年度监测，以专业的角度、专家的视野和实证研究方法，针对某一领域或区域现状与发展态势展开分析和预测，具备原创性、实证性、专业性、连续性、前沿性、时效性等特点的公开出版物，由一系列权威研究报告组成。

❖ 皮书作者 ❖

皮书系列的作者以中国社会科学院、著名高校、地方社会科学院的研究人员为主，多为国内一流研究机构的权威专家学者，他们的看法和观点代表了学界对中国与世界的现实和未来最高水平的解读与分析。

❖ 皮书荣誉 ❖

皮书系列已成为社会科学文献出版社的著名图书品牌和中国社会科学院的知名学术品牌。2016年，皮书系列正式列入"十三五"国家重点出版规划项目；2012~2016年，重点皮书列入中国社会科学院承担的国家哲学社会科学创新工程项目；2017年，55种院外皮书使用"中国社会科学院创新工程学术出版项目"标识。

权威报告·热点资讯·特色资源

皮书数据库
ANNUAL REPORT(YEARBOOK) DATABASE

当代中国与世界发展高端智库平台

所获荣誉

- 2016年，入选"国家'十三五'电子出版物出版规划骨干工程"
- 2015年，荣获"搜索中国正能量 点赞2015""创新中国科技创新奖"
- 2013年，荣获"中国出版政府奖·网络出版物奖"提名奖
- 连续多年荣获中国数字出版博览会"数字出版·优秀品牌"奖

成为会员

通过网址www.pishu.com.cn或使用手机扫描二维码进入皮书数据库网站，进行手机号码验证或邮箱验证即可成为皮书数据库会员（建议通过手机号码快速验证注册）。

会员福利

- 使用手机号码首次注册会员可直接获得100元体验金，不需充值即可购买和查看数据库内容（仅限使用手机号码快速注册）。
- 已注册用户购书后可免费获赠100元皮书数据库充值卡。刮开充值卡涂层获取充值密码，登录并进入"会员中心"—"在线充值"—"充值卡充值"，充值成功后即可购买和查看数据库内容。

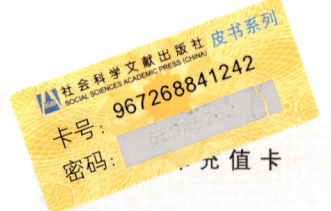

数据库服务热线：400-008-6695
数据库服务QQ：2475522410
数据库服务邮箱：database@ssap.cn
图书销售热线：010-59367070/7028
图书服务QQ：1265056568
图书服务邮箱：duzhe@ssap.cn

子库介绍
Sub-Database Introduction

中国经济发展数据库

涵盖宏观经济、农业经济、工业经济、产业经济、财政金融、交通旅游、商业贸易、劳动经济、企业经济、房地产经济、城市经济、区域经济等领域，为用户实时了解经济运行态势、把握经济发展规律、洞察经济形势、做出经济决策提供参考和依据。

中国社会发展数据库

全面整合国内外有关中国社会发展的统计数据、深度分析报告、专家解读和热点资讯构建而成的专业学术数据库。涉及宗教、社会、人口、政治、外交、法律、文化、教育、体育、文学艺术、医药卫生、资源环境等多个领域。

中国行业发展数据库

以中国国民经济行业分类为依据，跟踪分析国民经济各行业市场运行状况和政策导向，提供行业发展最前沿的资讯，为用户投资、从业及各种经济决策提供理论基础和实践指导。内容涵盖农业，能源与矿产业，交通运输业，制造业，金融业，房地产业，租赁和商务服务业，科学研究，环境和公共设施管理，居民服务业，教育，卫生和社会保障，文化、体育和娱乐业等100余个行业。

中国区域发展数据库

对特定区域内的经济、社会、文化、法治、资源环境等领域的现状与发展情况进行分析和预测。涵盖中部、西部、东北、西北等地区，长三角、珠三角、黄三角、京津冀、环渤海、合肥经济圈、长株潭城市群、关中—天水经济区、海峡经济区等区域经济体和城市圈，北京、上海、浙江、河南、陕西等34个省份及中国台湾地区。

中国文化传媒数据库

包括文化事业、文化产业、宗教、群众文化、图书馆事业、博物馆事业、档案事业、语言文字、文学、历史地理、新闻传播、广播电视、出版事业、艺术、电影、娱乐等多个子库。

世界经济与国际关系数据库

以皮书系列中涉及世界经济与国际关系的研究成果为基础，全面整合国内外有关世界经济与国际关系的统计数据、深度分析报告、专家解读和热点资讯构建而成的专业学术数据库。包括世界经济、国际政治、世界文化与科技、全球性问题、国际组织与国际法、区域研究等多个子库。

法律声明

"皮书系列"(含蓝皮书、绿皮书、黄皮书)之品牌由社会科学文献出版社最早使用并持续至今,现已被中国图书市场所熟知。"皮书系列"的 LOGO( )与"经济蓝皮书""社会蓝皮书"均已在中华人民共和国国家工商行政管理总局商标局登记注册。"皮书系列"图书的注册商标专用权及封面设计、版式设计的著作权均为社会科学文献出版社所有。未经社会科学文献出版社书面授权许可,任何使用与"皮书系列"图书注册商标、封面设计、版式设计相同或者近似的文字、图形或其组合的行为均系侵权行为。

经作者授权,本书的专有出版权及信息网络传播权为社会科学文献出版社享有。未经社会科学文献出版社书面授权许可,任何就本书内容的复制、发行或以数字形式进行网络传播的行为均系侵权行为。

社会科学文献出版社将通过法律途径追究上述侵权行为的法律责任,维护自身合法权益。

欢迎社会各界人士对侵犯社会科学文献出版社上述权利的侵权行为进行举报。电话:010-59367121,电子邮箱:fawubu@ssap.cn。

社会科学文献出版社

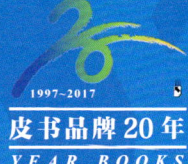

皮书品牌20年
YEAR BOOKS

皮书系列

2017年

智库成果出版与传播平台

社会科学文献出版社
SOCIAL SCIENCES ACADEMIC PRESS (CHINA)

社长致辞

2017年正值皮书品牌专业化二十周年之际，世界每天都在发生着让人眼花缭乱的变化，而唯一不变的，是面向未来无数的可能性。作为个体，如何获取专业信息以备不时之需？作为行政主体或企事业主体，如何提高决策的科学性让这个世界变得更好而不是更糟？原创、实证、专业、前沿、及时、持续，这是1997年"皮书系列"品牌创立的初衷。

1997~2017，从最初一个出版社的学术产品名称到媒体和公众使用频率极高的热点词语，从专业术语到大众话语，从官方文件到独特的出版型态，作为重要的智库成果，"皮书"始终致力于成为海量信息时代的信息过滤器，成为经济社会发展的记录仪，成为政策制定、评估、调整的智力源，社会科学研究的资料集成库。"皮书"的概念不断延展，"皮书"的种类更加丰富，"皮书"的功能日渐完善。

1997~2017，皮书及皮书数据库已成为中国新型智库建设不可或缺的抓手与平台，成为政府、企业和各类社会组织决策的利器，成为人文社科研究最基本的资料库，成为世界系统完整及时认知当代中国的窗口和通道！"皮书"所具有的凝聚力正在形成一种无形的力量，吸引着社会各界关注中国的发展，参与中国的发展。

二十年的"皮书"正值青春，愿每一位皮书人付出的年华与智慧不辜负这个时代！

社会科学文献出版社社长
中国社会学会秘书长

2016年11月

社会科学文献出版社简介

社会科学文献出版社成立于1985年，是直属于中国社会科学院的人文社会科学学术出版机构。成立以来，社科文献出版社依托于中国社会科学院和国内外人文社会科学界丰厚的学术出版和专家学者资源，始终坚持"创社科经典，出传世文献"的出版理念、"权威、前沿、原创"的产品定位以及学术成果和智库成果出版的专业化、数字化、国际化、市场化的经营道路。

社科文献出版社是中国新闻出版业转型与文化体制改革的先行者。积极探索文化体制改革的先进方向和现代企业经营决策机制，社科文献出版社先后荣获"全国文化体制改革工作先进单位"、中国出版政府奖·先进出版单位奖、中国社会科学院先进集体、全国科普工作先进集体等荣誉称号。多人次荣获"第十届韬奋出版奖""全国新闻出版行业领军人才""数字出版先进人物""北京市新闻出版广电行业领军人才"等称号。

社科文献出版社是中国人文社会科学学术出版的大社名社，也是以皮书为代表的智库成果出版的专业强社。年出版图书2000余种，其中皮书350余种，出版新书字数5.5亿字，承印与发行中国社科院院属期刊72种，先后创立了皮书系列、列国志、中国史话、社科文献学术译库、社科文献学术文库、甲骨文书系等一大批既有学术影响又有市场价值的品牌，确立了在社会学、近代史、苏东问题研究等专业学科及领域出版的领先地位。图书多次荣获中国出版政府奖、"三个一百"原创图书出版工程、"五个'一'工程奖"、"大众喜爱的50种图书"等奖项，在中央国家机关"强素质·做表率"读书活动中，入选图书品种数位居各大出版社之首。

社科文献出版社是中国学术出版规范与标准的倡议者与制定者，代表全国50多家出版社发起实施学术著作出版规范的倡议，承担学术著作规范国家标准的起草工作，率先编撰完成《皮书手册》对皮书品牌进行规范化管理，并在此基础上推出中国版芝加哥手册——《SSAP学术出版手册》。

社科文献出版社是中国数字出版的引领者，拥有皮书数据库、列国志数据库、"一带一路"数据库、减贫数据库、集刊数据库等4大产品线11个数据库产品，机构用户达1300余家，海外用户百余家，荣获"数字出版转型示范单位""新闻出版标准化先进单位""专业数字内容资源知识服务模式试点企业标准化示范单位"等称号。

社科文献出版社是中国学术出版走出去的践行者。社科文献出版社海外图书出版与学术合作业务遍及全球40余个国家和地区并于2016年成立俄罗斯分社，累计输出图书500余种，涉及近20个语种，累计获得国家社科基金中华学术外译项目资助76种、"丝路书香工程"项目资助60种、中国图书对外推广计划项目资助71种以及经典中国国际出版工程资助28种，被商务部认定为"2015－2016年度国家文化出口重点企业"。

如今，社科文献出版社拥有固定资产3.6亿元，年收入近3亿元，设置了七大出版分社、六大专业部门，成立了皮书研究院和博士后科研工作站，培养了一支近400人的高素质与高效率的编辑、出版、营销和国际推广队伍，为未来成为学术出版的大社、名社、强社，成为文化体制改革与文化企业转型发展的排头兵奠定了坚实的基础。

经济类
皮书系列
重点推荐

经 济 类

经济类皮书涵盖宏观经济、城市经济、大区域经济，提供权威、前沿的分析与预测

经济蓝皮书
2017年中国经济形势分析与预测

李扬/主编 2017年1月出版 定价：89.00元

◆ 本书为总理基金项目，由著名经济学家李扬领衔，联合中国社会科学院等数十家科研机构、国家部委和高等院校的专家共同撰写，系统分析了2016年的中国经济形势并预测2017年中国经济运行情况。

中国省域竞争力蓝皮书
中国省域经济综合竞争力发展报告（2015~2016）

李建平 李闽榕 高燕京/主编 2017年5月出版 定价：198.00元

◆ 本书融多学科的理论为一体，深入追踪研究了省域经济发展与中国国家竞争力的内在关系，为提升中国省域经济综合竞争力提供有价值的决策依据。

城市蓝皮书
中国城市发展报告 No.10

潘家华 单菁菁/主编 2017年9月出版 估价：89.00元

◆ 本书是由中国社会科学院城市发展与环境研究中心编著的，多角度、全方位地立体展示了中国城市的发展状况，并对中国城市的未来发展提出了许多建议。该书有强烈的时代感，对中国城市发展实践有重要的参考价值。

经济类

人口与劳动绿皮书
中国人口与劳动问题报告 No.18

蔡昉 张车伟/主编　2017年10月出版　估价：89.00元

◆ 本书为中国社会科学院人口与劳动经济研究所主编的年度报告，对当前中国人口与劳动形势做了比较全面和系统的深入讨论，为研究中国人口与劳动问题提供了一个专业性的视角。

世界经济黄皮书
2017年世界经济形势分析与预测

张宇燕/主编　2017年1月出版　定价：89.00元

◆ 本书由中国社会科学院世界经济与政治研究所的研究团队撰写，2016年世界经济增速进一步放缓，就业增长放慢。世界经济面临许多重大挑战同时，地缘政治风险、难民危机、大国政治周期、恐怖主义等问题也仍然在影响世界经济的稳定与发展。预计2017年按PPP计算的世界GDP增长率约为3.0%。

国际城市蓝皮书
国际城市发展报告（2017）

屠启宇/主编　2017年2月出版　定价：79.00元

◆ 本书作者以上海社会科学院从事国际城市研究的学者团队为核心，汇集同济大学、华东师范大学、复旦大学、上海交通大学、南京大学、浙江大学相关城市研究专业学者。立足动态跟踪介绍国际城市发展时间中，最新出现的重大战略、重大理念、重大项目、重大报告和最佳案例。

金融蓝皮书
中国金融发展报告（2017）

王国刚/主编　2017年2月出版　定价：79.00元

◆ 本书由中国社会科学院金融研究所组织编写，概括和分析了2016年中国金融发展和运行中的各方面情况，研讨和评论了2016年发生的主要金融事件，有利于读者了解掌握2016年中国的金融状况，把握2017年中国金融的走势。

经济类　皮书系列 重点推荐

农村绿皮书
中国农村经济形势分析与预测（2016~2017）

魏后凯　黄秉信/主编　2017年4月出版　定价：79.00元

◆ 本书描述了2016年中国农业农村经济发展的一些主要指标和变化，并对2017年中国农业农村经济形势的一些展望和预测，提出相应的政策建议。

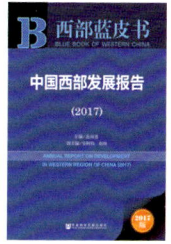

西部蓝皮书
中国西部发展报告（2017）

徐璋勇/主编　2017年8月出版　定价：89.00元

◆ 本书由西北大学中国西部经济发展研究中心主编，汇集了源自西部本土以及国内研究西部问题的权威专家的第一手资料，对国家实施西部大开发战略进行年度动态跟踪，并对2017年西部经济、社会发展态势进行预测和展望。

经济蓝皮书·夏季号
中国经济增长报告（2016~2017）

李扬/主编　2017年5月出版　定价：98.00元

◆ 中国经济增长报告主要探讨2016~2017年中国经济增长问题，以专业视角解读中国经济增长，力求将其打造成一个研究中国经济增长、服务宏微观各级决策的周期性、权威性读物。

就业蓝皮书
2017年中国本科生就业报告

麦可思研究院/编著　2017年6月出版　定价：98.00元

◆ 本书基于大量的数据和调研，内容翔实，调查独到，分析到位，用数据说话，对中国大学生就业及学校专业设置起到了很好的建言献策作用。

社 会 政 法 类

社会政法类皮书聚焦社会发展领域的热点、难点问题，提供权威、原创的资讯与视点

社会蓝皮书
2017年中国社会形势分析与预测
李培林　陈光金　张翼/主编　2016年12月出版　定价：89.00元

◆ 本书由中国社会科学院社会学研究所组织研究机构专家、高校学者和政府研究人员撰写，聚焦当下社会热点，对2016年中国社会发展的各个方面内容进行了权威解读，同时对2017年社会形势发展趋势进行了预测。

法治蓝皮书
中国法治发展报告No.15（2017）
李林　田禾/主编　2017年3月出版　定价：118.00元

◆ 本年度法治蓝皮书回顾总结了2016年度中国法治发展取得的成就和存在的不足，对中国政府、司法、检察透明度进行了跟踪调研，并对2017年中国法治发展形势进行了预测和展望。

社会体制蓝皮书
中国社会体制改革报告No.5（2017）
龚维斌/主编　2017年3月出版　定价：89.00元

◆ 本书由国家行政学院社会治理研究中心和北京师范大学中国社会管理研究院共同组织编写，主要对2016年社会体制改革情况进行回顾和总结，对2017年的改革走向进行分析，提出相关政策建议。

社会政法类 — 皮书系列重点推荐

社会心态蓝皮书
中国社会心态研究报告（2017）

王俊秀　杨宜音/主编　2017年12月出版　估价：89.00元

◆ 本书是中国社会科学院社会学研究所社会心理研究中心"社会心态蓝皮书课题组"的年度研究成果，运用社会心理学、社会学、经济学、传播学等多种学科的方法进行了调查和研究，对于目前中国社会心态状况有较广泛和深入的揭示。

生态城市绿皮书
中国生态城市建设发展报告（2017）

刘举科　孙伟平　胡文臻/主编　2017年10月出版　估价：118.00元

◆ 报告以绿色发展、循环经济、低碳生活、民生宜居为理念，以更新民众观念、提供决策咨询、指导工程实践、引领绿色发展为宗旨，试图探索一条具有中国特色的城市生态文明建设新路。

城市生活质量蓝皮书
中国城市生活质量报告（2017）

中国经济实验研究院/主编　2018年2月出版　估价：89.00元

◆ 本书对全国35个城市居民的生活质量主观满意度进行了电话调查，同时对35个城市居民的客观生活质量指数进行了计算，为中国城市居民生活质量的提升，提出了针对性的政策建议。

公共服务蓝皮书
中国城市基本公共服务力评价（2017）

钟君　刘志昌　吴正杲/主编　2017年12月出版　估价：89.00元

◆ 中国社会科学院经济与社会建设研究室与华图政信调查组成联合课题组，从2010年开始对基本公共服务力进行研究，研创了基本公共服务力评价指标体系，为政府考核公共服务与社会管理工作提供了理论工具。

行业报告类

行业报告类皮书立足重点行业、新兴行业领域，提供及时、前瞻的数据与信息

企业社会责任蓝皮书
中国企业社会责任研究报告（2017）

黄群慧　钟宏武　张蒽　翟利峰／著　2017年10月出版　估价：89.00元

◆ 本书剖析了中国企业社会责任在2016～2017年度的最新发展特征，详细解读了省域国有企业在社会责任方面的阶段性特征，生动呈现了国内外优秀企业的社会责任实践。对了解中国企业社会责任履行现状、未来发展，以及推动社会责任建设有重要的参考价值。

新能源汽车蓝皮书
中国新能源汽车产业发展报告（2017）

中国汽车技术研究中心　日产（中国）投资有限公司　东风汽车有限公司／编著　2017年8月出版　定价：98.00元

◆ 本书对中国2016年新能源汽车产业发展进行了全面系统的分析，并介绍了国外的发展经验。有助于相关机构、行业和社会公众等了解中国新能源汽车产业发展的最新动态，为政府部门出台新能源汽车产业相关政策法规、企业制定相关战略规划，提供必要的借鉴和参考。

杜仲产业绿皮书
中国杜仲橡胶资源与产业发展报告（2016～2017）

杜红岩　胡文臻　俞锐／主编　2017年11月出版　估价：85.00元

◆ 本书对2016年杜仲产业的发展情况、研究团队在杜仲研究方面取得的重要成果、部分地区杜仲产业发展的具体情况、杜仲新标准的制定情况等进行了较为详细的分析与介绍，使广大关心杜仲产业发展的读者能够及时跟踪产业最新进展。

皮书系列重点推荐

行业报告类

企业蓝皮书
中国企业绿色发展报告No.2（2017）

李红玉　朱光辉/主编　　2017年11月出版　　估价：89.00元

◆ 本书深入分析中国企业能源消费、资源利用、绿色金融、绿色产品、绿色管理、信息化、绿色发展政策及绿色文化方面的现状，并对目前存在的问题进行研究，剖析因果，谋划对策，为企业绿色发展提供借鉴，为中国生态文明建设提供支撑。

中国上市公司蓝皮书
中国上市公司发展报告（2017）

张平　王宏淼/主编　　2017年9月出版　　定价：98.00元

◆ 本书由中国社会科学院上市公司研究中心组织编写的，着力于全面、真实、客观反映当前中国上市公司财务状况和价值评估的综合性年度报告。本书详尽分析了2016年中国上市公司情况，特别是现实中暴露出的制度性、基础性问题，并对资本市场改革进行了探讨。

资产管理蓝皮书
中国资产管理行业发展报告（2017）

智信资产管理研究院/编著　　2017年7月出版　　定价：98.00元

◆ 中国资产管理行业刚刚兴起，未来将成为中国金融市场最有看点的行业。本书主要分析了2016年度资产管理行业的发展情况，同时对资产管理行业的未来发展做出科学的预测。

体育蓝皮书
中国体育产业发展报告（2017）

阮伟　钟秉枢/主编　　2017年12月出版　　估价：89.00元

◆ 本书运用多种研究方法，在体育竞赛业、体育用品业、体育场馆业、体育传媒业等传统产业研究的基础上，并对2016年体育领域内的各种热点事件进行研究和梳理，进一步拓宽了研究的广度、提升了研究的高度、挖掘了研究的深度。

皮书系列
重点推荐

国别与地区类

国际问题类

国际问题类皮书关注全球重点国家与地区，
提供全面、独特的解读与研究

美国蓝皮书
美国研究报告（2017）

郑秉文 黄平 / 主编　2017 年 5 月出版　定价：89.00 元

◆ 本书是由中国社会科学院美国研究所主持完成的研究成果，它回顾了美国 2016 年的经济、政治形势与外交战略，对 2017 年以来美国内政外交发生的重大事件及重要政策进行了较为全面的回顾和梳理。

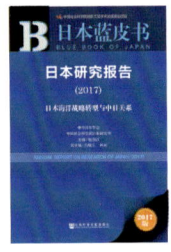

日本蓝皮书
日本研究报告（2017）

杨伯江 / 主编　2017 年 6 月出版　定价：89.00 元

◆ 本书对 2016 年日本的政治、经济、社会、外交等方面的发展情况做了系统介绍，对日本的热点及焦点问题进行了总结和分析，并在此基础上对该国 2017 年的发展前景做出预测。

亚太蓝皮书
亚太地区发展报告（2017）

李向阳 / 主编　2017 年 5 月出版　定价：79.00 元

◆ 本书是中国社会科学院亚太与全球战略研究院的集体研究成果。2017 年的"亚太蓝皮书"继续关注中国周边环境的变化。该书盘点了 2016 年亚太地区的焦点和热点问题，为深入了解 2016 年及未来中国与周边环境的复杂形势提供了重要参考。

国别与地区类 　皮书系列重点推荐

德国蓝皮书
德国发展报告（2017）

郑春荣 / 主编　2017 年 6 月出版　定价：79.00 元

◆　本报告由同济大学德国研究所组织编撰，由该领域的专家学者对德国的政治、经济、社会文化、外交等方面的形势发展情况，进行全面的阐述与分析。

日本经济蓝皮书
日本经济与中日经贸关系研究报告（2017）

张季风 / 编著　2017 年 6 月出版　定价：89.00 元

◆　本书系统、详细地介绍了 2016 年日本经济以及中日经贸关系发展情况，在进行了大量数据分析的基础上，对 2017 年日本经济以及中日经贸关系的大致发展趋势进行了分析与预测。

俄罗斯黄皮书
俄罗斯发展报告（2017）

李永全 / 编著　2017 年 6 月出版　定价：89.00 元

◆　本书系统介绍了 2016 年俄罗斯经济政治情况，并对 2016 年该地区发生的焦点、热点问题进行了分析与回顾；在此基础上，对该地区 2017 年的发展前景进行了预测。

非洲黄皮书
非洲发展报告 No.19（2016～2017）

张宏明 / 主编　2017 年 7 月出版　定价：89.00 元

◆　本书是由中国社会科学院西亚非洲研究所组织编撰的非洲形势年度报告，比较全面、系统地分析了 2016 年非洲政治形势和热点问题，探讨了非洲经济形势和市场走向，剖析了大国对非洲关系的新动向；此外，还介绍了国内非洲研究的新成果。

地方发展类

地方发展类皮书关注中国各省份、经济区域，提供科学、多元的预判与资政信息

北京蓝皮书
北京公共服务发展报告（2016~2017）

施昌奎 / 主编　2017年3月出版　定价：79.00元

◆ 本书是由北京市政府职能部门的领导、首都著名高校的教授、知名研究机构的专家共同完成的关于北京市公共服务发展与创新的研究成果。

河南蓝皮书
河南经济发展报告（2017）

张占仓　完世伟 / 主编　2017年4月出版　定价：79.00元

◆ 本书以国内外经济发展环境和走向为背景，主要分析当前河南经济形势，预测未来发展趋势，全面反映河南经济发展的最新动态、热点和问题，为地方经济发展和领导决策提供参考。

广州蓝皮书
2017年中国广州经济形势分析与预测

魏明海　谢博能　李华 / 主编　2017年6月出版　定价：85.00元

◆ 本书由广州大学与广州市委政策研究室、广州市统计局联合主编，汇集了广州科研团体、高等院校和政府部门诸多经济问题研究专家、学者和实际部门工作者的最新研究成果，是关于广州经济运行情况和相关专题分析、预测的重要参考资料。

 文化传媒类

皮书系列
重点推荐

文 化 传 媒 类

文化传媒类皮书透视文化领域、文化产业，
探索文化大繁荣、大发展的路径

新媒体蓝皮书

中国新媒体发展报告 No.8（2017）

唐绪军 / 主编　　2017年6月出版　　定价：79.00元

◆ 本书是由中国社会科学院新闻与传播研究所组织编写的关于新媒体发展的最新年度报告，旨在全面分析中国新媒体的发展现状，解读新媒体的发展趋势，探析新媒体的深刻影响。

移动互联网蓝皮书

中国移动互联网发展报告（2017）

余清楚 / 主编　　2017年6月出版　　定价：98.00元

◆ 本书着眼于对2016年度中国移动互联网的发展情况做深入解析，对未来发展趋势进行预测，力求从不同视角、不同层面全面剖析中国移动互联网发展的现状、年度突破及热点趋势等。

传媒蓝皮书

中国传媒产业发展报告（2017）

崔保国 / 主编　　2017年5月出版　　定价：98.00元

◆ "传媒蓝皮书"连续十多年跟踪观察和系统研究中国传媒产业发展。本报告在对传媒产业总体以及各细分行业发展状况与趋势进行深入分析基础上，对年度发展热点进行跟踪，剖析新技术引领下的商业模式，对传媒各领域发展趋势、内体经营、传媒投资进行解析，为中国传媒产业正在发生的变革提供前瞻性参考。

经济类

"三农"互联网金融蓝皮书
中国"三农"互联网金融发展报告(2017)
著(编)者:李勇坚 王弢   2017年8月出版 / 估价:98.00元
PSN B-2016-561-1/1

"一带一路"投资安全蓝皮书
中国"一带一路"投资与安全研究报告(2017)
著(编)者:邹统钎 黄昊光   2017年4月出版 / 定价:89.00元
PSN B-2017-612-1/1

G20国家创新竞争力黄皮书
二十国集团(G20)国家创新竞争力发展报告(2016~2017)
著(编)者:李建平 李闽榕 赵新力 周天勇
2017年8月出版   估价:158.00元
PSN Y-2011-229-1/1

产业蓝皮书
中国产业竞争力报告(2017)No.7
著(编)者:张其仔   2017年12月出版 / 估价:98.00元
PSN B-2010-175-1/1

城市创新蓝皮书
中国城市创新报告(2017)
著(编)者:周天勇 旷建伟   2017年11月出版 / 估价:89.00元
PSN B-2013-340-1/1

城市蓝皮书
中国城市发展报告 No.10
著(编)者:潘家华 单菁菁   2017年9月出版 / 估价:89.00元
PSN B-2007-091-1/1

城乡一体化蓝皮书
中国城乡一体化发展报告(2016~2017)
著(编)者:汝信 付崇兰   2017年7月出版 / 估价:85.00元
PSN B-2011-226-1/2

城镇化蓝皮书
中国新型城镇化健康发展报告(2017)
著(编)者:张占斌   2017年11月出版 / 估价:89.00元
PSN B-2014-396-1/1

创新蓝皮书
创新型国家建设报告(2016~2017)
著(编)者:詹正茂   2017年12月出版 / 估价:89.00元
PSN B-2009-140-1/1

创业蓝皮书
中国创业发展报告(2016~2017)
著(编)者:黄群慧 赵卫星 钟宏武等
2017年11月出版 / 估价:89.00元
PSN B-2016-578-1/1

低碳发展蓝皮书
中国低碳发展报告(2017)
著(编)者:张希良 齐晔   2017年6月出版 / 定价:79.00元
PSN B-2011-223-1/1

低碳经济蓝皮书
中国低碳经济发展报告(2017)
著(编)者:薛进军 赵忠秀   2017年7月出版 / 估价:85.00元
PSN B-2011-194-1/1

东北蓝皮书
中国东北地区发展报告(2017)
著(编)者:姜晓秋   2017年2月出版 / 估价:79.00元
PSN B-2006-067-1/1

发展与改革蓝皮书
中国经济发展和体制改革报告No.8
著(编)者:邹东涛 王再文   2017年7月出版 / 估价:98.00元
PSN B-2008-122-1/1

工业化蓝皮书
中国工业化进程报告(1999~2015)
著(编)者:黄群慧 李芳芳 等
2017年5月出版 / 定价:158.00元
PSN B-2007-095-1/1

管理蓝皮书
中国管理发展报告(2017)
著(编)者:张晓东   2017年10月出版 / 估价:98.00元
PSN B-2014-416-1/1

国际城市蓝皮书
国际城市发展报告(2017)
著(编)者:屠启宇   2017年2月出版 / 定价:79.00元
PSN B-2012-260-1/1

国家创新蓝皮书
中国创新发展报告(2017)
著(编)者:陈劲   2018年3月出版 / 估价:89.00元
PSN B-2014-370-1/1

金融蓝皮书
中国金融发展报告(2017)
著(编)者:王国刚   2017年2月出版 / 定价:79.00元
PSN B-2004-031-1/6

京津冀金融蓝皮书
京津冀金融发展报告(2017)
著(编)者:王爱俭 李向前
2017年7月出版 / 估价:89.00元
PSN B-2016-528-1/1

京津冀蓝皮书
京津冀发展报告(2017)
著(编)者:祝合良 叶堂林 张贵祥 等
2017年4月出版 / 估价:89.00元
PSN B-2012-262-1/1

经济蓝皮书
2017年中国经济形势分析与预测
著(编)者:李扬   2017年1月出版 / 定价:89.00元
PSN B-1996-001-1/1

经济蓝皮书·春季号
2017年中国经济前景分析
著(编)者:李扬   2017年5月出版 / 定价:79.00元
PSN B-1999-008-1/1

经济蓝皮书·夏季号
中国经济增长报告(2016~2017)
著(编)者:李扬   2017年9月出版 / 估价:98.00元
PSN B-2010-176-1/1

经济信息绿皮书
中国与世界经济发展报告(2017)
著(编)者:杜平   2017年12月出版 / 估价:89.00元
PSN G-2003-023-1/1

就业蓝皮书
2017年中国本科生就业报告
著(编)者:麦可思研究院   2017年6月出版 / 估价:98.00元
PSN B-2009-146-1/2

 经济类

皮书系列
2017全品种

就业蓝皮书
2017年中国高职高专生就业报告
著(编)者：麦可思研究院　2017年6月出版 / 定价：98.00元
PSN B-2015-472-2/2

科普能力蓝皮书
中国科普能力评价报告（2017）
著(编)者：李富 强李群　2017年8月出版 / 估价：89.00元
PSN B-2016-556-1/1

临空经济蓝皮书
中国临空经济发展报告（2017）
著(编)者：连玉明　2017年9月出版 / 估价：89.00元
PSN B-2014-421-1/1

农村绿皮书
中国农村经济形势分析与预测（2016~2017）
著(编)者：魏后凯 黄秉信
2017年4月出版 / 定价：79.00元
PSN G-1998-003-1/1

农业应对气候变化蓝皮书
气候变化对中国农业影响评估报告 No.3
著(编)者：矫梅燕　2017年8月出版 / 估价：98.00元
PSN B-2014-413-1/1

气候变化绿皮书
应对气候变化报告（2017）
著(编)者：王伟光 郑国光　2017年11月出版 / 估价：89.00元
PSN G-2009-144-1/1

区域蓝皮书
中国区域经济发展报告（2016~2017）
著(编)者：赵弘　2017年5月出版 / 定价：79.00元
PSN B-2004-034-1/1

全球环境竞争力绿皮书
全球环境竞争力报告（2017）
著(编)者：李建平 李闽榕 王金南
2017年12月出版 / 估价：198.00元
PSN G-2013-363-1/1

人口与劳动绿皮书
中国人口与劳动问题报告 No.18
著(编)者：蔡昉 张车伟　2017年11月出版 / 估价：89.00元
PSN G-2000-012-1/1

商务中心区蓝皮书
中国商务中心区发展报告 No.3（2016）
著(编)者：李国红 单菁菁　2017年9月出版 / 估价：98.00元
PSN B-2015-444-1/1

世界经济黄皮书
2017年世界经济形势分析与预测
著(编)者：张宇燕　2017年1月出版 / 定价：89.00元
PSN Y-1999-006-1/1

世界旅游城市绿皮书
世界旅游城市发展报告（2017）
著(编)者：宋宇　2017年7月出版 / 估价：128.00元
PSN G-2014-400-1/1

土地市场蓝皮书
中国农村土地市场发展报告（2016~2017）
著(编)者：李光荣　2017年7月出版 / 估价：89.00元
PSN B-2016-527-1/1

西北蓝皮书
中国西北发展报告（2017）
著(编)者：任宗哲 白宽犁 王建康
2017年4月出版 / 定价：88.00元
PSN B-2012-261-1/1

西部蓝皮书
中国西部发展报告（2017）
著(编)者：徐璋勇　2017年8月出版 / 估价：89.00元
PSN B-2005-039-1/1

新型城镇化蓝皮书
新型城镇化发展报告（2017）
著(编)者：李伟 宋敏 沈体雁　2018年7月出版 / 估价：98.00元
PSN B-2014-431-1/1

新兴经济体蓝皮书
金砖国家发展报告（2017）
著(编)者：林跃勤 周文　2017年12月出版 / 估价：89.00元
PSN B-2011-195-1/1

长三角蓝皮书
2017年创新融合发展的长三角
著(编)者：王庆五　2018年3月出版 / 估价：88.00元
PSN B-2005-038-1/1

中部竞争力蓝皮书
中国中部经济社会竞争力报告（2017）
著(编)者：教育部人文社会科学重点研究基地
　　　　　南昌大学中国中部经济社会发展研究中心
2017年12月出版 / 估价：89.00元
PSN B-2012-276-1/1

中部蓝皮书
中国中部地区发展报告（2017）
著(编)者：宋亚平　2017年12月出版 / 估价：88.00元
PSN B-2007-089-1/1

中国省域竞争力蓝皮书
中国省域经济综合竞争力发展报告（2017）
著(编)者：李建平 李闽榕 高燕京
2017年2月出版 / 估价：198.00元
PSN B-2007-088-1/1

中三角蓝皮书
长江中游城市群发展报告（2017）
著(编)者：秦尊文　2017年9月出版 / 估价：89.00元
PSN B-2014-417-1/1

中小城市绿皮书
中国中小城市发展报告（2017）
著(编)者：中国城市经济学会中小城市经济发展委员会
　　　　　中国城镇化促进会中小城市发展委员会
　　　　　《中国中小城市发展报告》编纂委员会
　　　　　中小城市发展战略研究院
2017年11月出版 / 估价：128.00元
PSN G-2010-161-1/1

中原蓝皮书
中原经济区发展报告（2017）
著(编)者：李英杰　2017年7月出版 / 估价：88.00元
PSN B-2011-192-1/1

自贸区蓝皮书
中国自贸区发展报告（2017）
著(编)者：王力 黄育华　2017年6月出版 / 定价：89.00元
PSN B-2016-559-1/1

社会政法类

北京蓝皮书
中国社区发展报告（2017）
著（编）者：于燕燕　2018年4月出版／估价：89.00元
PSN B-2007-083-5/8

殡葬绿皮书
中国殡葬事业发展报告（2017）
著（编）者：李伯森　2017年11月出版／估价：158.00元
PSN G-2010-180-1/1

城市管理蓝皮书
中国城市管理报告（2016~2017）
著（编）者：刘林　刘承水　2017年7月出版／估价：158.00元
PSN B-2013-336-1/1

城市生活质量蓝皮书
中国城市生活质量报告（2017）
著（编）者：中国经济实验研究院
2018年2月出版／估价：89.00元
PSN B-2013-326-1/1

城市政府能力蓝皮书
中国城市政府公共服务能力评估报告（2017）
著（编）者：何艳玲　2017年7月出版／估价：89.00元
PSN B-2013-338-1/1

慈善蓝皮书
中国慈善发展报告（2017）
著（编）者：杨团　2017年6月出版／定价：98.00元
PSN B-2009-142-1/1

党建蓝皮书
党的建设研究报告 No.2（2017）
著（编）者：崔建民　陈东平　2017年7月出版／估价：89.00元
PSN B-2016-524-1/1

地方法治蓝皮书
中国地方法治发展报告 No.3（2017）
著（编）者：李林　田禾　2017年7月出版／估价：108.00元
PSN B-2015-442-1/1

法治蓝皮书
中国法治发展报告 No.15（2017）
著（编）者：李林　田禾　2017年3月出版／定价：118.00元
PSN B-2004-027-1/1

法治政府蓝皮书
中国法治政府发展报告（2017）
著（编）者：中国政法大学法治政府研究院
2018年4月出版／估价：98.00元
PSN B-2015-502-1/2

法治政府蓝皮书
中国法治政府评估报告（2017）
著（编）者：中国政法大学法治政府研究院
2017年11月出版／估价：98.00元
PSN B-2016-577-2/2

法治蓝皮书
中国法院信息化发展报告 No.1（2017）
著（编）者：李林　田禾　2017年2月出版／估价：108.00元
PSN B-2017-604-3/3

反腐倡廉蓝皮书
中国反腐倡廉建设报告 No.7
著（编）者：张英伟　2017年12月出版／估价：89.00元
PSN B-2012-259-1/1

非传统安全蓝皮书
中国非传统安全研究报告（2016~2017）
著（编）者：余潇枫　魏志江　2017年7月出版／估价：89.00元
PSN B-2012-273-1/1

妇女发展蓝皮书
中国妇女发展报告 No.7
著（编）者：王金玲　2017年9月出版／估价：148.00元
PSN B-2006-069-1/1

妇女教育蓝皮书
中国妇女教育发展报告 No.4
著（编）者：张李玺　2017年10月出版／估价：78.00元
PSN B-2008-121-1/1

妇女绿皮书
中国性别平等与妇女发展报告（2017）
著（编）者：谭琳　2017年12月出版／估价：99.00元
PSN G-2006-073-1/1

公共服务蓝皮书
中国城市基本公共服务力评价（2017）
著（编）者：钟君　刘志昌　吴正杲　2017年12月出版／估价：89.00元
PSN B-2011-214-1/1

公民科学素质蓝皮书
中国公民科学素质报告（2016~2017）
著（编）者：李群　马宗文
2017年7月出版／估价：89.00元
PSN B-2014-379-1/1

公共关系蓝皮书
中国公共关系发展报告（2017）
著（编）者：柳斌杰　2017年11月出版／估价：89.00元
PSN B-2016-580-1/1

公益蓝皮书
中国公益慈善发展报告（2017）
著（编）者：朱健刚　2018年4月出版／估价：118.00元
PSN B-2012-283-1/1

国际人才蓝皮书
中国国际移民报告（2017）
著（编）者：王辉耀　2017年7月出版／估价：89.00元
PSN B-2012-304-3/4

国际人才蓝皮书
中国留学发展报告（2017）No.5
著（编）者：王辉耀　苗绿　2017年10月出版／估价：89.00元
PSN B-2012-244-2/4

海关发展蓝皮书
中国海关发展前沿报告
著（编）者：于春晖　2017年6月出版／定价：89.00元
PSN B-2017-616-1/1

社会政法类 皮书系列 2017全品种

海洋社会蓝皮书
中国海洋社会发展报告（2017）
著(编)者：崔凤 宋宁而　2018年3月出版 / 估价：89.00元
PSN B-2015-478-1/1

行政改革蓝皮书
中国行政体制改革报告（2017）No.6
著(编)者：魏礼群　2017年7月出版 / 估价：98.00元
PSN B-2011-231-1/1

华侨华人蓝皮书
华侨华人研究报告（2017）
著(编)者：贾益民　2017年12月出版 / 估价：128.00元
PSN B-2011-204-1/1

环境竞争力绿皮书
中国省域环境竞争力发展报告（2017）
著(编)者：李建平 李闽榕 王金南
2017年11月出版 / 估价：198.00元
PSN B-2010-165-1/1

环境绿皮书
中国环境发展报告（2016~2017）
著(编)者：李波　2017年4月出版 / 定价：89.00元
PSN G-2006-048-1/1

基金会蓝皮书
中国基金会发展报告（2016~2017）
著(编)者：中国基金会发展报告课题组
2017年7月出版 / 估价：85.00元
PSN B-2013-368-1/1

基金会绿皮书
中国基金会发展独立研究报告（2017）
著(编)者：基金会中心网 中央民族大学基金会研究中心
2017年7月出版 / 估价：88.00元
PSN G-2011-213-1/1

基金会透明度蓝皮书
中国基金会透明度发展研究报告（2017）
著(编)者：基金会中心网 清华大学廉政与治理研究中心
2017年12月出版 / 估价：89.00元
PSN B-2015-509-1/1

家庭蓝皮书
中国"创建幸福家庭活动"评估报告（2017）
著(编)者：国务院发展研究中心"创建幸福家庭活动评估"课题组著
2017年8月出版 / 估价：89.00元
PSN B-2015-508-1/1

健康城市蓝皮书
中国健康城市建设研究报告（2017）
著(编)者：王鸿春 解树江 盛继洪
2017年9月出版 / 估价：89.00元
PSN B-2016-565-2/2

健康中国蓝皮书
社区首诊与健康中国分析报告（2017）
著(编)者：高和荣 杨叔禹 姜杰
2017年4月出版 / 估价：99.00元
PSN B-2017-611-1/1

教师蓝皮书
中国中小学教师发展报告（2017）
著(编)者：曾晓东 鱼霞　2017年7月出版 / 估价：89.00元
PSN B-2012-289-1/1

教育蓝皮书
中国教育发展报告（2017）
著(编)者：杨东平　2017年4月出版 / 定价：89.00元
PSN B-2006-047-1/1

京津冀教育蓝皮书
京津冀教育发展研究报告（2016~2017）
著(编)者：方中雄　2017年4月出版 / 估价：98.00元
PSN B-2017-608-1/1

科普蓝皮书
国家科普能力发展报告（2016~2017）
著(编)者：王康友　2017年5月出版 / 定价：128.00元
PSN B-2017-631-1/1

科普蓝皮书
中国基层科普发展报告（2016~2017）
著(编)者：赵立 新陈玲　2017年9月出版 / 估价：89.00元
PSN B-2016-569-3/3

科普蓝皮书
中国科普基础设施发展报告（2017）
著(编)者：任福君　2017年7月出版 / 估价：89.00元
PSN B-2010-174-1/3

科普蓝皮书
中国科普人才发展报告（2017）
著(编)者：郑念 任嵘嵘　2017年7月出版 / 估价：98.00元
PSN B-2015-512-2/3

科学教育蓝皮书
中国科学教育发展报告（2017）
著(编)者：罗晖 王康友　2017年10月出版 / 估价：89.00元
PSN B-2015-487-1/1

劳动保障蓝皮书
中国劳动保障发展报告（2017）
著(编)者：刘燕斌　2017年9月出版 / 估价：188.00元
PSN B-2014-415-1/1

老龄蓝皮书
中国老年宜居环境发展报告（2017）
著(编)者：党俊武 周燕珉　2017年11月出版 / 估价：89.00元
PSN B-2013-320-1/1

连片特困区蓝皮书
中国连片特困区发展报告（2016~2017）
著(编)者：游俊 冷志明 丁建军
2017年4月出版 / 估价：98.00元
PSN B-2013-321-1/1

流动儿童蓝皮书
中国流动儿童教育发展报告（2016）
著(编)者：杨东平　2017年1月出版 / 定价：79.00元
PSN B-2017-600-1/1

皮书系列 2017全品种 — 社会政法类

民调蓝皮书
中国民生调查报告（2017）
著(编)者：谢耘耕　2017年12月出版 / 估价：98.00元
PSN B-2014-398-1/1

民族发展蓝皮书
中国民族发展报告（2017）
著(编)者：郝时远　王延中　王希恩
2017年4月出版 / 估价：98.00元
PSN B-2006-070-1/1

女性生活蓝皮书
中国女性生活状况报告 No.11（2017）
著(编)者：韩湘景　2017年10月出版 / 估价：98.00元
PSN B-2006-071-1/1

汽车社会蓝皮书
中国汽车社会发展报告（2017）
著(编)者：王俊秀　2017年12月出版 / 估价：89.00元
PSN B-2011-224-1/1

青年蓝皮书
中国青年发展报告（2017）No.3
著(编)者：廉思 等　2017年12月出版 / 估价：89.00元
PSN B-2013-333-1/1

青少年蓝皮书
中国未成年人互联网运用报告（2017）
著(编)者：李文革　沈洁　李为民
2017年11月出版 / 估价：89.00元
PSN B-2010-165-1/1

青少年体育蓝皮书
中国青少年体育发展报告（2017）
著(编)者：郭建军　戴健　2017年9月出版 / 估价：89.00元
PSN B-2015-482-1/1

群众体育蓝皮书
中国群众体育发展报告（2017）
著(编)者：刘国永　杨桦　2017年12月出版 / 估价：89.00元
PSN B-2016-519-2/3

人权蓝皮书
中国人权事业发展报告 No.7（2017）
著(编)者：李君如　2017年9月出版 / 估价：98.00元
PSN B-2011-215-1/1

社会保障绿皮书
中国社会保障发展报告（2017）No.8
著(编)者：王延中　2017年7月出版 / 估价：98.00元
PSN G-2001-014-1/1

社会风险评估蓝皮书
风险评估与危机预警评估报告（2017）
著(编)者：唐钧　2017年11月出版 / 估价：85.00元
PSN B-2016-521-1/1

社会管理蓝皮书
中国社会管理创新报告 No.5
著(编)者：连玉明　2017年11月出版 / 估价：89.00元
PSN B-2012-300-1/1

社会蓝皮书
2017年中国社会形势分析与预测
著(编)者：李培林　陈光金　张翼
2016年12月出版 / 定价：89.00元
PSN B-1998-002-1/1

社会体制蓝皮书
中国社会体制改革报告 No.5（2017）
著(编)者：龚维斌　2017年3月出版 / 定价：89.00元
PSN B-2013-330-1/1

社会心态蓝皮书
中国社会心态研究报告（2017）
著(编)者：王俊秀　杨宜音　2017年12月出版 / 定价：89.00元
PSN B-2011-199-1/1

社会组织蓝皮书
中国社会组织发展报告（2016~2017）
著(编)者：黄晓勇　2017年1月出版 / 定价：89.00元
PSN B-2008-118-1/2

社会组织蓝皮书
中国社会组织评估发展报告（2017）
著(编)者：徐家良　廖鸿　2017年12月出版 / 定价：89.00元
PSN B-2013-366-1/1

生态城市绿皮书
中国生态城市建设发展报告（2017）
著(编)者：刘举科　孙伟平　胡文臻
2017年9月出版 / 估价：118.00元
PSN G-2012-269-1/1

生态文明绿皮书
中国省域生态文明建设评价报告（ECI 2017）
著(编)者：严耕　2017年12月出版 / 估价：98.00元
PSN G-2010-170-1/1

土地整治蓝皮书
中国土地整治发展研究报告 No.4
著(编)者：国土资源部土地整治中心
2017年7月出版 / 定价：89.00元
PSN B-2014-401-1/1

土地政策蓝皮书
中国土地政策研究报告（2017）
著(编)者：高延利　李宪文
2017年12月出版 / 定价：89.00元
PSN B-2015-506-1/1

退休生活蓝皮书
中国城市居民退休生活质量指数报告（2016）
著(编)者：杨一凡　2017年5月出版 / 定价：79.00元
PSN B-2017-618-1/1

遥感监测绿皮书
中国可持续发展遥感监测报告（2016）
著(编)者：顾行发　李闽榕　徐东华
2017年6月出版 / 定价：298.00元
PSN B-2017-629-1/1

皮书系列 2017全品种

行业报告类

医改蓝皮书
中国医药卫生体制改革报告（2017）
著(编)者：文学国 房志武　2017年11月出版 / 估价：98.00元
PSN B-2014-432-1/1

医疗卫生绿皮书
中国医疗卫生发展报告 No.7（2017）
著(编)者：申宝忠 韩玉珍　2017年11月出版 / 估价：85.00元
PSN G-2004-033-1/1

应急管理蓝皮书
中国应急管理报告（2017）
著(编)者：宋英华　2017年9月出版 / 估价：98.00元
PSN B-2016-563-1/1

政治参与蓝皮书
中国政治参与报告（2017）
著(编)者：房宁　2017年8月出版 / 定价：118.00元
PSN B-2011-200-1/1

宗教蓝皮书
中国宗教报告（2016）
著(编)者：邱永辉　2017年8月出版 / 定价：79.00元
PSN B-2008-117-1/1

行业报告类

SUV蓝皮书
中国SUV市场发展报告（2016~2017）
著(编)者：靳军　2017年9月出版 / 估价：89.00元
PSN B-2016-572-1/1

保健蓝皮书
中国保健服务产业发展报告 No.2
著(编)者：中国保健协会 中共中央党校
2017年7月出版 / 估价：198.00元
PSN B-2012-272-3/3

保健蓝皮书
中国保健食品产业发展报告 No.2
著(编)者：中国保健协会
　　　　中国社会科学院食品药品产业发展与监管研究中心
2017年7月出版 / 估价：198.00元
PSN B-2012-271-2/3

保健蓝皮书
中国保健用品产业发展报告 No.2
著(编)者：中国保健协会
　　　　国务院国有资产监督管理委员会研究中心
2017年7月出版 / 估价：198.00元
PSN B-2012-270-1/3

保险蓝皮书
中国保险业竞争力报告（2017）
著(编)者：保监会　2017年12月出版 / 估价：99.00元
PSN B-2013-311-1/1

冰雪蓝皮书
中国滑雪产业发展报告（2017）
著(编)者：孙承华 伍斌 魏庆华 张鸿俊
2017年9月出版 / 定价：79.00元
PSN B-2016-560-1/1

彩票蓝皮书
中国彩票发展报告（2017）
著(编)者：益彩基金　2017年7月出版 / 估价：98.00元
PSN B-2015-462-1/1

餐饮产业蓝皮书
中国餐饮产业发展报告（2017）
著(编)者：邢颖　2017年6月出版 / 定价：98.00元
PSN B-2009-151-1/1

测绘地理信息蓝皮书
新常态下的测绘地理信息研究报告（2017）
著(编)者：库热西·买合苏提
2017年12月出版 / 估价：118.00元
PSN B-2009-145-1/1

茶业蓝皮书
中国茶产业发展报告（2017）
著(编)者：杨江帆 李闽榕　2017年10月出版 / 估价：88.00元
PSN B-2010-164-1/1

产权市场蓝皮书
中国产权市场发展报告（2016~2017）
著(编)者：曹和平　2017年5月出版 / 估价：89.00元
PSN B-2009-147-1/1

产业安全蓝皮书
中国出版传媒产业安全报告（2016~2017）
著(编)者：北京印刷学院文化产业安全研究院
2017年7月出版 / 估价：89.00元
PSN B-2014-384-13/14

产业安全蓝皮书
中国文化产业安全报告（2017）
著(编)者：北京印刷学院文化产业安全研究院
2017年12月出版 / 估价：89.00元
PSN B-2014-378-12/14

皮书系列 2017全品种 — 行业报告类

产业安全蓝皮书
中国新媒体产业安全报告（2017）
著（编）者：肖丽
2018年6月出版 / 估价：89.00元
PSN B-2015-500-14/14

城投蓝皮书
中国城投行业发展报告（2017）
著（编）者：王晨艳 丁伯康　2017年9月出版 / 定价：300.00元
PSN B-2016-514-1/1

电子政务蓝皮书
中国电子政务发展报告（2016~2017）
著（编）者：李季 杜平　2017年7月出版 / 估价：89.00元
PSN B-2003-022-1/1

大数据蓝皮书
中国大数据发展报告No.1
著（编）者：连玉明　2017年5月出版 / 定价：79.00元
PSN B-2017-620-1/1

杜仲产业绿皮书
中国杜仲橡胶资源与产业发展报告（2016~2017）
著（编）者：杜红岩 胡文臻 俞锐
2017年11月出版 / 估价：85.00元
PSN G-2013-350-1/1

对外投资与风险蓝皮书
中国对外直接投资与国家风险报告（2017）
著（编）者：中债资信评估有限公司
　　　　　中国社科院世界经济与政治研究所
2017年4月出版 / 定价：189.00元
PSN B-2017-606-1/1

房地产蓝皮书
中国房地产发展报告No.14（2017）
著（编）者：李春华 王业强　2017年5月出版 / 定价：89.00元
PSN B-2004-028-1/1

服务外包蓝皮书
中国服务外包产业发展报告（2017）
著（编）者：王晓红 刘德军
2017年7月出版 / 估价：89.00元
PSN B-2013-331-2/2

服务外包蓝皮书
中国服务外包竞争力报告（2017）
著（编）者：王力 刘春生 黄育华
2017年11月出版 / 估价：85.00元
PSN B-2011-216-1/2

工业和信息化蓝皮书
世界网络安全发展报告（2016~2017）
著（编）者：尹丽波　2017年6月出版 / 估价：89.00元
PSN B-2015-452-5/6

工业和信息化蓝皮书
世界信息化发展报告（2016~2017）
著（编）者：尹丽波　2017年6月出版 / 估价：89.00元
PSN B-2015-451-4/6

工业和信息化蓝皮书
世界信息技术产业发展报告（2016~2017）
著（编）者：尹丽波　2017年6月出版 / 估价：89.00元
PSN B-2015-449-2/6

工业和信息化蓝皮书
移动互联网产业发展报告（2016~2017）
著（编）者：尹丽波　2017年6月出版 / 估价：89.00元
PSN B-2015-448-1/6

工业和信息化蓝皮书
战略性新兴产业发展报告（2016~2017）
著（编）者：尹丽波　2017年6月出版 / 估价：89.00元
PSN B-2015-450-3/6

工业和信息化蓝皮书
世界智慧城市发展报告（2016~2017）
著（编）者：尹丽波　2017年6月出版 / 估价：89.00元
PSN B-2017-624-6/6

工业和信息化蓝皮书
人工智能发展报告（2016~2017）
著（编）者：尹丽波　2017年6月出版 / 估价：89.00元
PSN B-2015-448-1/6

工业设计蓝皮书
中国工业设计发展报告（2017）
著（编）者：王晓红 于炜 张立群
2017年9月出版 / 估价：138.00元
PSN B-2014-420-1/1

黄金市场蓝皮书
中国商业银行黄金业务发展报告（2016~2017）
著（编）者：平安银行　2017年7月出版 / 估价：98.00元
PSN B-2016-525-1/1

互联网金融蓝皮书
中国互联网金融发展报告（2017）
著（编）者：李东荣　2017年9月出版 / 估价：128.00元
PSN B-2014-374-1/1

互联网医疗蓝皮书
中国互联网健康医疗发展报告（2017）
著（编）者：芮晓武　2017年6月出版 / 定价：89.00元
PSN B-2016-568-1/1

会展蓝皮书
中外会展业动态评估年度报告（2017）
著（编）者：张敏　2017年7月出版 / 估价：88.00元
PSN B-2013-327-1/1

金融监管蓝皮书
中国金融监管报告（2017）
著（编）者：胡滨　2017年5月出版 / 估价：89.00元
PSN B-2012-281-1/1

金融信息服务蓝皮书
中国金融信息服务发展报告（2017）
著（编）者：李平　2017年5月出版 / 定价：79.00元
PSN B-2017-621-1/1

金融蓝皮书
中国金融中心发展报告（2017）
著（编）者：王力 黄育华　2017年11月出版 / 估价：85.00元
PSN B-2011-186-6/6

建筑装饰蓝皮书
中国建筑装饰行业发展报告（2017）
著（编）者：刘晓一 葛道顺　2017年11月出版 / 估价：198.00元
PSN B-2016-554-1/1

 行业报告类

皮书系列
2017全品种

客车蓝皮书
中国客车产业发展报告（2016~2017）
著(编)者：姚蔚　　2017年10月出版 / 估价：85.00元
PSN B-2013-361-1/1

旅游安全蓝皮书
中国旅游安全报告（2017）
著(编)者：郑向敏 谢朝武　　2017年5月出版 / 定价：128.00元
PSN B-2012-280-1/1

旅游绿皮书
2016~2017年中国旅游发展分析与预测
著(编)者：宋瑞　　2017年2月出版 / 定价：89.00元
PSN G-2002-018-1/1

煤炭蓝皮书
中国煤炭工业发展报告（2017）
著(编)者：岳福斌　　2017年12月出版 / 估价：85.00元
PSN B-2008-123-1/1

民营企业社会责任蓝皮书
中国民营企业社会责任报告（2017）
著(编)者：中华全国工商业联合会
2017年12月出版 / 估价：89.00元
PSN B-2015-510-1/1

民营医院蓝皮书
中国民营医院发展报告（2017）
著(编)者：庄一强　　2017年10月出版 / 估价：85.00元
PSN B-2012-299-1/1

闽商蓝皮书
闽商发展报告（2017）
著(编)者：李闽榕 王日根 林琛
2017年12月出版 / 估价：89.00元
PSN B-2012-298-1/1

能源蓝皮书
中国能源发展报告（2017）
著(编)者：崔民选 王军生 陈义和
2017年10月出版 / 估价：98.00元
PSN B-2006-049-1/1

农产品流通蓝皮书
中国农产品流通产业发展报告（2017）
著(编)者：贾敬敦 张东科 张玉玺 张鹏毅 周伟
2017年7月出版 / 估价：89.00元
PSN B-2012-288-1/1

企业公益蓝皮书
中国企业公益研究报告（2017）
著(编)者：钟宏武 汪杰 顾一 黄晓娟 等
2017年12月出版 / 估价：89.00元
PSN B-2015-501-1/1

企业国际化蓝皮书
中国企业国际化报告（2017）
著(编)者：王辉耀　　2017年11月出版 / 估价：98.00元
PSN B-2014-427-1/1

企业蓝皮书
中国企业绿色发展报告No.2（2017）
著(编)者：李红玉 朱光辉　　2017年11月出版 / 估价：89.00元
PSN B-2015-481-2/2

企业社会责任蓝皮书
中国企业社会责任研究报告（2017）
著(编)者：黄群慧 钟宏武 张蒽 翟利峰
2017年11月出版 / 估价：89.00元
PSN B-2009-149-1/1

企业社会责任蓝皮书
中资企业海外社会责任研究报告（2016~2017）
著(编)者：钟宏武 叶柳红 张蒽
2017年1月出版 / 定价：79.00元
PSN B-2017-603-2/2

汽车安全蓝皮书
中国汽车安全发展报告（2017）
著(编)者：中国汽车技术研究中心
2017年9月出版 / 估价：89.00元
PSN B-2014-385-1/1

汽车电子商务蓝皮书
中国汽车电子商务发展报告（2017）
著(编)者：中华全国工商业联合会汽车经销商商会
　　　　　北京易观智库网络科技有限公司
2017年10月出版 / 估价：128.00元
PSN B-2015-485-1/1

汽车工业蓝皮书
中国汽车工业发展年度报告（2017）
著(编)者：中国汽车工业协会 中国汽车技术研究中心
　　　　　丰田汽车（中国）投资有限公司
2017年5月出版 / 定价：128.00元
PSN B-2015-463-1/2

汽车工业蓝皮书
中国汽车零部件产业发展报告（2017）
著(编)者：中国汽车工业协会 中国汽车工程研究院
2017年月出版 / 估价：98.00元
PSN B-2016-515-2/2

汽车蓝皮书
中国汽车产业发展报告（2017）
著(编)者：国务院发展研究中心产业经济研究部
　　　　　中国汽车工程学会 大众汽车集团（中国）
2017年8月出版 / 估价：98.00元
PSN B-2008-124-1/1

人力资源蓝皮书
中国人力资源发展报告（2017）
著(编)者：余兴安　　2017年11月出版 / 估价：89.00元
PSN B-2012-287-1/1

融资租赁蓝皮书
中国融资租赁业发展报告（2016~2017）
著(编)者：李光荣 王力　　2017年11月出版 / 估价：89.00元
PSN B-2015-443-1/1

商会蓝皮书
中国商会发展报告No.5（2017）
著(编)者：王钦敏　　2017年7月出版 / 估价：89.00元
PSN B-2008-125-1/1

输血服务蓝皮书
中国输血行业发展报告（2017）
著(编)者：朱永明 耿鸿武　　2016年12月出版 / 估价：89.00元
PSN B-2016-583-1/1

皮书系列 2017全品种 — 行业报告类

社会责任管理蓝皮书
中国上市公司社会责任能力成熟度报告（2017）No.2
著（编）者：肖红军 王晓光 李伟阳
2017年12月出版 / 估价：98.00元
PSN B-2015-507-2/2

社会责任管理蓝皮书
中国企业公众透明度报告(2017)No.3
著（编）者：黄速建 熊梦 王晓光 肖红军
2017年4月出版 / 估价：98.00元
PSN B-2015-440-1/2

食品药品蓝皮书
食品药品安全与监管政策研究报告（2016~2017）
著（编）者：唐民皓 2017年7月出版 / 估价：89.00元
PSN B-2009-129-1/1

世界茶业蓝皮书
世界茶业发展报告（2017）
著（编）者：李闽榕 冯廷栓 2017年5月出版 / 定价：118.00元
PSN B-2017-619-1/1

世界能源蓝皮书
世界能源发展报告（2017）
著（编）者：黄晓勇 2017年6月出版 / 定价：99.00元
PSN B-2013-349-1/1

水利风景区蓝皮书
中国水利风景区发展报告（2017）
著（编）者：谢婵才 兰思仁 2017年7月出版 / 估价：89.00元
PSN B-2015-480-1/1

碳市场蓝皮书
中国碳市场报告（2017）
著（编）者：定金彪 2017年11月出版 / 估价：89.00元
PSN B-2014-430-1/1

体育蓝皮书
中国体育产业发展报告（2017）
著（编）者：阮伟 钟秉枢 2017年12月出版 / 估价：89.00元
PSN B-2010-179-1/5

体育蓝皮书
中国体育产业基地发展报告（2015~2016）
著（编）者：李颖川 2017年4月出版 / 估价：89.00元
PSN B-2017-609-5/5

网络空间安全蓝皮书
中国网络空间安全发展报告（2017）
著（编）者：惠志斌 唐涛 2017年7月出版 / 估价：89.00元
PSN B-2015-466-1/1

西部金融蓝皮书
中国西部金融发展报告（2017）
著（编）者：李忠民 2017年8月出版 / 估价：85.00元
PSN B-2010-160-1/1

协会商会蓝皮书
中国行业协会商会发展报告（2017）
著（编）者：景朝阳 李勇 2017年7月出版 / 估价：99.00元
PSN B-2015-461-1/1

新能源汽车蓝皮书
中国新能源汽车产业发展报告（2017）
著（编）者：中国汽车技术研究中心
日产（中国）投资有限公司 东风汽车有限公司
2017年7月出版 / 估价：98.00元
PSN B-2013-347-1/1

新三板蓝皮书
中国新三板市场发展报告（2017）
著（编）者：王力 2017年7月出版 / 估价：89.00元
PSN B-2016-534-1/1

信托市场蓝皮书
中国信托业市场报告（2016~2017）
著（编）者：用益信托研究院
2017年1月出版 / 定价：198.00元
PSN B-2014-371-1/1

信息化蓝皮书
中国信息化形势分析与预测（2016~2017）
著（编）者：周宏仁 2017年8月出版 / 估价：98.00元
PSN B-2010-168-1/1

信用蓝皮书
中国信用发展报告（2017）
著（编）者：章政 田侃 2017年7月出版 / 估价：99.00元
PSN B-2013-328-1/1

休闲绿皮书
2017年中国休闲发展报告
著（编）者：宋瑞 2017年10月出版 / 估价：89.00元
PSN G-2010-158-1/1

休闲体育蓝皮书
中国休闲体育发展报告（2016~2017）
著（编）者：李相如 钟炳枢 2017年10月出版 / 估价：89.00元
PSN G-2016-516-1/1

养老金融蓝皮书
中国养老金融发展报告（2017）
著（编）者：董克用 姚余栋
2017年9月出版 / 定价：89.00元
PSN B-2016-584-1/1

药品流通蓝皮书
中国药品流通行业发展报告（2017）
著（编）者：佘鲁林 温再兴 2017年8月出版 / 估价：158.00元
PSN B-2014-429-1/1

医院蓝皮书
中国医院竞争力报告（2017）
著（编）者：庄一强 曾益新 2017年3月出版 / 定价：108.00元
PSN B-2016-529-1/1

瑜伽蓝皮书
中国瑜伽业发展报告（2016~2017）
著（编）者：张永建 徐华锋 朱泰余
2017年3月出版 / 定价：108.00元
PSN B-2017-675-1/1

皮书系列 2017全品种

文化传媒类

邮轮绿皮书
中国邮轮产业发展报告（2017）
著(编)者：汪泓　　2017年10月出版 / 估价：89.00元
PSN G-2014-419-1/1

智能养老蓝皮书
中国智能养老产业发展报告（2017）
著(编)者：朱勇　　2017年10月出版 / 估价：89.00元
PSN B-2015-488-1/1

债券市场蓝皮书
中国债券市场发展报告（2016~2017）
著(编)者：杨农　　2017年10月出版 / 估价：89.00元
PSN B-2016-573-1/1

中国节能汽车蓝皮书
中国节能汽车发展报告（2016~2017）
著(编)者：中国汽车工程研究院股份有限公司
2017年9月出版 / 估价：98.00元
PSN B-2016-566-1/1

中国上市公司蓝皮书
中国上市公司发展报告（2017）
著(编)者：张平　王宏淼
2017年9月出版 / 定价：98.00元
PSN B-2014-414-1/1

中国陶瓷产业蓝皮书
中国陶瓷产业发展报告（2017）
著(编)者：左和平　黄速建　　2017年10月出版 / 估价：98.00元
PSN B-2016-574-1/1

中医药蓝皮书
中国中医药知识产权发展报告No.1
著(编)者：汪红　屠志涛　　2017年4月出版 / 定价：158.00元
PSN B-2016-574-1/1

中国总部经济蓝皮书
中国总部经济发展报告（2016~2017）
著(编)者：赵弘　　2017年9月出版 / 估价：89.00元
PSN B-2005-036-1/1

中医文化蓝皮书
中国中医药文化传播发展报告（2017）
著(编)者：毛嘉陵　　2017年7月出版 / 估价：89.00元
PSN B-2015-468-1/1

装备制造业蓝皮书
中国装备制造业发展报告（2017）
著(编)者：徐东华　　2017年12月出版 / 估价：148.00元
PSN B-2015-505-1/1

资本市场蓝皮书
中国场外交易市场发展报告（2016~2017）
著(编)者：高峦　　2017年7月出版 / 估价：89.00元
PSN B-2009-153-1/1

资产管理蓝皮书
中国资产管理行业发展报告（2017）
著(编)者：智信资产管理研究院
2017年7月出版 / 定价：98.00元
PSN B-2014-407-2/2

文化传媒类

传媒竞争力蓝皮书
中国传媒国际竞争力研究报告（2017）
著(编)者：李本乾　刘强
2017年11月出版 / 估价：148.00元
PSN B-2013-356-1/1

传媒蓝皮书
中国传媒产业发展报告（2017）
著(编)者：崔保国　　2017年5月出版 / 定价：98.00元
PSN B-2005-035-1/1

传媒投资蓝皮书
中国传媒投资发展报告（2017）
著(编)者：张向东　谭云明
2017年7月出版 / 估价：128.00元
PSN B-2015-474-1/1

动漫蓝皮书
中国动漫产业发展报告（2017）
著(编)者：卢斌　郑玉明　牛兴侦
2017年9月出版 / 估价：89.00元
PSN B-2011-198-1/1

非物质文化遗产蓝皮书
中国非物质文化遗产发展报告（2017）
著(编)者：陈平　　2017年7月出版 / 估价：98.00元
PSN B-2015-469-1/1

广电蓝皮书
中国广播电影电视发展报告（2017）
著(编)者：国家新闻出版广电总局发展研究中心
2017年7月出版 / 估价：98.00元
PSN B-2006-072-1/1

广告主蓝皮书
中国广告主营销传播趋势报告No.9
著(编)者：黄升民　杜国清　邵华冬　等
2017年10月出版 / 估价：148.00元
PSN B-2005-041-1/1

国际传播蓝皮书
中国国际传播发展报告（2017）
著(编)者：胡正荣　李继东　姬德强
2017年11月出版 / 估价：89.00元
PSN B-2014-408-1/1

皮书系列 2017全品种
文化传媒类·地方发展类

国家形象蓝皮书
中国国家形象传播报告（2016）
著(编)者：张昆　　2017年3月出版 / 定价：98.00元
PSN B-2017-605-1/1

纪录片蓝皮书
中国纪录片发展报告（2017）
著(编)者：何苏六　　2017年9月出版 / 估价：89.00元
PSN B-2011-222-1/1

科学传播蓝皮书
中国科学传播报告（2017）
著(编)者：詹正茂　　2017年7月出版 / 估价：89.00元
PSN B-2008-120-1/1

两岸创意经济蓝皮书
两岸创意经济研究报告（2017）
著(编)者：罗昌智　林咏能
2017年10月出版 / 估价：98.00元
PSN B-2014-437-1/1

媒介与女性蓝皮书
中国媒介与女性发展报告(2016~2017)
著(编)者：刘利群　　2018年5月出版 / 估价：118.00元
PSN B-2013-345-1/1

媒体融合蓝皮书
中国媒体融合发展报告（2017）
著(编)者：梅宁华　宋建武　　2017年7月出版 / 估价：89.00元
PSN B-2015-479-1/1

全球传媒蓝皮书
全球传媒发展报告（2016~2017）
著(编)者：胡正荣　李继东
2017年6月出版 / 定价：89.00元
PSN B-2012-237-1/1

少数民族非遗蓝皮书
中国少数民族非物质文化遗产发展报告（2017）
著(编)者：肖远平（彝）　柴立（满）
2017年8月出版 / 估价：98.00元
PSN B-2015-467-1/1

视听新媒体蓝皮书
中国视听新媒体发展报告（2017）
著(编)者：国家新闻出版广电总局发展研究中心
2017年11月出版 / 估价：98.00元
PSN B-2011-184-1/1

文化创新蓝皮书
中国文化创新报告（2016）No.7
著(编)者：于平　傅才武　　2017年4月出版 / 定价：89.00元
PSN B-2009-143-1/1

文化建设蓝皮书
中国文化发展报告（2017）
著(编)者：江畅　孙伟平　戴茂堂
2017年5月出版 / 定价：98.00元
PSN B-2014-392-1/1

文化金融蓝皮书
中国文化金融发展报告（2017）
著(编)者：杨涛　余巍　　2017年5月出版 / 定价：98.00元
PSN B-2017-610-1/1

文化科技蓝皮书
文化科技创新发展报告（2017）
著(编)者：于平　李凤亮　　2017年11月出版 / 估价：89.00元
PSN B-2013-342-1/1

文化蓝皮书
中国公共文化服务发展报告（2017）
著(编)者：刘新成　张永新　张旭
2017年12月出版 / 估价：98.00元
PSN B-2007-093-2/10

文化蓝皮书
中国公共文化投入增长测评报告（2017）
著(编)者：王亚南　　2017年2月出版 / 定价：79.00元
PSN B-2014-435-10/10

文化蓝皮书
中国少数民族文化发展报告（2016~2017）
著(编)者：武翠英　张晓明　任乌晶
2017年9月出版 / 估价：89.00元
PSN B-2013-369-9/10

文化蓝皮书
中国文化产业发展报告（2016~2017）
著(编)者：张晓明　王家新　章建刚
2017年7月出版 / 估价：89.00元
PSN B-2002-019-1/10

文化蓝皮书
中国文化产业供需协调检测报告（2017）
著(编)者：王亚南　　2017年2月出版 / 定价：79.00元
PSN B-2013-323-8/10

文化蓝皮书
中国文化消费需求景气评价报告（2017）
著(编)者：王亚南　　2017年2月出版 / 定价：79.00元
PSN B-2011-236-4/10

文化品牌蓝皮书
中国文化品牌发展报告（2017）
著(编)者：欧阳友权　　2017年7月出版 / 估价：98.00元
PSN B-2012-277-1/1

文化遗产蓝皮书
中国文化遗产事业发展报告（2017）
著(编)者：苏杨　张颖岚　王宇飞
2017年8月出版 / 估价：98.00元
PSN B-2008-119-1/1

文学蓝皮书
中国文情报告（2016~2017）
著(编)者：白烨　　2017年5月出版 / 定价：69.00元
PSN B-2011-221-1/1

新媒体蓝皮书
中国新媒体发展报告No.8（2017）
著(编)者：唐绪军　　2017年7月出版 / 定价：79.00元
PSN B-2010-169-1/1

新媒体社会责任蓝皮书
中国新媒体社会责任研究报告（2017）
著(编)者：钟瑛　　2017年11月出版 / 估价：89.00元
PSN B-2014-423-1/1

皮书系列 2017全品种

地方发展类

移动互联网蓝皮书
中国移动互联网发展报告（2017）
著(编)者：余清楚　2017年6月出版 / 定价：98.00元
PSN B-2012-282-1/1

舆情蓝皮书
中国社会舆情与危机管理报告（2017）
著(编)者：谢耘耕　2017年9月出版 / 估价：128.00元
PSN B-2011-235-1/1

影视蓝皮书
中国影视产业发展报告（2017）
著(编)者：司若　2017年4月出版 / 定价：98.00元
PSN B-2016-530-1/1

地方发展类

安徽经济蓝皮书
合芜蚌国家自主创新综合示范区研究报告（2016~2017）
著(编)者：黄家海　王开玉　蔡宪
2017年7月出版 / 估价：89.00元
PSN B-2014-383-1/1

安徽蓝皮书
安徽社会发展报告（2017）
著(编)者：程桦　2017年5月出版 / 定价：89.00元
PSN B-2013-325-1/1

澳门蓝皮书
澳门经济社会发展报告（2016~2017）
著(编)者：吴志良　郝雨凡　2017年7月出版 / 定价：98.00元
PSN B-2009-138-1/1

澳门绿皮书
澳门旅游休闲发展报告（2016~2017）
著(编)者：郝雨凡　林广志　2017年5月出版 / 定价：88.00元
PSN G-2017-617-1/1

北京蓝皮书
北京公共服务发展报告（2016~2017）
著(编)者：施昌奎　2017年3月出版 / 定价：79.00元
PSN B-2008-103-7/8

北京蓝皮书
北京经济发展报告（2016~2017）
著(编)者：杨松　2017年6月出版 / 定价：89.00元
PSN B-2006-054-2/8

北京蓝皮书
北京社会发展报告（2016~2017）
著(编)者：李伟东　2017年7月出版 / 定价：79.00元
PSN B-2006-055-3/8

北京蓝皮书
北京社会治理发展报告（2016~2017）
著(编)者：殷星辰　2017年7月出版 / 定价：79.00元
PSN B-2014-391-8/8

北京蓝皮书
北京文化发展报告（2016~2017）
著(编)者：李建盛　2017年5月出版 / 定价：79.00元
PSN B-2007-082-4/8

北京律师绿皮书
北京律师发展报告No.3（2017）
著(编)者：王隽　2017年7月出版 / 定价：88.00元
PSN G-2012-301-1/1

北京旅游绿皮书
北京旅游发展报告（2017）
著(编)者：北京旅游学会　2017年7月出版 / 定价：88.00元
PSN B-2011-217-1/1

北京人才蓝皮书
北京人才发展报告（2017）
著(编)者：于淼　2017年12月出版 / 估价：128.00元
PSN B-2011-201-1/1

北京社会心态蓝皮书
北京社会心态分析报告（2016~2017）
著(编)者：北京社会心理研究所
2017年11月出版 / 估价：89.00元
PSN B-2014-422-1/1

北京社会组织管理蓝皮书
北京社会组织发展与管理（2016~2017）
著(编)者：黄江松　2017年7月出版 / 定价：88.00元
PSN B-2015-446-1/1

北京体育蓝皮书
北京体育产业发展报告（2016~2017）
著(编)者：钟秉枢　陈杰　杨铁黎
2017年9月出版 / 估价：89.00元
PSN B-2015-475-1/1

北京养老产业蓝皮书
北京养老产业发展报告（2017）
著(编)者：周明明　冯喜良　2017年11月出版 / 估价：89.00元
PSN B-2015-465-1/1

非公有制企业社会责任蓝皮书
北京非公有制企业社会责任报告（2017）
著(编)者：宗贵伦　冯培　2017年6月出版 / 定价：89.00元
PSN B-2017-613-1/1

滨海金融蓝皮书
滨海新区金融发展报告（2017）
著(编)者：王爱俭　张锐钢　2018年4月出版 / 估价：89.00元
PSN B-2014-424-1/1

城乡一体化蓝皮书
北京城乡一体化发展报告（2016～2017）
著（编）者：吴宝新 张宝秀 黄序
2017年5月出版 / 定价：85.00元
PSN B-2012-258-2/2

创意城市蓝皮书
北京文化创意产业发展报告（2017）
著（编）者：张京成 王国华 2017年10月出版 / 估价：89.00元
PSN B-2012-263-1/7

创意城市蓝皮书
天津文化创意产业发展报告（2016～2017）
著（编）者：谢思全 2017年11月出版 / 估价：89.00元
PSN B-2016-537-7/7

创意城市蓝皮书
武汉文化创意产业发展报告（2017）
著（编）者：黄永林 陈汉桥 2017年11月出版 / 估价：99.00元
PSN B-2013-354-4/7

创意上海蓝皮书
上海文化创意产业发展报告（2016～2017）
著（编）者：王慧敏 王兴全 2017年11月出版 / 估价：89.00元
PSN B-2016-562-1/1

福建妇女发展蓝皮书
福建省妇女发展报告（2017）
著（编）者：刘群英 2017年11月出版 / 估价：88.00元
PSN B-2011-220-1/1

福建自贸区蓝皮书
中国（福建）自由贸易实验区发展报告（2016～2017）
著（编）者：黄茂兴 2017年4月出版 / 定价：108.00元
PSN B-2017-532-1/1

甘肃蓝皮书
甘肃经济发展分析与预测（2017）
著（编）者：安文华 罗哲 2017年1月出版 / 定价：79.00元
PSN B-2013-312-1/6

甘肃蓝皮书
甘肃社会发展分析与预测（2017）
著（编）者：安文华 包晓霞 谢增虎
2017年1月出版 / 定价：79.00元
PSN B-2013-313-2/6

甘肃蓝皮书
甘肃文化发展分析与预测（2017）
著（编）者：王俊莲 周小华 2017年1月出版 / 定价：79.00元
PSN B-2013-314-3/6

甘肃蓝皮书
甘肃县域和农村发展报告（2017）
著（编）者：朱智文 包东红 王建兵
2017年1月出版 / 定价：79.00元
PSN B-2013-316-5/6

甘肃蓝皮书
甘肃舆情分析与预测（2017）
著（编）者：陈双梅 张谦元 2017年1月出版 / 定价：79.00元
PSN B-2013-315-4/6

甘肃蓝皮书
甘肃商贸流通发展报告（2017）
著（编）者：张应华 王福生 王晓芳
2017年1月出版 / 定价：79.00元
PSN B-2016-523-6/6

广东蓝皮书
广东全面深化改革发展报告（2017）
著（编）者：周林生 涂成林 2017年12月出版 / 估价：89.00元
PSN B-2015-504-3/3

广东蓝皮书
广东社会工作发展报告（2017）
著（编）者：罗观翠 2017年7月出版 / 估价：89.00元
PSN B-2014-402-2/3

广东外经贸蓝皮书
广东对外经济贸易发展研究报告（2016~2017）
著（编）者：陈万灵 2017年6月出版 / 定价：89.00元
PSN B-2012-286-1/1

广西北部湾经济区蓝皮书
广西北部湾经济区开放开发报告（2017）
著（编）者：广西北部湾经济区规划建设管理委员会办公室
　　　　　广西社会科学院 广西北部湾发展研究院
2017年7月出版 / 估价：89.00元
PSN B-2010-181-1/1

巩义蓝皮书
巩义经济社会发展报告（2017）
著（编）者：丁同民 朱军 2017年7月出版 / 估价：58.00元
PSN B-2016-533-1/1

广州蓝皮书
2017年中国广州经济形势分析与预测
著（编）者：魏明海 谢博能 李华
2017年6月出版 / 定价：85.00元
PSN B-2011-185-9/14

广州蓝皮书
2017年中国广州社会形势分析与预测
著（编）者：张强 何镜清
2017年6月出版 / 定价：88.00元
PSN B-2008-110-5/14

广州蓝皮书
广州城市国际化发展报告（2017）
著（编）者：朱名宏 2017年8月出版 / 估价：79.00元
PSN B-2012-246-11/14

广州蓝皮书
广州创新型城市发展报告（2017）
著（编）者：尹涛 2017年6月出版 / 定价：79.00元
PSN B-2012-247-12/14

广州蓝皮书
广州经济发展报告（2017）
著（编）者：朱名宏 2017年7月出版 / 估价：79.00元
PSN B-2005-040-1/14

广州蓝皮书
广州农村发展报告（2017）
著（编）者：朱名宏 2017年8月出版 / 估价：79.00元
PSN B-2010-167-8/14

地方发展类

广州蓝皮书
广州汽车产业发展报告（2017）
著(编)者：杨再高 冯兴亚　2017年7月出版 / 估价：79.00元
PSN B-2006-066-3/14

广州蓝皮书
广州青年发展报告（2016~2017）
著(编)者：徐柳 张强　2017年9月出版 / 估价：79.00元
PSN B-2013-352-13/14

广州蓝皮书
广州商贸业发展报告（2017）
著(编)者：李江涛 肖振宇 荀振英
2017年7月出版 / 定价：79.00元
PSN B-2012-245-10/14

广州蓝皮书
广州社会保障发展报告（2017）
著(编)者：蔡国萱　2017年8月出版 / 定价：79.00元
PSN B-2014-425-14/14

广州蓝皮书
广州文化创意产业发展报告（2017）
著(编)者：徐咏虹　2017年7月出版 / 定价：79.00元
PSN B-2008-111-6/14

广州蓝皮书
中国广州城市建设与管理发展报告（2017）
著(编)者：董皞 陈小钢 李江涛
2017年11月出版 / 估价：85.00元
PSN B-2007-087-4/14

广州蓝皮书
中国广州科技创新发展报告（2017）
著(编)者：邹采荣 马正勇 陈爽
2017年8月出版 / 定价：85.00元
PSN B-2006-065-2/14

广州蓝皮书
中国广州文化发展报告（2017）
著(编)者：屈哨兵 陆志强
2017年6月出版 / 定价：79.00元
PSN B-2009-134-7/14

贵阳蓝皮书
贵阳城市创新发展报告No.2（白云篇）
著(编)者：连玉明　2017年5月出版 / 定价：98.00元
PSN B-2015-491-3/10

贵阳蓝皮书
贵阳城市创新发展报告No.2（观山湖篇）
著(编)者：连玉明　2017年5月出版 / 定价：98.00元
PSN B-2011-235-1/1

贵阳蓝皮书
贵阳城市创新发展报告No.2（花溪篇）
著(编)者：连玉明　2017年5月出版 / 定价：98.00元
PSN B-2015-490-2/10

贵阳蓝皮书
贵阳城市创新发展报告No.2（开阳篇）
著(编)者：连玉明　2017年5月出版 / 定价：98.00元
PSN B-2015-492-4/10

贵阳蓝皮书
贵阳城市创新发展报告No.2（南明篇）
著(编)者：连玉明　2017年5月出版 / 定价：98.00元
PSN B-2015-496-8/10

贵阳蓝皮书
贵阳城市创新发展报告No.2（清镇篇）
著(编)者：连玉明　2017年5月出版 / 定价：98.00元
PSN B-2015-489-1/10

贵阳蓝皮书
贵阳城市创新发展报告No.2（乌当篇）
著(编)者：连玉明　2017年5月出版 / 定价：98.00元
PSN B-2015-495-7/10

贵阳蓝皮书
贵阳城市创新发展报告No.2（息烽篇）
著(编)者：连玉明　2017年5月出版 / 定价：98.00元
PSN B-2015-493-5/10

贵阳蓝皮书
贵阳城市创新发展报告No.2（修文篇）
著(编)者：连玉明　2017年5月出版 / 定价：98.00元
PSN B-2015-494-6/10

贵阳蓝皮书
贵阳城市创新发展报告No.2（云岩篇）
著(编)者：连玉明　2017年5月出版 / 定价：98.00元
PSN B-2015-498-10/10

贵州房地产蓝皮书
贵州房地产发展报告No.4（2017）
著(编)者：武廷方　2017年7月出版 / 估价：89.00元
PSN B-2014-426-1/1

贵州蓝皮书
贵州册亨经济社会发展报告（2017）
著(编)者：黄德林　2017年11月出版 / 估价：89.00元
PSN B-2016-526-8/9

贵州蓝皮书
贵安新区发展报告（2016~2017）
著(编)者：马长青 吴大华　2017年11月出版 / 估价：89.00元
PSN B-2015-459-4/9

贵州蓝皮书
贵州法治发展报告（2017）
著(编)者：吴大华　2017年5月出版 / 定价：89.00元
PSN B-2012-254-2/9

贵州蓝皮书
贵州国有企业社会责任发展报告（2016~2017）
著(编)者：郭丽 周航 方强
2017年12月出版 / 估价：89.00元
PSN B-2015-511-6/9

贵州蓝皮书
贵州民航业发展报告（2017）
著(编)者：申振东 吴大华　2017年10月出版 / 估价：89.00元
PSN B-2015-471-5/9

贵州蓝皮书
贵州民营经济发展报告（2017）
著(编)者：杨静 吴大华　2017年11月出版 / 估价：89.00元
PSN B-2016-531-9/9

皮书系列重点推荐

地方发展类

贵州蓝皮书
贵州人才发展报告（2017）
著(编)者：于杰 吴大华　2017年11月出版 / 估价：89.00元
PSN B-2014-382-3/9

贵州蓝皮书
贵州社会发展报告（2017）
著(编)者：王兴骥　2017年3月出版 / 定价：98.00元
PSN B-2010-166-1/9

贵州蓝皮书
贵州国家级开放创新平台发展报告（2017）
著(编)者：申晓庆 吴大华 李泓
2017年7月出版 / 估价：89.00元
PSN B-2016-518-1/9

海淀蓝皮书
海淀区文化和科技融合发展报告（2017）
著(编)者：陈名杰 孟景伟　2017年11月出版 / 估价：85.00元
PSN B-2013-329-1/1

杭州都市圈蓝皮书
杭州都市圈发展报告（2017）
著(编)者：沈翔 威建国　2017年11月出版 / 估价：128.00元
PSN B-2012-302-1/1

杭州蓝皮书
杭州妇女发展报告（2017）
著(编)者：魏颖　2017年11月出版 / 估价：89.00元
PSN B-2014-403-1/1

河北经济蓝皮书
河北省经济发展报告（2017）
著(编)者：马树强 金浩 张贵
2017年7月出版 / 估价：89.00元
PSN B-2014-380-1/1

河北蓝皮书
河北经济社会发展报告（2017）
著(编)者：郭金平　2017年1月出版 / 定价：79.00元
PSN B-2014-372-1/3

河北蓝皮书
河北法治发展报告（2017）
著(编)者：郭金平 李永君　2017年1月出版 / 定价：79.00元
PSN B-2017-622-3/3

河北蓝皮书
京津冀协同发展报告（2017）
著(编)者：陈路　2017年1月出版 / 定价：79.00元
PSN B-2017-601-2/3

河北食品药品安全蓝皮书
河北食品药品安全研究报告（2017）
著(编)者：丁锦霞　2017年11月出版 / 估价：89.00元
PSN B-2015-473-1/1

河南经济蓝皮书
2017年河南经济形势分析与预测
著(编)者：王世炎　2017年3月出版 / 定价：79.00元
PSN B-2007-086-1/1

河南蓝皮书
2017年河南社会形势分析与预测
著(编)者：牛苏林　2017年5月出版 / 定价：79.00元
PSN B-2005-043-1/9

河南蓝皮书
河南城市发展报告（2017）
著(编)者：张占仓 王建国　2017年5月出版 / 定价：79.00元
PSN B-2009-131-3/9

河南蓝皮书
河南法治发展报告（2017）
著(编)者：丁同民 张林海　2017年7月出版 / 估价：89.00元
PSN B-2014-376-6/9

河南蓝皮书
河南工业发展报告（2017）
著(编)者：张占仓　2017年5月出版 / 定价：89.00元
PSN B-2013-317-5/9

河南蓝皮书
河南金融发展报告（2017）
著(编)者：河南省社会科学院
2017年7月出版 / 估价：89.00元
PSN B-2014-390-7/9

河南蓝皮书
河南经济发展报告（2017）
著(编)者：张占仓 完世伟　2017年4月出版 / 定价：79.00元
PSN B-2010-157-4/9

河南蓝皮书
河南能源发展报告（2017）
著(编)者：魏胜民 袁凯声　2017年3月出版 / 定价：79.00元
PSN B-2017-607-9/9

河南蓝皮书
河南农业农村发展报告（2017）
著(编)者：吴海峰　2017年11月出版 / 估价：89.00元
PSN B-2015-445-8/9

河南蓝皮书
河南文化发展报告（2017）
著(编)者：卫绍生　2017年7月出版 / 定价：78.00元
PSN B-2008-106-2/9

河南商务蓝皮书
河南商务发展报告（2017）
著(编)者：焦锦淼 穆荣国　2017年5月出版 / 定价：88.00元
PSN B-2014-399-1/1

黑龙江蓝皮书
黑龙江经济发展报告（2017）
著(编)者：朱宇　2017年1月出版 / 定价：79.00元
PSN B-2011-190-2/2

黑龙江蓝皮书
黑龙江社会发展报告（2017）
著(编)者：谢宝禄　2017年1月出版 / 定价：79.00元
PSN B-2011-189-1/2

湖北文化蓝皮书
湖北文化发展报告（2017）
著(编)者：吴成国　2017年10月出版 / 估价：95.00元
PSN B-2016-567-1/1

皮书系列重点推荐

湖南城市蓝皮书
区域城市群整合
著(编)者：童中贤 韩未名
2017年12月出版 / 估价：89.00元
PSN B-2006-064-1/1

湖南蓝皮书
2017年湖南产业发展报告
著(编)者：梁志峰　　2017年7月出版 / 估价：128.00元
PSN B-2011-207-2/8

湖南蓝皮书
2017年湖南电子政务发展报告
著(编)者：梁志峰　　2017年7月出版 / 估价：128.00元
PSN B-2014-394-6/8

湖南蓝皮书
2017年湖南经济发展报告
著(编)者：卞鹰　　2017年5月出版 / 定价：128.00元
PSN B-2011-206-1/8

湖南蓝皮书
2017年湖南两型社会与生态文明发展报告
著(编)者：卞鹰　　2017年5月出版 / 定价：128.00元
PSN B-2011-208-3/8

湖南蓝皮书
2017年湖南社会发展报告
著(编)者：卞鹰　　2017年5月出版 / 定价：128.00元
PSN B-2014-393-5/8

湖南蓝皮书
2017年湖南县域经济社会发展报告
著(编)者：梁志峰　　2017年7月出版 / 估价：128.00元
PSN B-2014-395-7/8

湖南蓝皮书
湖南城乡一体化发展报告（2017）
著(编)者：陈文胜 王文强 陆福兴 邝奕轩
2017年8月出版 / 定价：89.00元
PSN B-2015-477-8/8

湖南县域绿皮书
湖南县域发展报告No.3
著(编)者：袁准 周小毛 黎仁寅
2017年3月出版 / 定价：79.00元
PSN G-2012-274-1/1

沪港蓝皮书
沪港发展报告（2017）
著(编)者：尤安山　　2017年9月出版 / 估价：89.00元
PSN B-2013-362-1/1

吉林蓝皮书
2017年吉林经济社会形势分析与预测
著(编)者：邵汉明　　2016年12月出版 / 定价：79.00元
PSN B-2013-319-1/1

吉林省城市竞争力蓝皮书
吉林省城市竞争力报告（2016~2017）
著(编)者：崔岳春 张磊　　2016年12月出版 / 定价：79.00元
PSN B-2015-513-1/1

济源蓝皮书
济源经济社会发展报告（2017）
著(编)者：喻新安　　2017年7月出版 / 估价：89.00元
PSN B-2014-387-1/1

健康城市蓝皮书
北京健康城市建设研究报告（2017）
著(编)者：王鸿春　　2017年8月出版 / 估价：89.00元
PSN B-2015-460-1/2

江苏法治蓝皮书
江苏法治发展报告No.6（2017）
著(编)者：蔡道通 龚廷泰　　2017年8月出版 / 估价：98.00元
PSN B-2012-290-1/1

江西蓝皮书
江西经济社会发展报告（2017）
著(编)者：张勇 姜玮 梁勇　　2017年6月出版 / 估价：128.00元
PSN B-2015-484-1/2

江西蓝皮书
江西设区市发展报告（2017）
著(编)者：姜玮 梁勇　　2017年10月出版 / 估价：79.00元
PSN B-2016-517-2/2

江西文化蓝皮书
江西文化产业发展报告（2017）
著(编)者：张圣才 汪春翔
2017年10月出版 / 估价：128.00元
PSN B-2015-499-1/1

经济特区蓝皮书
中国经济特区发展报告（2017）
著(编)者：陶一桃　　2017年12月出版 / 估价：98.00元
PSN B-2009-139-1/1

辽宁蓝皮书
2017年辽宁经济社会形势分析与预测
著(编)者：梁启东　　2017年6月出版 / 估价：89.00元
PSN B-2006-053-1/1

洛阳蓝皮书
洛阳文化发展报告（2017）
著(编)者：刘福兴 陈启明　　2017年10月出版 / 估价：89.00元
PSN B-2015-476-1/1

南京蓝皮书
南京文化发展报告（2017）
著(编)者：徐宁　　2017年10月出版 / 估价：89.00元
PSN B-2014-439-1/1

南宁蓝皮书
南宁法治发展报告（2017）
著(编)者：杨维超　　2017年12月出版 / 估价：79.00元
PSN B-2015-509-1/3

南宁蓝皮书
南宁经济发展报告（2017）
著(编)者：胡建华　　2017年9月出版 / 估价：79.00元
PSN B-2016-570-2/3

皮书系列 重点推荐 — 地方发展类

南宁蓝皮书
南宁社会发展报告（2017）
著（编）者：胡建华　2017年9月出版／估价：79.00元
PSN B-2016-571-3/3

内蒙古蓝皮书
内蒙古反腐倡廉建设报告 No.2
著（编）者：张金华 无极　2017年12月出版／估价：79.00元
PSN B-2013-365-1/1

浦东新区蓝皮书
上海浦东经济发展报告（2017）
著（编）者：沈开艳 周奇　2017年2月出版／定价：79.00元
PSN B-2011-225-1/1

青海蓝皮书
2017年青海经济社会形势分析与预测
著（编）者：陈玮　2016年12月出版／定价：79.00元
PSN B-2012-275-1/1

人口与健康蓝皮书
深圳人口与健康发展报告（2017）
著（编）者：陆杰华 罗乐宣 苏杨
2017年11月出版／估价：89.00元
PSN B-2011-228-1/1

山东蓝皮书
山东经济形势分析与预测（2017）
著（编）者：李广杰　2017年7月出版／估价：89.00元
PSN B-2014-404-1/4

山东蓝皮书
山东社会形势分析与预测（2017）
著（编）者：张华 唐洲雁　2017年7月出版／估价：89.00元
PSN B-2014-405-2/4

山东蓝皮书
山东文化发展报告（2017）
著（编）者：涂可国　2017年5月出版／定价：98.00元
PSN B-2014-406-3/4

山西蓝皮书
山西资源型经济转型发展报告（2017）
著（编）者：李志强　2017年7月出版／估价：89.00元
PSN B-2011-197-1/1

陕西蓝皮书
陕西经济发展报告（2017）
著（编）者：任宗哲 白宽犁 裴成荣
2017年1月出版／定价：69.00元
PSN B-2009-135-1/6

陕西蓝皮书
陕西社会发展报告（2017）
著（编）者：任宗哲 白宽犁 牛昉
2017年1月出版／定价：69.00元
PSN B-2009-136-2/6

陕西蓝皮书
陕西文化发展报告（2017）
著（编）者：任宗哲 白宽犁 王长寿
2017年1月出版／定价：69.00元
PSN B-2009-137-3/6

陕西蓝皮书
陕西精准脱贫研究报告（2017）
著（编）者：任宗哲 白宽犁 王建康
2017年6月出版／定价：69.00元
PSN B-2017-623-6/6

上海蓝皮书
上海传媒发展报告（2017）
著（编）者：强荧 焦雨虹　2017年2月出版／定价：79.00元
PSN B-2012-295-5/7

上海蓝皮书
上海法治发展报告（2017）
著（编）者：叶青　2017年7月出版／估价：89.00元
PSN B-2012-296-6/7

上海蓝皮书
上海经济发展报告（2017）
著（编）者：沈开艳　2017年2月出版／定价：79.00元
PSN B-2006-057-1/7

上海蓝皮书
上海社会发展报告（2017）
著（编）者：杨雄 周海旺　2017年2月出版／定价：79.00元
PSN B-2006-058-2/7

上海蓝皮书
上海文化发展报告（2017）
著（编）者：荣跃明　2017年2月出版／定价：79.00元
PSN B-2006-059-3/7

上海蓝皮书
上海文学发展报告（2017）
著（编）者：陈圣来　2017年7月出版／估价：89.00元
PSN B-2012-297-7/7

上海蓝皮书
上海资源环境发展报告（2017）
著（编）者：周冯琦 汤庆合
2017年2月出版／定价：79.00元
PSN B-2006-060-4/7

社会建设蓝皮书
2017年北京社会建设分析报告
著（编）者：宋贵伦 冯虹　2017年10月出版／估价：89.00元
PSN B-2010-173-1/1

深圳蓝皮书
深圳法治发展报告（2017）
著（编）者：张骁儒　2017年6月出版／定价：79.00元
PSN B-2015-470-6/7

深圳蓝皮书
深圳经济发展报告（2017）
著（编）者：张骁儒　2017年6月出版／定价：79.00元
PSN B-2008-112-3/7

深圳蓝皮书
深圳劳动关系发展报告（2017）
著（编）者：汤庭芬　2017年7月出版／估价：89.00元
PSN B-2007-097-2/7

皮书系列重点推荐 — 地方发展类・国际问题类

深圳蓝皮书
深圳社会治理与发展报告（2017）
著(编)者：张骁儒 邹从兵　2017年6月出版 / 定价：79.00元
PSN B-2008-113-4/7

深圳蓝皮书
深圳文化发展报告(2017)
著(编)者：张骁儒　2017年5月出版 / 定价：79.00元
PSN B-2016-555-7/7

丝绸之路蓝皮书
丝绸之路经济带发展报告（2017）
著(编)者：任宗哲 白宽犁 谷孟宾
2017年1月出版 / 定价：75.00元
PSN B-2014-410-1/1

法治蓝皮书
四川依法治省年度报告No.3（2017）
著(编)者：李林 杨天宗 田禾
2017年3月出版 / 定价：118.00元
PSN B-2015-447-1/1

四川蓝皮书
2017年四川经济形势分析与预测
著(编)者：杨钢　2017年1月出版 / 定价：98.00元
PSN B-2007-098-2/7

四川蓝皮书
四川城镇化发展报告（2017）
著(编)者：侯水平 陈炜　2017年4月出版 / 定价：75.00元
PSN B-2015-456-7/7

四川蓝皮书
四川法治发展报告（2017）
著(编)者：郑泰安　2017年7月出版 / 估价：89.00元
PSN B-2015-441-5/7

四川蓝皮书
四川企业社会责任研究报告（2016~2017）
著(编)者：侯水平 盛毅
2017年5月出版 / 定价：79.00元
PSN B-2014-386-4/7

四川蓝皮书
四川社会发展报告（2017）
著(编)者：李羚　2017年6月出版 / 定价：79.00元
PSN B-2008-127-3/7

四川蓝皮书
四川生态建设报告（2017）
著(编)者：李晟　2017年5月出版 / 定价：75.00元
PSN B-2015-455-6/7

四川蓝皮书
四川文化产业发展报告（2017）
著(编)者：向宝云 张立伟
2017年4月出版 / 定价：79.00元
PSN B-2006-074-1/7

体育蓝皮书
上海体育产业发展报告（2016~2017）
著(编)者：张林 黄海燕
2017年10月出版 / 估价：89.00元
PSN B-2015-454-4/4

体育蓝皮书
长三角地区体育产业发展报告（2016~2017）
著(编)者：张林　2017年7月出版 / 估价：89.00元
PSN B-2015-453-3/4

天津金融蓝皮书
天津金融发展报告（2017）
著(编)者：王爱俭 孔德昌
2018年3月出版 / 估价：98.00元
PSN B-2014-418-1/1

图们江区域合作蓝皮书
图们江区域合作发展报告（2017）
著(编)者：李铁　2017年11月出版 / 估价：98.00元
PSN B-2015-464-1/1

温州蓝皮书
2017年温州经济社会形势分析与预测
著(编)者：蒋儒林 王春光 金浩
2017年4月出版 / 定价：79.00元
PSN B-2008-105-1/1

西咸新区蓝皮书
西咸新区发展报告（2016~2017）
著(编)者：李扬 王军　2017年11月出版 / 估价：89.00元
PSN B-2016-535-1/1

扬州蓝皮书
扬州经济社会发展报告（2017）
著(编)者：丁纯　2017年12月出版 / 估价：98.00元
PSN B-2011-191-1/1

云南社会治理蓝皮书
云南社会治理年度报告（2016）
著(编)者：晏雄 韩全芳
2017年5月出版 / 定价：99.00元
PSN B-2011-191-1/1

长株潭城市群蓝皮书
长株潭城市群发展报告（2017）
著(编)者：张萍　2017年12月出版 / 估价：89.00元
PSN B-2008-109-1/1

中医文化蓝皮书
北京中医文化传播发展报告（2017）
著(编)者：毛嘉陵　2017年7月出版 / 定价：79.00元
PSN B-2015-468-1/2

珠三角流通蓝皮书
珠三角商圈发展研究报告（2017）
著(编)者：王先庆 林至颖
2017年7月出版 / 估价：98.00元
PSN B-2012-292-1/1

遵义蓝皮书
遵义发展报告（2017）
著(编)者：曾征 龚永育 雍思强
2017年12月出版 / 估价：89.00元
PSN B-2014-433-1/1

皮书系列 重点推荐　国际问题类

国际问题类

"一带一路"跨境通道蓝皮书
"一带一路"跨境通道建设研究报告（2017）
著(编)者：郭业洲　2017年8月出版 / 估价：89.00元
PSN B-2016-558-1/1

"一带一路"蓝皮书
"一带一路"建设发展报告（2017）
著(编)者：李永全　2017年6月出版 / 定价：89.00元
PSN B-2016-553-1/1

阿拉伯黄皮书
阿拉伯发展报告（2016～2017）
著(编)者：罗林　2018年3月出版 / 估价：89.00元
PSN Y-2014-381-1/1

巴西黄皮书
巴西发展报告（2017）
著(编)者：刘国枝　2017年5月出版 / 定价：85.00元
PSN Y-2017-614-1/1

北部湾蓝皮书
泛北部湾合作发展报告（2017）
著(编)者：吕余生　2017年12月出版 / 估价：85.00元
PSN B-2008-114-1/1

大湄公河次区域蓝皮书
大湄公河次区域合作发展报告（2017）
著(编)者：刘稚　2017年11月出版 / 定价：89.00元
PSN B-2011-196-1/1

大洋洲蓝皮书
大洋洲发展报告（2017）
著(编)者：喻常森　2017年10月出版 / 定价：89.00元
PSN B-2013-341-1/1

德国蓝皮书
德国发展报告（2017）
著(编)者：郑春荣　2017年6月出版 / 定价：89.00元
PSN B-2012-278-1/1

东北亚区域合作蓝皮书
2016年"一带一路"倡议与东北亚区域合作
著(编)者：刘亚政　金美花
2017年5月出版 / 定价：89.00元
PSN B-2017-631-1/1

东盟黄皮书
东盟发展报告（2017）
著(编)者：杨晓强　庄国土
2017年7月出版 / 定价：89.00元
PSN Y-2012-303-1/1

东南亚蓝皮书
东南亚地区发展报告（2016～2017）
著(编)者：厦门大学东南亚研究中心　王勤
2017年12月出版 / 估价：89.00元
PSN B-2012-240-1/1

俄罗斯黄皮书
俄罗斯发展报告（2017）
著(编)者：李永全　2017年6月出版 / 定价：89.00元
PSN Y-2006-061-1/1

非洲黄皮书
非洲发展报告 No.19（2016～2017）
著(编)者：张宏明　2017年7月出版 / 定价：89.00元
PSN Y-2012-239-1/1

公共外交蓝皮书
中国公共外交发展报告（2017）
著(编)者：赵启正　雷蔚真　2017年11月出版 / 估价：89.00元
PSN B-2015-457-1/1

国际安全蓝皮书
中国国际安全研究报告(2017)
著(编)者：刘慧　2017年11月出版 / 估价：98.00元
PSN B-2016-522-1/1

国际形势黄皮书
全球政治与安全报告（2017）
著(编)者：张宇燕　2017年1月出版 / 定价：89.00元
PSN Y-2001-016-1/1

韩国蓝皮书
韩国发展报告（2017）
著(编)者：牛林杰　刘宝全　2017年11月出版 / 估价：89.00元
PSN B-2010-155-1/1

加拿大蓝皮书
加拿大发展报告（2017）
著(编)者：仲伟合　2017年11月出版 / 估价：89.00元
PSN B-2014-389-1/1

拉美黄皮书
拉丁美洲和加勒比发展报告（2016～2017）
著(编)者：吴白乙　袁东振　2017年6月出版 / 定价：89.00元
PSN Y-1999-007-1/1

美国蓝皮书
美国研究报告（2017）
著(编)者：郑秉文　黄平　2017年5月出版 / 定价：89.00元
PSN B-2011-210-1/1

缅甸蓝皮书
缅甸国情报告（2017）
著(编)者：李晨阳　2017年12月出版 / 估价：86.00元
PSN B-2013-343-1/1

欧洲蓝皮书
欧洲发展报告（2016～2017）
著(编)者：黄平　周弘　程卫东　2017年6月出版 / 定价：89.00元
PSN B-1999-009-1/1

国际问题类 — 皮书系列 重点推荐

葡语国家蓝皮书
葡语国家发展报告(2017)
著(编)者:王成安 张敏 刘金兰
2017年12月出版 / 估价:89.00元
PSN B-2015-503-1/2

葡语国家蓝皮书
中国与葡语国家关系发展报告·巴西(2017)
著(编)者:张曙光   2017年8月出版 / 估价:89.00元
PSN B-2016-564-2/2

日本经济蓝皮书
日本经济与中日经贸关系研究报告(2017)
著(编)者:张季风   2017年6月出版 / 定价:89.00元
PSN B-2008-102-1/1

日本蓝皮书
日本研究报告(2017)
著(编)者:杨伯江   2017年6月出版 / 定价:89.00元
PSN B-2002-020-1/1

上海合作组织黄皮书
上海合作组织发展报告(2017)
著(编)者:李进峰
2017年6月出版 / 定价:98.00元
PSN Y-2009-130-1/1

世界创新竞争力黄皮书
世界创新竞争力发展报告(2017)
著(编)者:李闽榕 李建平 赵新力
2017年11月出版 / 估价:148.00元
PSN Y-2013-318-1/1

泰国蓝皮书
泰国研究报告(2017)
著(编)者:庄国土 张禹东
2017年11月出版 / 估价:118.00元
PSN B-2016-557-1/1

土耳其蓝皮书
土耳其发展报告(2017)
著(编)者:郭长刚 刘义
2017年11月出版 / 估价:89.00元
PSN B-2014-412-1/1

亚太蓝皮书
亚太地区发展报告(2017)
著(编)者:李向阳   2017年5月出版 / 定价:79.00元
PSN B-2001-015-1/1

印度蓝皮书
印度国情报告(2017)
著(编)者:吕昭义   2018年4月出版 / 估价:89.00元
PSN B-2012-241-1/1

印度洋地区蓝皮书
印度洋地区发展报告(2017)
著(编)者:汪戎   2017年6月出版 / 定价:98.00元
PSN B-2013-334-1/1

英国蓝皮书
英国发展报告(2016~2017)
著(编)者:王展鹏   2017年11月出版 / 估价:89.00元
PSN B-2015-486-1/1

越南蓝皮书
越南国情报告(2017)
著(编)者:谢林城
2017年12月出版 / 估价:89.00元
PSN B-2006-056-1/1

以色列蓝皮书
以色列发展报告(2017)
著(编)者:张倩红   2017年8月出版 / 估价:89.00元
PSN B-2015-483-1/1

伊朗蓝皮书
伊朗发展报告(2017)
著(编)者:冀开远   2017年10月出版 / 估价:89.00元
PSN B-2016-575-1/1

渝新欧蓝皮书
渝新欧沿线国家发展报告(2017)
著(编)者:杨柏 黄森   2017年6月出版 / 定价:88.00元
PSN B-2016-575-1/1

中东黄皮书
中东发展报告No.19(2016~2017)
著(编)者:杨光   2017年10月出版 / 估价:89.00元
PSN Y-1998-004-1/1

中亚黄皮书
中亚国家发展报告(2017)
著(编)者:孙力   2017年6月出版 / 定价:98.00元
PSN Y-2012-238-1/1

社会科学文献出版社　　　**皮书系列**

✣ 皮书起源 ✣

"皮书"起源于十七、十八世纪的英国,主要指官方或社会组织正式发表的重要文件或报告,多以"白皮书"命名。在中国,"皮书"这一概念被社会广泛接受,并被成功运作、发展成为一种全新的出版形态,则源于中国社会科学院社会科学文献出版社。

✣ 皮书定义 ✣

皮书是对中国与世界发展状况和热点问题进行年度监测,以专业的角度、专家的视野和实证研究方法,针对某一领域或区域现状与发展态势展开分析和预测,具备原创性、实证性、专业性、连续性、前沿性、时效性等特点的公开出版物,由一系列权威研究报告组成。

✣ 皮书作者 ✣

皮书系列的作者以中国社会科学院、著名高校、地方社会科学院的研究人员为主,多为国内一流研究机构的权威专家学者,他们的看法和观点代表了学界对中国与世界的现实和未来最高水平的解读与分析。

✣ 皮书荣誉 ✣

皮书系列已成为社会科学文献出版社的著名图书品牌和中国社会科学院的知名学术品牌。2016年,皮书系列正式列入"十三五"国家重点出版规划项目;2012~2016年,重点皮书列入中国社会科学院承担的国家哲学社会科学创新工程项目;2017年,55种院外皮书使用"中国社会科学院创新工程学术出版项目"标识。

中国皮书网
www.pishu.cn

发布皮书研创资讯，传播皮书精彩内容
引领皮书出版潮流，打造皮书服务平台

栏目设置

关于皮书：何谓皮书、皮书分类、皮书大事记、皮书荣誉、
皮书出版第一人、皮书编辑部

最新资讯：通知公告、新闻动态、媒体聚焦、网站专题、视频直播、下载专区

皮书研创：皮书规范、皮书选题、皮书出版、皮书研究、研创团队

皮书评奖评价：指标体系、皮书评价、皮书评奖

互动专区：皮书说、皮书智库、皮书微博、数据库微博

所获荣誉

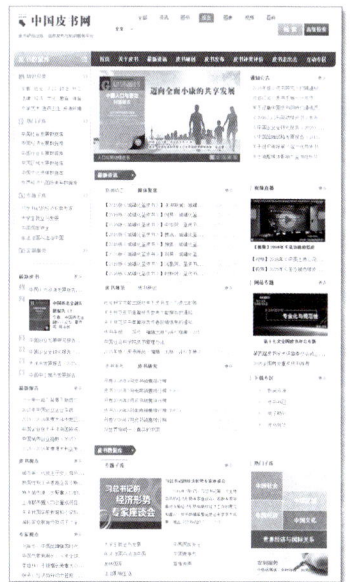

2008年、2011年，中国皮书网均在全国新闻出版业网站荣誉评选中获得"最具商业价值网站"称号；

2012年，获得"出版业网站百强"称号。

网库合一

2014年，中国皮书网与皮书数据库端口合一，实现资源共享。更多详情请登录www.pishu.cn。

权威报告·热点资讯·特色资源

皮书数据库
ANNUAL REPORT(YEARBOOK) DATABASE

当代中国与世界发展高端智库平台

所获荣誉

- 2016年,入选"国家'十三五'电子出版物出版规划骨干工程"
- 2015年,荣获"搜索中国正能量 点赞2015""创新中国科技创新奖"
- 2013年,荣获"中国出版政府奖·网络出版物奖"提名奖
- 连续多年荣获中国数字出版博览会"数字出版·优秀品牌"奖

WWW.PISHU.COM.CN

成为会员

通过网址www.pishu.com.cn或使用手机扫描二维码进入皮书数据库网站,进行手机号码验证或邮箱验证即可成为皮书数据库会员(建议通过手机号码快速验证注册)。

会员福利

- 使用手机号码首次注册会员可直接获得100元体验金,不需充值即可购买和查看数据库内容(仅限使用手机号码快速注册)。
- 已注册用户购书后可免费获赠100元皮书数据库充值卡。刮开充值卡涂层获取充值密码,登录并进入"会员中心"—"在线充值"—"充值卡充值",充值成功后即可购买和查看数据库内容。

数据库服务热线:400-008-6695
数据库服务QQ:2475522410
数据库服务邮箱:database@ssap.cn

图书销售热线:010-59367070/7028
图书服务QQ:1265056568
图书服务邮箱:duzhe@ssap.cn

更多信息请登录

皮书数据库
http://www.pishu.com.cn

中国皮书网
http://www.pishu.cn

皮书微博
http://weibo.com/pishu

皮书博客
http://blog.sina.com.cn/pishu

皮书微信"皮书说"

请到当当、亚马逊、京东或各地书店购买，也可办理邮购

咨询／邮购电话：010-59367028　59367070
邮　　箱：duzhe@ssap.cn
邮购地址：北京市西城区北三环中路甲29号院3号楼
　　　　　华龙大厦13层读者服务中心
邮　　编：100029
银行户名：社会科学文献出版社
开户银行：中国工商银行北京北太平庄支行
账　　号：0200010019200365434